KB179758

기 품

노년의 삶과 생명의 윤리

구인회 지음

기 품

노년의 삶과 생명의 윤리

구인회 지음

철학과현실사

이 저서는 2016년 정부(교육부)의 재원으로 한국연구재단의 지원을 받아 수행된 연구임(NRF-2016S1A6A4A01017924).

This work was supported by the Ministry of Education of the Republic of Korea and the National Research Foundation of Korea (NRF-2016S1A6A4A01017924).

차례

2부　죽음의 이해와 준비

3부 노년의 삶과 영성

서(序)

나는 여전히 내가 노인이라는 사실이
실감 나지 않는다

세간에서는 장수하는 사람들이 많다고 백세시대가 도래했다고 하고, 60대는 젊은 노인층이라고 분류하기도 한다. 그러나 어느덧 나 자신도 노년기에 깊숙이 들어와 있음을 의식하지 않을 수 없다. **대부분의 노인이 그렇겠지만 나도 여전히 자신이 노인이라는 사실이 그리 실감 나지 않는다.** 내가 존경하는 한 신부님께서 정년 즈음에 동창 모임을 하던 중 음식점 주인이 "어르신들!" 하고 부르는데 일행 중 아무도 결코 자신들을 그렇게 부르는 줄 몰랐다고 하셨던 말씀이 생각난다.

요즘 우리가 종종 듣게 되는 것은 코로나19 이전(Before Corona/BC)과 코로나19 이후(After Corona/AC) 시대라는 표현일 것이다. 지난 2020년은 코로나19 발생 전과 후로 시대를 가름하는 말이 나올 정도로 인간의 삶과 사회를 크게 바꾼 참으로 이상한 한 해였다. 중국 우한에서 시작된 것으로 알려진 코로나19의 감염이 세계적 대유행으로 이어지고 그 끝을 예측할 수 없는 상황이 지속되고 있다. 또한 경제, 문화, 체육 등을 비롯해 사람들의 정신세계까지 파괴되고 있어 암울한 시간이 흐르고 있다.

코로나19로 인해 우리는 사회적 거리 두기를 해야 하는 상황에 처해 있다. 방역당국은 심지어 어버이날, 명절에 부모님을 찾아뵙지 않도록 권고했고, 실제 어버이날 식사 자리를 통해 조부모에게 바이러스를 옮긴 사례도 있었다. 치료받고 있는 감염 환자는 물론, 일반인들도 불안과 두려움으로 살얼음판을 걷고 있는 심정이며, 완치자들도 육체적, 정신적 후유증으로 고통받고 있다. 이런 불안 속에서 어떻게 대처하며 살아갈 것인가는 철저하게 개인의 몫이 되어버렸다. 코로나19 이전의 삶으로 돌아갈 수 없을 것이라는 전망은 아마도 맞을 것이다.

전문가들은 코로나19로 인해 바뀐 일상을 진단하고 코로나19 이후 시대에 대해 다양한 예측을 하고 있으며, 그들 대부분은 어느 때보다도 미래가 불확실한 상황이라고 토로한다. 이 불확실성이 우리를 불안하고 막막하게 만든다. 혼란스럽기 그지없다. 서로가 서로를 의심스러운 눈으로 바라보며 경계하고, 세상과 단절된 자신만의 세계에 자신을 가두고 내면으로 침잠한다. 그러나 시선은 끊임없이 밖을 향해 있으며, 불안과 소요가 정신을 지배한다.

코로나19는 특히 노인을 집중 공격하여 정신적, 육체적으로 약화시키며 노인의 삶을 절망과 죽음에까지 내몰고 있다. 즉, 노인을 사회적으로 소외시키고 고립시킬 뿐 아니라, 절망과 분노, 불안과 두려움으로 몰아넣는다. 자연이 코로나19를 통해 사회에 짐이 되는 불필요하고 취약한 노인 인구를 걸러내어 인구조절을 하려는 것이 아닌가 하는 공포스러운 생각이 들기까지 한다.

홀로 일상생활이 어렵고 거동이 불편한 노인들이 요양시설에서 감염되거나 시설 관계자가 감염되는 사례가 속출하고 있다. 이처럼 노인들이 치료 및 돌봄을 받는 대형병원, 요양병원, 요양원과 같은 시설은 집단 감염에 매우 취약한 것으로 나타났다. 이에 따른 사회적 거리두기 조치로 요양원이나 요양병원의 노인들은 외부와 철저히 단절된 공간에서 지내면서 정서적, 육체적으로 급격히 약화된다. 요양시설은 의사, 간호사, 간호조무사, 요양보호사와 같은 필수 인력만 출입을 허용하는 등 폐쇄적 방식으로 대응하고 있다. 이 같은 조치로 코로나19 감염 확산은 어느 정도 효과적으로 차단할 수도 있겠지만, 격리된 노인은 가족, 친척, 친구들과의 교류가 단절되면서 고립 상태에서 죽음으로까지 이어질 수도 있는 것이다.

사회적 거리두기 기간이 길어지면서 성인 남녀 절반 이상이 우울감이나 무기력증으로 이어지는 코로나 블루 현상을 겪고 있다고 한다. 우울함과 불안감을 느끼는 가장 큰 이유로 고립,

외출 자제로 인한 답답함, 지루함을 꼽았다. 노인들이 겪는 고립감, 외로움은 그 정도가 더욱 심각하다. 외부인 접촉이 금지된 요양시설에 머무는 노인들의 가장 어려운 점이 **정서적 고립**이다. 코로나19로 가족 방문이나 면회, 자원봉사, 강의 및 외부 프로그램 등이 모두 금지되어 노인들은 감옥살이나 다름없는 생활을 하는 처지가 된 것이다. 접촉할 수 있는 사람은 요양보호사 등으로 한정되므로 사실상 격리된 채 극도의 외로움과 서글픔을 느낄 수밖에 없다.

집에 머무는 건강한 노인들도 고립되기는 마찬가지다. 노인들에게 사회적 거리두기는 사실상 **사회적 고립**이다. 경로당, 노인복지관 등 평소 노인들이 자주 드나들던 시설들이 문을 닫고 종교시설에서도 노인들을 기피하고 있다. 노인들이 할 수 있는 일은 오로지 집에 머물며 대부분의 시간을 TV 앞에서 보내는 일이다. 젊은이들은 다양한 방법으로 대체할 즐길 거리와 새로운 소통의 매개체를 찾아볼 수 있겠지만, 노인들에게는 그마저 용이하지 않다

하지만 한편으로는 아이러니하게도 위에서 언급된 정서적, 사회적 고립감은 코로나19 이전에도 우리 노년의 일상에서 끊임없이 마주해야만 했던 고된 감정이었다. 이 갑작스러운 바이러스는 사회의 많은 부분을 멈추게 하고, 모든 대중에게까지 사회적 고립감을 전파해버렸다. 젊은 세대들은 다수의 노인들이 먼저 경험했을 수도 있는 이 고립감에 대해서 어떠한 정의를 내릴까? 자칫 간과했을 수도 있었던 노년 세대가 겪는 고

립의 감정에 대해 좀 더 이해할 수 있지는 않을까 하는 조심스러운 억지를 부려본다.

줄곧 세상 속에서 살아왔지만 요즘은 세상살이가 외줄 타기만큼이나 균형을 이루기 어렵다는 생각에서 벗어날 수 없다. 지금 발 딛고 있는 이 자리를 믿을 수 없으니, 보이지 않는 것은 더욱 믿을 수 없을 것 같다. 그런데 믿을 것이 아무것도 없는 존재의 불안감이 절대자인 신, 하느님에 희망을 두고 살아가게 만드는가 보다.

얼핏 눈에 들어온 '나는 걷는다. 그러므로 존재한다'라는 책 제목은 나로 하여금 존재이유를 어디에 두고 있는지 생각하게 만든다. 특별히 중요한 결단이 아닐지라도 매 순간 우리는 이것이냐 저것이냐의 선택을 함으로써 삶을 형성해간다.

나는 "나는 믿는다. 그러므로 존재한다."라고 나 나름의 존재이유를 말해본다. 그러나 무엇을 믿을지는 괄호를 치고 더 생각해보기로 했다. 하느님은 결코 우리를 버리시지 않는다는 믿음이 오늘을 살게 하는 힘이어야 하는데, 자꾸 하느님과 거리를 두고 겉돌게 된다는 느낌을 떨칠 수 없다. 세월이 정말 무심히 흘러간다. 이 나이쯤이면 자유로울 것 같았는데 삶이 주는 무게는 예나 지금이나 크게 다르지 않다.

역병 탓에 가까운 친지의 장례식조차 참석하지 못하는 상황까지 이르렀다. 더구나 이 상황이 언제까지 지속될지 모른다. 앞으로도 코로나19와 비슷한 바이러스 창궐을 더 자주 경험할 것이라는 또 다른 불안감이 가중될 때 당혹스럽지 않을 수 없다. 하지만 위기는 곧 기회가 될 수 있다. 다시 말해 기존의 체계와 질서가 흔들리는 현재 상황은 달리 생각하면 새로운 기회가 될 수도 있다. 새로운 기회라는 명제가 노년의 삶을 보내는 우리에게도 똑같이 적용된다는 사실을 알아야 한다. 중요한 것은 새로운 시대에 대응하고 다가올 미래를 대비하는 우리의 마음가짐이다.

외부 활동을 멈춘 이 상황에서 우리가 할 수 있는 최선의 선택은 지금까지의 삶에 대한 성찰이다. 이러한 파국을 반복하지 않기 위해 우리가 어떤 삶의 자세와 태도를 취해야 하는지 깊이 숙고해야 한다. 우리는 밖으로 향했던 시선을 내면으로 돌려 자신이 살아가는 이유와 의미를 어디에 두어야 할지 스스로에게 질문을 던져야 한다. 같은 시간과 같은 상황에 있었어도 누군가는 그 상황에 새로운 의미와 가치를 부여하고 깨달음을 얻는다. 그런 사람들은 자신의 삶과 세상을 바꿔나간다. 동일한 물리적 시간이 흘러가도 누군가에게는 새로운 도약과 비상의 시간이 된다. 우리에게 시간이 얼마나 남아 있는지는 전혀 중요하지 않다.

모든 측면에서 완벽한 사람은 없기 때문에 타인과 비교하면 인간은 누구나 예외 없이 열등한 존재가 될 수밖에 없다. 그러므로 비교의 기준은 다른 사람이 아니라 어제의 나여야 한다. 어제의 나보다 조금이라도 나아지고 있는지 스스로 성찰해야 하며, 그것은 사회가 정한 기준이나 타인이 정한 가치기준에 따른 평가를 넘어선 것이어야 한다.

코로나19 사태는 비록 우리가 사회적 거리를 두더라도 결코 독자적으로 살아가는 개체가 아니며, 더불어 살아가는 존재라는 사실을 확인해주었다. 나 한 사람이 아니라 나와 연결된 사람들의 문제가 곧 나의 문제이자 우리 사회의 문제라는 사실이 밝혀졌다.

우리 모두에게 요구되는 불확실한 시대의 생존방법은 무엇인가? 우리는 이번 경험을 통해 이전과 다른 깨달음과 지혜를 얻고 다가오는 미래에 대비해야 한다. 상당수의 사람들이 코로나로 인해 어쩔 수 없이 택해야만 했던 비대면 회의와 강의 등에 이제 익숙해져가고 있다. 마스크를 쓰지 않고는 타인과 마주할 수 없는 아이들, 놀이터에서도 마스크를 벗지 못하는 아이들을 생각하면 마음이 아프다.

어려움을 극복하기 위해 지금은 서로 돌보고 힘을 합쳐야 할 때다. 우리 사회의 존속이 달린 문제이기 때문이다. 알 수 없는 바이러스에 대해 나 자신이 할 수 있는 일이 없다는 사실에 무력감을 느낀다. 하지만 여전히 뭐라도 해야겠다는 생각을 하게 된다. 잊지 않고 친지들 안부라도 물어야겠다. 사람을 힘들게 하는 것은 외로움이기 때문이다. 서로 고립된 공간에서는 자기만의 삶에 몰입하기 쉽다. 한편 이번 코로나19가 그동안 후순위로 미루어두었던 가족의 소중함을 되찾는 계기가 되기도 했다. 그러나 가정 안에서도 저마다 자기 공간에서 인터넷에 몰입한 채 살아간다면 어렵게 재발견한 가정이라는 마지막 보루마저 해체시킬 수 있다. 특별히 친밀한 관계가 아니라 우연히 스쳐 지나가는 사람에 대한 작은 친절에서도 서로 기쁨을 맛볼 수 있다는 것을 우리는 지난 삶의 경험을 통해서 잘 알고 있다. 슬픔은 나누면 절반으로 줄고, 기쁨은 나누면 곱절이 된다는 말에서 알 수 있듯이, 한국 사회는 늘 공동체 정신을 강조했다.

코로나19가 우리 삶에 균열을 가져온 후 우리 일상은 상당히 바뀌었다. 코로나19는 우리로 하여금 마스크 착용으로 얼굴을 가린 채, 말하기를 멈추고, 사람들과는 거리를 두라고 한다. 이렇게 사람들과 거리를 두고 생활해야 하는 이 시기는 어쩌면 인간적인 삶을 회복할 수 있는 기회가 될지도 모른다.

사람 간의 물리적 거리를 둘 수밖에 없는 사정이지만, 그럴수록 더불어 사는 사람들의 마음의 거리는 가까워져야 한다. 우리는 코로나19로 평범한 일상이 무너진 후에야 비로소 마스크 없이 신선한 공기를 마실 수 있었던 때가 얼마나 좋은 시절이었는지 깨닫기 시작했다. 악수마저 꺼림칙해지는 위기 시대가 도래하고 나서야 타인의 손을 잡는 것이 얼마나 친밀하고 따뜻한 인사였는지 알게 되었다. 나는 아무런 사심 없이 타인에게 건네는 이 따뜻한 인사야말로 노년의 우리가 이 시대의 젊은 세대에게 전수해야 하는 가장 큰 유산이라고 믿고 싶다. 깊은 삶의 경험이 녹아 있는 기품 있는 미소가 바로 그것이다. 내가 매일 잠들기 전 내 노년의 내일이 기다려지는 이유이다.

1부

노년이란 무엇인가

한 인간의 삶은 태어남과 동시에 시작하고 죽음과 함께 끝이 난다. 인간의 삶에는 요람기, 유년기, 청년기, 장년기, 중년기, 노년기의 여섯 시기가 있다. 삶의 시기를 구분하는 방법은 여러 가지가 있어 요즘은 더욱 세분화하기도 한다. 노년기에 대해 일치된 정의는 내려져 있지 않으며, 분야마다 각각 상이한 기준을 적용하고 있다. 그러나 통계 및 공공행정의 편의를 위해 대부분 60세 또는 65세 이상의 연령층을 노년기로 규정한다. 서구에서는 대체로 60세부터 65세 이상의 인구를 퇴직 또는 노년 사회복지제도의 수혜 대상으로 정하고 있다.

노년기는 인생과정의 마지막 단계를 뜻하며, 전체 인구 중에 가장 나이 많은 구성원들로 이루어진 연령집단 또는 세대를 의미하기도 한다. 각 사회별로 또는 한 사회 내부에서도 노년층이라고 간주하는 보편적 연령기준은 정해져 있지 않다. 한 사회가 몇 세를 노령의 기준으로 보는 것과 어느 정도의 연령을 늙었다고 생각하는 것 사이에는 흔히 차이가 있다. 생물학자들 사이에도 노화의 고유한 생물학적 원인에 대해 의견이 일치하지 않는다.

노년은 걱정과 나약함, 불안으로 가득 찬 시기이다. 사람들은 노년을 치유할 수 없는 죽음의 선고로 인식하기도 한다. 연로한 사람은 노년의 쇠락에 의해 약해지고 원만히 살아가지 못하는 경우도 있지만, 내적으로는 나날이 새로워지며 변화를 도모하기도 한다. 그렇다면 한 사람이 노인들 대열에 서게 되는 기준은 무엇인가? 노화는 근본적으로 생물학적 현상이다. 생물학적으로 인간은 태어나서부터 늙어가기 시작하지만 그 진행 속도는 개인에 따라 다소 차이가 있다.[1]

시대에 따라 인간사회에서 노인의 위상은 물론 노인 자체도 변화했다. 오늘날에는 노년에 대해 신체적, 심리적, 사회적, 문화적 측면을 동시에 고려하면서 총체적으로 접근해야 한다는 인식이 확산되고 있으며 개인과 가족의 일이었던 노년의 문제가 광범위한 사회적 문제로 되었다.

아름다움, 힘, 젊음을 지향하는 사회에서는 언제나 노인들이 불리한 위치에 설 수밖에 없다. 역사적으로 볼 때 노인은 처한

---

1) 조르주 미누아, 박규현, 김소라 옮김, 『노년의 역사』, 아모르문디, 2010, 33-35쪽 참조.

환경에 따라 공경받기도 하고 멸시당하기도 하며, 추앙받기도 하고 죽임을 당하기도 했다. 노인의 위상은 사회적 정황에 달려 있었다. 때로 노인들은 살아 있는 기억 저장고로서 역사와 전통 전수자 역할을 유지했으며, 노파들은 의사, 간호사, 산파의 역할을 했다. 그럼에도 어느 시대든 사람들은 노년을 두려워했다.

각자는 자신의 자리에서 그 자리에 적합한 역할을 수행해야 하며, 노인은 살아온 경험을 바탕으로 현명하게 처신해야 한다. 물론 현자로 위장된 노인의 모습 이면에는 쇠약하고 고통스러워하는 노인의 비참함이 감추어져 있다. 자기중심적이고 완고하고 욕심을 부리며 살고자 애쓰는 순간부터 노인은 혐오스럽고 우스꽝스러운 존재가 된다.

늙음은 누구에게나 예외 없이 자신의 문제가 될 것이다. 그러므로 늙음의 의미란 무엇이고 노년에는 어떤 삶을 살아야 하는가 하는 물음을 잊지 말아야 한다. 늙음은 죽음과 마찬가지로 피할 수 없는 운명이며, 제아무리 아름다운 한 송이 꽃이라도 피어날 때부터 시들게 예정되어 있듯이, 태어날 때부터 인간은 늙고 죽을 운명으로 정해져 있다.

아직은 젊고 건강한 사람들은 노년을 자신과 무관한 남들의 이야기로만 여기고 자신이 그렇게 될 줄은 꿈에도 생각 못한다. 그러나 어느 날 문득 자신이 늙었다는 사실을 깨닫는 순간 겁을 내고 두려움에 휩싸인다. 바로 그전까지 아무렇지도 않았는데 온몸에 노화가 진행되고 있다는 사실을 깨닫고 난 후에는 절망할 수밖에 없다. 어차피 피할 수 없는 길이니 그렇게 사람들은 노년 집단에 들어가게 된다. 그러면 이제 어떻게 해야 하는가? 자신에게 불현듯 찾아온 노년을 어떻게 마주하여 해석하고, 어떻게 살아내야 하는가? 앞서 걸어가는 다른 경험자들에게 물어봐도 좋겠지만 그들이라고 이 상황을 풀어갈 특별한 수단이 있겠는가.

그런데 노년기에 접어든 대부분의 사람들은 자신의 현실을 직시하기보다는 삶의 마지막 절정기를 여유 없이 분주하게 지낸다. 자신의 존재를 재확인하고 아직 살아 있음을 주변에 확인시키고자 애쓰며, 쓸모없는 존재로 인식될까 봐 남의 시선에 신경 쓰기도 한다. 그렇게 마치 아직은 스스로 노인이 아니라고 생각하는 경향이 있다. 사실 어느 정도 건강만 허락한다면 퇴직 후에도 얼마든지 활기차게 살 수 있다. 더욱이 100세 시대를 운운하는 오늘날 60대 이후에도 다양한 삶이 펼쳐질 수 있다는 사실을 염두에 두어야 한다. 노년을 이해하려면 다양한 시각을 종합해야 한다.

반 고흐, 「별이 빛나는 밤」, 1889년

자신에게 불현듯 찾아온 노년을 어떻게 해석하고, 어떻게 살아내야 하는가? 앞서 걸어가는 다른 경험자들에게 물어봐도 좋겠지만 그들이라고 이 상황을 풀어갈 특별한 수단이 있겠는가.

1. 변화된 모습

노화는 모든 생명체가 겪게 되는 필연적이며 자연스러운 변화이다. 노인이 되면 백발이 되고 이가 빠지고, 귀도 먹고 주름지고 등이 굽으며, 목소리까지 갈라지고 몸은 떨린다. 건망증이 심해지고 느림보가 된다. 노인들은 시간이 갈수록 쇠약해지며, 시력은 나빠지고, 힘이 약해져서 마음 편히 쉴 수가 없다. 또한 지적 능력의 저하로 오늘과 어제 일도 제대로 기억하지 못하며, 뼈마디마다 아프다. 미각도 둔감해지고 사라져서 잘하던 요리도 간을 제대로 맞추지 못하고, 음식을 먹어도 예전처럼 맛을 즐기지 못한다. 머리도 하얗게 센다. 신체가 늙으면 정신도 늙어서 무능해지기도 한다. 그러므로 노쇠는 인간을 괴롭히는 가장 참혹한 불행 중 하나로 여겨진다.[2] 젊은 시절의 좋은 날을 다 보낸 후 죽을 날만을 기다리는 노년기는 비극이며, 불행의 연속으로 다가온다. "사는 재미가 하나도 없구나"(전도서, 12:1)라는 탄식이 절로 나온다. 이제 노인들은 고통스러운 그늘 속으로 들어간다. 노인은 늙고 병들고 왜소하며 죽음을 기다리는 사람으로 변해버렸다.

모든 사람이 바라는 것은 되도록 오랫동안 젊음을 유지하며 건강하게 늙는 것이다. 신체는 세월이 흘러감에 따라 내외부의 환경에 대해 반응하며 변화한다. 한 사람의 모습은 그 사람의

---

2) 같은 책, 57쪽 참조.

고유한 삶을 반영한다. 사회적, 심리적 영향을 받는 우리의 삶은 다양한 조건에 따라 우리가 어떻게 노화해갈지 판가름해준다. 우리가 몸을 어떻게 대하느냐에 따라 생리적으로 건강을 유지하거나 보다 빨리 늙는다.

늙어간다는 것은 우리 인간의 삶에서 자연스러운 과정이며, 모든 인간들에게 해당되는 필연적 과정이기 때문에 우리 모두 받아들여야 한다. 그 과정을 통해서 우리는 각자가 지닌 삶의 의미와 정체성을 찾아갈 수 있다. 노화를 마치 질병으로, 치료해야 하는 대상으로 볼 때는 늙어간다는 것과 죽음을 막아야 하는 것이 당연하겠지만, 늙음을 자연스러운 과정으로 인식한다면 무엇보다 노년에 대한 전반적 이해와 관심을 가져야 할 것이다.

일반적인 존재의 법칙에 의하면 늙고 병들고 쇠약해져 마침내 죽음에 이르는 것은 모든 인간에게 해당하는 피할 수 없는 운명이다. 그러나 이것이 기정사실이라는 인식을 잠시 접어두면 우리는 청춘의 생명력과 회춘, 창조력, 기쁨, 성취감, 무시간성을 일상적으로 경험하는 새로운 땅을 개척할 수 있다고 디팩 초프라는 말한다.3) 다만 그곳에 이르지 못하도록 우리를 가로막는 것은 바로 부모와 학교, 사회로부터 주입받은 우리 자신에 대한 규정이며 집단적으로 공유되는 기존의 세계관이라는 것이다. 시간은 절대적인 것이며, 우리는 바로 이 절대적인 시

---

3) 디팩 초프라, 이균형 옮김, 『사람은 왜 늙는가』, 휴, 2009, 17쪽.

간의 포로이며, 고통은 현실의 일부이기 때문에, 우리는 질병과 노화와 죽음의 손아귀를 벗어날 수 없다고 하는 기존의 세계관을 빠져나오면 노화를 역행시킬 수도 있다니, 어쨌든 우리에게 희망을 주는 고무적인 이야기임에 틀림없다.

1) 생물학적 측면

생물학적으로 노화는 살아 있는 유기체의 보편적인 특성이며 인간도 결국 노화의 결과로서 죽음을 맞이한다. 노화는 사람의 유전자 속에 프로그래밍되어 있는 것으로 시간에 의한 세포 차원의 변화이며 장기의 고유 기능이 저하되는 신체의 생리적 반응이라고 한다. 노화현상 그 자체가 질병은 아니라도 이로 인해 신체의 저항력이 떨어지기 때문에 질병에 걸리기 쉬운 상태가 된다. 우리 몸의 세포들은 우리의 생각을 낱낱이 엿듣고 있으며 그에 따라 변화하여 한 차례의 좌절은 면역체계에 치명적인 타격을 줄 수 있다고 한다. 마음이 몸속의 모든 세포에 영향을 미치므로 인간의 노화는 유동적이며 변화시킬 수 있다는 것이다. 노화는 촉진시킬 수도 있고, 속도를 늦출 수도 있고, 잠시 정지시킬 수도 있으며, 심지어 역전시킬 수도 있다는 것이다.

우리가 아무런 생각 없이 길을 걷는 동안에도 뇌의 자율신경 중추는 위험한 순간에 긴장반응을 발동시킬 태세를 갖추고 외부세계에 대처하고 있다. 우리가 의식하지 못해도 숨 쉬기, 소화시키기, 손상된 세포를 고치고 새로운 세포를 키우기, 독성 순화, 호르몬 균형 유지, 혈압 조절, 체온 유지, 주변 상황 파악 등 끊임없는 활동이 이루어진다. 이런 자율적인 과정은 노화현상에 중요한 요소로 작용한다.

몸은 육안으로는 감지할 수 없을 정도로 언제나 같아 보이지만 실은 변화하고 있다. 한 해가 지날 즈음 우리 몸속 원자의 98퍼센트가 새것으로 교체된다. 1년 동안 몸 안에서 일어나는 모든 변화 가운데 노화현상이 차지하는 비율은 단 1퍼센트에 지나지 않으며, 우리를 구성하고 있는 99퍼센트의 에너지와 지능은 노화의 영향을 받지 않는다고 한다.

그러나 대부분의 경우 노화현상으로 인해 노인은 신체적인 기능이 저하되고, 뇌졸중, 노쇠, 심장질환, 골절, 관절염, 치매 등의 만성 퇴행성 질병이 증가하기 때문에 돌봄이 필요하게 된다. 일상생활 동작에 장애를 가져오는 질환이 많고 노화현상에 의해 자립성이 저하되기 때문에 자존감의 저하나 상실감을 많이 경험한다. 또 정신장애나 의식장애를 보이는 경우도 많다.

나이와 함께 눈이나 입가에 하나둘 잔주름이 생긴다. 이렇게 얼굴에 생기는 선은 오래되어 친숙해진 감정의 흔적이다. 걱정과 노여움, 불만과 성취감과 행복, 기쁨의 이 흔적은 해를 더해감에 따라 더 깊숙이 새겨진다.

정신적, 육체적 무관심은 조기 노화를 촉진시킨다고 한다. 생리적 노화의 주요 증세들은 신체 활동량을 늘리면 개선할 수 있다. 나이가 들수록 혈압은 꾸준히 올라가며 늙을수록 뼈에서

칼슘이 빠져 나가서 골밀도가 낮아지고 부서지기 쉽고 골격이 약해진다. 이런 경향이 심해지면 골다공증이 된다. 또 체내 온도를 안정되게 유지하는 능력이 떨어지기 때문에 노인들은 더운 날씨나 추운 날씨에 모두 약하다. 뼈, 근육, 체내 장기 등의 무게가 줄어드는 것은 오랫동안 노화의 고전적인 지표로 여겨졌다.

렘브란트, 「니콜라스 툴프 박사의 해부학 강의」, 1632년
인간은 자신의 모든 경험을 개인적 신념, 가치관, 가정, 기억 등에 비추어 해석하므로, 노화하는 신체에도 특정한 해석이 개입된다.

2) 정신적 측면

노년기가 오면 몸이 말을 듣지 않는다. 그런 자신의 상황을 받아들일 수 없고 감당되지 않지만 결국 아무것도 할 수 없이 노쇠해져가는 자신을 받아들 수밖에 없는가? 이런 상황을 어떻게 준비하고 대응해야 하는가? 오늘은 앞으로 남은 우리 노년의 가장 젊은 시기이다. 여든 살이 넘어서도 젊은 사람이 있는가 하면, 20대에 이미 늙어버리는 사람이 있다.

노화를 촉진시키는 부정적 요인으로는 좌절, 감정 표현 능력의 부족, 홀로 사는 것, 마음을 터놓을 절친한 친구가 없는 것, 직업에 대한 불만, 실직, 채무, 지나친 습관적 근심, 과민함, 쉽게 분노하거나 반대로 노여움을 표현하지 못하는 성격, 자신이나 다른 사람을 못마땅해하는 성격 등이 꼽힌다. 반면 노화를 지연시키는 긍정적 요인으로는 만족스러운 가정생활, 낙천적인 성격, 규칙적인 일상생활, 자유로운 감정 표현, 경제적 안정감, 안정된 일터 등을 꼽을 수 있다.

디팩 초프라에 의하면 나이가 들어 활동력이 감퇴하는 것은 대부분 그렇게 되리라고 사람들이 예상한 결과라고 한다. 생명의 숨결은 곧 영혼이어서 영혼을 고양시키거나 저하시키며 인체에 영향을 미친다. 의식은 노화작용에 큰 역할을 하기 때문에 만일 늙어가는 것에 절망을 느끼면 한층 더 빨리 늙는다는 것이다. 그러나 그것을 받아들이면 불행을 막을 수 있으며, 자신이 늙었다고 생각하는 만큼 사람은 늙는다는 것이다. 열린 마음을 가지고 있고 사랑이 많은 사람은 늙어서도 건강하다. 무관심, 절망감, 불만족은 몸과 마음을 빨리 무너뜨린다.4)

겉모습은 젊었을 때와는 전혀 다른 모습이지만, 의식이나 감각이나 성격은 젊었을 때부터 줄곧 연결되어 연속성을 유지한다. 그 사람의 본질적 성격이 전적으로 바뀌거나 달라진다면 그는 더 이상 그가 아닐 것이다. 노인은 자신이 뜻한 바대로 되지 않았던 전반적 삶에 절망하고, 자신이 지혜롭지 못했던 것, 인내의 한계에 좌절하기도 한다. 더 나아가 가까이 다가오는 죽음을 두려워하고 받아들이기 힘들어하기도 한다. 노화에 따라 유연성을 잃고, 새로운 지식을 따라갈 수 없기 때문에 노인은 보수적 입장을 고집하며 달라진 세상에 적응하지 못할 위험도 크다.

노년기의 큰 어려운 점 중 하나는 외부 세계와의 단절이다. 외부 세계에 적응하지 못하고 받아들이지 못하거나 자신의 일만으로도 힘에 부쳐 다른 사람들의 일에 신경을 써줄 여력이 없기 때문이다. 외부 세계와 관계를 갖는다는 것은 서로가 관심 받고 있는 존재라는 것이다. 바깥 세상에 나아가는 데는 용기와 노력이 필요하다.

가까운 친인척, 사랑하는 친구들과 지인들이 하나둘 먼저 세상을 떠난 후 노인에게 남는 것은 허망감 속에서 홀로 견뎌내야 하는 시간이기 때문에 외로움은 노인에게 최대의 고통이다.

---

4) 같은 책, 107쪽.

그렇기 때문에 혼자서도 할 수 있고 즐길 수 있는 일을 찾고 홀로의 시간을 즐기는 습관을 들여야 한다. 동반자가 없이 홀로 낯선 곳을 여행하거나 산책할 수 있도록 외로움에 강한 내성을 키워야 한다.

노년의 품위와 아름다움은 침착함과 양보하는 너그러움에 있다. 혹시 주위의 사람들이 연장자라 하여 배려하고 대접을 하더라도 주도적인 역할과 결정은 젊은이들에게 맡기는 것이 좋다. 노후에 받아야 하는 대우는 지나친 배려나 동정심이 아니라 평범한 인간으로서의 대우이다. 지나치게 조심하고 배려해야 하는 존재라면 누구도 편한 마음으로 함께할 수 없으므로 되도록 피하려고 할 것이다.

노년은 한 걸음 한 걸음 걸어가면서 살아온 지난 인생을 돌아보고 정리해야 할 것은 정리하고, 남은 시간의 의미를 음미해야 하는 시기이다. 노년에 새삼 서두르는 일은 생각만큼 좋은 결과를 가져오기 힘들다. 이제껏 살아왔는데 여기서 더 서두를 일이 무엇이겠는가. 서두르는 것보다는 이제 기다리는 편이 훨씬 편하고 좋을 것이다. 서두를 필요 없이 느긋하고 느릴수록 마음에 여유도 생긴다. 정신없이 떠밀리듯 쫓기며 살아온 것은 청장년기로 충분하다.

처음부터 노인으로 태어난 사람은 없다. 청춘이 있으면 그 뒤에는 장년기가 있고 마침내는 노년기에 도달한다. 인간의 삶을 하나의 과정으로 보지 않고 어느 한 시기를 별개로 떼어 불만스러워하고 절망하며 문제 삼는 것은 어리석다. 다른 시기와 다름없이 노년도 인간 삶의 한 과정이다. 아무리 준비를 해도 모든 기능이 약화되는 것은 자연법칙이다. 결국에는 노환으로 고통에 시달리는 것이 마지막 인간의 모습이다. 몸과 정신력은 쇠락하여도 인간은 마지막까지 인간다운 보살핌을 받고 존중받으며 살아가야 한다. 모든 이가 살아가면서 자기만의 고유한 발자취를 남긴다. 그런데 만약 존경할 만한 가치가 없고 능력이 없는 사람은 살아갈 필요가 없다고 한다면, 우리 대부분이 이미 젊은 시절 사라졌어야 했을 것이다.

인간은 행복에 의해 충족되기도 하지만, 행복의 시간은 길게 머물지 않는다. 오히려 고난이나 괴로움의 시간이 지속되기도 하며 고난의 시간을 거치면서 더 성숙한다. 사람은 살아가면서 여러 가지 계획과 꿈을 가지고 있지만, 계획대로 되는 일은 드물다. 그런데 그러한 과정이 바로 인생이다. 사람마다 어떤 일에 대해 반응하는 방식이 다르며, 동일한 인물이라도 항상 같은 반응을 보이지는 않는다. 시련과 어려움은 누구에게나 찾아올 수 있다. 시련을 이겨내고 어려움을 극복해낼수록 내면은 더욱 단단해지고 삶에 대한 이해가 깊어진다. 결코 자신의 잘못이 아님에도 까닭 없이 닥친 불행에 직면했을 때도 사람은 깨달음을 얻고 성숙하기도 한다. 그러니 어떻게 해서든 시련 앞에 무너지지 말아야 한다. 지금은 자신에게 시련이라는 모습으로 다가왔지만, 마주하는 동안 자신을 단련할 기회가 되어줄 것이다. 노년에 일어나는 이런저런 불행도 그러한 시련에 속한다. 노년기에는 부당함을 견디고 받아들이는 능력이 축적되어 있다.

어떤 사람의 일생은 피할 수 없는 악몽의 연속이다. 그러나 자신에게 주어진 운명을 다른 사람들보다 더 긍정적인 측면에서 바라보고 표현할 수 있는 사람은 복된 사람이다. 이 세상의 삶이 참담하면 할수록 죽음의 준비는 그만큼 가벼울 수 있다. 최후의 한순간이 그가 살아온 의미의 해답을 얻는 순간일지 모른다.

3) 사회적 측면

노인은 머지않아 죽음을 맞게 될 사회의 짐으로 부담스러운 존재라는 인식이 요즈음 팽배해 있다. 사회적인 측면에서 볼 때 늙어감은 젊은 시절 소유하고 있었고 획득했던 것들을 상실해가는 과정이다. 늙어가면서 겪게 되는 가장 중요한 사회적인 상실의 하나는 직장의 상실이며, 배우자나 가까운 친구들이 세상을 떠남으로 인해 겪는 상실감이다. 젊은 시절부터 가지고 있던 아름다움이나 매력, 활력, 건강, 경제력, 지위, 권력 등이 상실되거나 약화된다. 가족 내에서의 역할이나 존재감, 영향력도 약화된다. 노화와 더불어 지속적 상실이 불가피하고, 가까운 사람들과 이별하게 된다. 이처럼 노년기에는 누구든 인내와 단념의 시간을 갖게 된다. 이전 삶의 단계에서 소유했던 많은 것들을 포기해야 한다. 그리고 이제 인생의 마지막 단계를 결정짓는 죽음이라는 알려지지 않은 미지의 세계가 다가오고 있음을 인식하고 준비해야 한다.

　사람들은 누구나 늙어가면서 시련과 생에 대한 회의의 시기를 겪는다. 은퇴, 친지의 죽음, 자식의 결혼이나 손자의 탄생 같은 삶에서 커다란 사건이나 전환점을 맞이하게 되면 "나는 누구인가?"라는 물음을 던지게 된다. 특히 일할 능력이 없어지거나 줄어들면, 좌절하고 자기 자신의 존재의미와 가치에 대해 깊이 회의하게 된다. "나는 누구인가?"라는 물음은 노인에게만 나타나는 물음이라기보다는 인생의 모든 시기에 되풀이되는 보편적이고 실존적인 물음이다. 그러나 사회적 위치나 능력, 자립과 독립을 이상으로 하는 현대사회에서 이 물음은 노년층에 더 집중되어 있다.

　노인들은 세월이 흐를수록 기력이 줄어드는 경험을 하고 일상생활에서의 많은 활동을 스스로 해내지 못하게 된다. 점점 늙어가는 가운데 어쩔 수 없이 느끼는 무기력감과 죽음을 맞이하는 것에 대한 두려움은 자신의 존재이유에 대해 생각하게 만든다. 자신의 존재이유에 대한 물음은 특히 노년기에 절박해질 수밖에 없다.

　어느 사회에서나 노년의 삶은 빈부와 사회적 위상에 따라, 성별에 따라, 주거지역에 따라 차이가 있으며, 노년의 경험도 개인의 경제적 상태, 건강, 사회적 적응 능력에 따라 상이하다. 노인은 존경의 대상인 동시에 조롱과 경멸의 대상이기도 하며, 늙음은 지혜와 동시에 어리석음을 상징한다. 노년은 욕망의 초월과 동시에 집착을 의미하기도 한다.

오늘날 노년기의 사람들은 스스로를 어떻게 생각하고 있는가? 또한 우리 사회는 노년을 어떤 시선으로 바라보는가? 노인이 처한 사회경제적 현실은 어떠한가? 이해와 존중의 결핍과 불평등을 마주하고 있는 노인 세대가 젊은 세대와 평화롭게 공존하기 위해 필요한 것은 무엇인가? 노년의 안정과 행복은 가능한가? 우리는 이에 대해 살펴볼 필요가 있다.

현대사회는 심각한 모순에 직면해 있다. 젊음의 문화와 가치를 숭배하지만 사실은 고령화 사회이다. 나이 들어가는 것을 하나의 성취이자 지혜와 아름다움을 지닌 삶의 자연스러운 단계로 받아들이지 않는다. 오히려 노인들을 혐오하고 무시하고 거부하며 고립시키는 경향이 있다. 또한 노인은 사회적 계층, 지위, 직업, 생활양식과 무관한 하나의 주변인으로 인식된다. 이러한 노인들의 상황은 인생의 그 어느 시기보다도 인간 조건의 취약성을 띠고 있다. 그들은 이 세상에 살고 있지만 더 이상 그 일부가 아니라는 소외감을 느낀다. 직업전선으로부터 물러나 사회적 의무에서 벗어난 자유로운 상태가 되었지만, 그들이 이제 편안해졌음을 의미하기보다는 주변 존재가 되었음을 의미한다. 퇴직 전날까지 일을 하면서 사회에 기여해온 직장인이 퇴직 후 스스로 사회의 주변인, 더 나아가 비생산적인 부담스러운 존재가 되어버린 것처럼 느끼며, 이러한 인식 변화의 결과는 비참하다. 자신이 더 이상 쓸모없는 존재라는 절망감 때문에 퇴직 전 건강했던 사람이 조기에 죽음을 맞이하기도 한다.

노인들의 사회적 위상을 결정짓는 요소로 육체적 허약함을 빼놓을 수 없다. 강자가 지배하는 사회에서 노쇠한 노인들의 상황은 비참하기만 하다. 한편 풍부한 삶의 경험에서 비롯되는 지식과 지혜는 노년의 장점이다. 그러나 육체의 아름다움을 숭배하는 사회에서는 노인의 모습을 혐오하고 비웃는다.

노년에 대한 사회의 일반적 태도는 사회계층에 따라 각기 특색을 띤다. 고립된 개인으로는 살아남을 수 없는 사회에서 개별 노인의 특수성은 인정받지 못하고 주변 사람들에 의해 좌우된다. 몇몇 특권층을 제외하고는 은퇴의 개념은 존재할 수 없다. 일하는 노인과 일하지 않는 노인이 있을 뿐이다. 사는 동안은 힘이 닿는 한 무엇인가를 하면서 활동하는 것이 바람직하다. 어느 정도 일할 능력이 있다면 일할 수 있다는 것에 대해 감사해야 한다. 그러나 나이가 들어감에 따라서 사회적으로 막중한 책임이 있는 직위에서는 스스로 물러설 줄 아는 마음가짐을 갖는 것이 바람직하다.

전혀 아무런 부족함이 없이 살아온 사람일수록 거동이 불편해지거나 몸이 불편해지면 참지 못하고 불만의 정도가 심할 수 있다. 어느 누구도 행복하기만 하거나 나쁜 일들만 겪어지는 않았을 것이며, 결코 자랑스러운 생을 살지 못했다고 해서 부끄러워할 일도 아니다. 늙어서 자식이나 젊은 세대에게 보여줄 것은 어떻게 삶을 마무리하고 죽음에 임하는가 하는 자세이다. 자신의 삶의 뒤처리를 깔끔히 하고, 초연하게 죽음을 맞이하는 것이 이상적일 것이다. 그러나 공포에 질려 죽음을 거부하고 울부짖는다고 해도 흉이 될 일은 아니다. 남은 이들에게 죽음의 공포로 인한 절망의 모습을 보여주는 것도 아주 인간적인 일이다. 자식들에게 절망을 가르치는 것도 필요할 뿐 아니라 나름대로 의미 있는 가르침이다. 사람의 처절한 측면도 알아야 하기 때문에 배울 필요가 있다.

나이가 들면 자연히 인생을 돌아보고 점검하는 시간을 갖게 된다. 돌이킬 수 없이 흘러온 인생을 자신의 것으로 받아들이지 않을 수 없다. 삶이라는 고뇌의 바다에서 떠날 시간이 다가오고 있음은, 다시 말해 이 세상에 머물 시간이 얼마 남지 않았다는 것은 나쁘지만은 않은 일이다.

어떤 사람들에게는 인생이 어둠으로 가득 차 있고 사방이 꽉 막혀 있는 것 같아 보인다. 어떤 이들은 평생을 성장하고 발전해나가는 반면 어떤 사람들은 그렇지 못하다. 때로는 삶이 두렵고 제대로 살아가고 있다는 확신이 들지 않기도 한다. 그보다는 오히려 잘못 살고 있다는 회의가 들 때가 많다. 나이를 먹으면서 속이 좁아지고 부정적이 되고, 새로움에 대한 의욕이나 호기심을 잃은 채 지루한 삶을 사는 이들도 있다.

세상에 부러울 것이 없을 것 같아 보이는 사람도 앞날을 두려워하고 늙어감에 대한 불안을 떨쳐버리지 못한다. 그렇듯 인간은 젊음에 집착하고 있다. 그러나 어떤 사람들은 나이가 들어도 인생을 즐겁고 의미 있게 보내며, 과거의 어느 때보다도 여유를 가지고 안정적으로 살아간다. 나이가 들어서도 늘 새로운 것을 배우려 하고 변화하고 정신적으로 열려 있는 사람들은 활기를 잃지 않고 살아간다. 우리는 스스로에 대해 어떻게 느끼는지, 인간관계는 어떤지, 인생을 어떻게 살고, 어떻게 사랑하는지 성찰해야 한다.

호라티우스에게 노인들은 탐욕스럽고 소심하며 허튼소리를 늘어놓는 사람들이다. 노인은 돈을 저축해 옆에 두고도 쓰지 않는다. 그는 느리고 소심하게 일을 처리할 뿐 아니라, 다음날로 미룬다. 그에게는 희망도 활력도 거의 없지만, 현재와 미래의 주인이고 싶어 한다. 그는 늘 불평을 늘어놓는 사람이다. 또한 젊은이들을 비난한다. 세월은 많은 은총을 가져오지만, 우리가 물러갈 때가 되면 가차 없이 모든 것을 빼앗아간다.[5]

세네카에 의하면 아직 노쇠함에 이르지는 않은 지긋한 나이는 정말로 즐거움을 준다. 그러나 극히 나이 많은 사람에게도 즐거움이 있다. 그는 적어도 더 이상 즐거움을 원치 않게 되는 즐거움이 있다. 하지만 노년이 견딜 수 없게 되면 자살을 주저하지 말라고 한다.[6]

나이가 든다는 것은 그만큼 지혜를 얻게 된다는 의미이고, 나이 든 사람들은 가족이나 공동체의 살아 있는 역사이며 기억창고라는 특별한 명예를 차지하는 것이 전통이었다. 세상사에 대한 통찰을 갖게 하는 경험과 기억들로 인해 인격적으로 성숙된 느낌을 가질 수 있다. 그러나 그런 개인적 느낌은 사회가 인정해주지 않기 때문에 좌절되기 쉽다.

성숙한 자아가 반드시 건장하고 활력 있는 젊은 사람일 필요

---

5) 조르주 미누아, 앞의 책, 196쪽 참조.
6) 같은 책, 181쪽 참조.

는 없다. 아직 건강이 어느 정도 유지될 때에 자신의 건강을 챙겨야 한다. 스스로 건사하지 못하면 보살펴줄 사람이 없으며, 혹여 보살펴줄 사람이 있어도 짐만 된다. 주변에서는 저 나이에도 저렇게 삶에 대한 애착을 가지고 살려고 발버둥 친다고 불편한 시선으로 바라보거나 불쌍히 여길 수 있다. 그렇더라도 스스로 몸을 보살펴 되도록 남의 짐이 되지 않겠다는 의지를 가져야 한다. 죽음에 이르기까지 인간적인 품위와 존엄을 유지하기 위해서는 육신의 건강뿐 아니라 정신적 건강도 유지해야 한다.

친구들의 죽음 소식이 전해질 때마다 자신의 삶의 한 부분이 떨어져나가는 느낌을 받는다. 친구들은 나와 많은 것을 공유했기 때문이다. 경험을 공유하며 삶의 여정을 함께 걸었던 사람들이 사라졌기 때문이다. 늙어갈수록 기억의 범위는 좁아진다. 하나둘 친숙한 얼굴들은 떠나고 황무지 같은 낯선 세계와 마주하게 된다. 마치 망망대해를 표류하는 배 안에 갇힌 느낌을 갖게 된다. 우리 스스로가 밖으로 쫓겨나는 것이 아니라 익숙한 세계가 해체되는 것이다.

이제는 좀 더 느슨해지는 것, 자신이 가진 힘을 안배하는 것, 타인은 물론 스스로에게 관용을 베푸는 것, 예전보다 더 많이 홀로 있는 것, 살아온 지난 인생을 곰곰이 돌아보는 것, 더 이상 먼 미래의 일이 아닌 것으로서 가까이 다가오는 죽음에 대비하는 법을 배워야 한다. 젊어서는 전혀 의식하지 못했던 일들을 나이가 들면서 비로소 의식하게 되기도 한다. 예전에는 간단히 한 번에 몇 계단을 건너뛰었는데 이제는 한 계단씩 그 것도 천천히 조심스레 디디는 것, 욕조에 들어가고 나오는 일 이 부담스러워지는 것이 서글프기도 하다. 유연성도 줄어들고 반응속도도 느려진다. 운전을 포기해야 하고 운전면허도 더 이 상 소용없어지는 등 작은 작별 하나하나의 어려움에 더해 마침 내 삶 자체와도 작별하는 날이 오리라는 것이 감지되기도 한다.

나이가 들면 일기나 사진 등 가족이 꼭 남겨달라고 부탁하지 않는 한 그동안 버리지 못한 옷가지나 살림살이를 정리하고 조 금씩 처분해 버리면서 세상 떠날 준비를 하는 것이 바람직하다. 그날이 언제 닥칠지 모르기 때문이다. 죽기 전에 패물 등 값진 것은 물론 귀중한 사적인 물건들도 원하는 사람들에게 나누어 주는 것이 좋다. 뒤처리를 남은 사람들에게 맡기지 말아야 한 다.

렘브란트, 「자화상」, 1668-1669년

고뇌의 바다에서 떠날 시간이 다가오고 있음은, 다시 말해 이 세상에 머물 시간이
얼마 남지 않았다는 것은 나쁘지만은 않은 일이다.

2. 노년의 사회적 지위와 역할

1) 건강문제와 사회적 관계

사회적으로 고립된 채 홀로 사는 노인들은 비상시 쉽게 사망에 이른다. 그들은 사람들 속에서 홀로 죽어간다. 친구는 좋은 치유사가 될 수도 있지만, 또한 부정적 영향을 초래할 수도 있다. 서로 다른 배경을 가진 노인들이 어떻게 일상생활에서 노화를 이해하고 그것에 대응하는 방법을 습득하는가? 과거와 현재의 사회적 불평등과 환경이 어떻게 노년의 삶에 영향을 미치는가?

사람들은 오래 살기를 원하지만 늙는 것을 원하는 사람은 없다. 늙는다는 것은 비극이며 피할 수 없는 삶의 과정이다. 나이가 들면 만사가 힘겨워진다. 아침에 일어나는 것도 힘들고, 예전처럼 먹을 수도 없고, 예전처럼 걸을 수도 없다. 늙으면 생각하고 느끼는 것도 젊을 때와는 다르다. 처지가 아주 다른 노인들도 노화에 따르는 실제적 문제들로 인해 공통된 어려움을 겪는다. 노쇠로 인한 육체적 기능의 퇴화가 대표적인 예이다. 고령에 이르면 수많은 생리적 변화를 겪는다. 조직이 손상되고 심혈관계와 심장 기능이 약화되며 혈관의 탄력이 떨어진다. 골밀도가 감소하고 근육이 퇴화한다. 면역체계가 약화되어 면역력이 저하된다. 재산, 행운, 인맥, 강한 유전자가 이런 노화과정을 다소 늦추거나 완화할 수 있지만 누구나 이런 문제에 직면하게 된다.

건강상의 문제는 한 노인의 행동과 다른 사람이 그 노인을 바라보거나 대하는 태도에도 영향을 미친다. 노인들에게 있어 관절염 같은 흔한 질환으로 인한 통증도 일반적인 문제이다. 활동적이고 신체적 어려움이 비교적 경미한 노인들에게는 통증 관리가 일상생활 유지에 관건이 된다. 노인들은 통증을 하나의 해결 과제로 생각하고 있으며 부당한 일이라고 불평하기도 한다. 통증은 노인들의 일상생활을 이끌어가는 방식에 큰 영향을 미친다. 아픈 곳이 많으니 밖에 나가서 활동하고 싶어도 몸이 말을 듣지 않는다. 어쩔 수 없이 진통제를 복용해야 하는 사람들은 흔히 이전보다 기운이 더 없고 기민성도 떨어진다. 이렇게 건강의 문제가 발생하면 죽음의 문제에 대해서도 생각하게 된다.

늙는다는 것은 친구, 사랑하는 사람, 지인 같은 타인의 죽음을 경험한다는 것을 의미하기도 한다. 아는 사람들의 죽음은 인맥의 축소, 사회적 관계의 축소를 의미한다. 죽음으로 인해 사람을 잃는 것은 자신도 언젠가는 죽을 것이라는 사실을 인정하고 죽음에 대비해 정리할 것은 미리 정리할 필요성을 깊이 인식하도록 만든다.

신체적 약화, 건강문제, 지인들의 죽음과 관련한 사회적 관계의 변화는 노인들이 겪는 공통 문제이다. 나이가 들면 체력뿐만 아니라 정신력도 쇠퇴한다. 머릿속이 온통 흐리멍덩해진 것 같은 느낌을 호소하기도 한다. 많은 노인들이 기억력 쇠퇴 때문에 곤혹스러워하기도 하며, 어떤 노인들은 인지능력이 심각하게 저하되어 홀로 생활하는 것이 불가능해지기도 한다. 기억력 문제로 약 복용을 잊기도 하고, 중요한 서류를 찾지 못하거나 중요한 약속을 놓치기도 한다. 심각한 경우 기억력 감퇴나 기억상실로 인해 자아정체성을 잃기도 한다.

노인이 된다는 것은 아름다움, 힘, 체력 등 젊음의 상징을 잃는 것과 같다. 이런 노쇠로 인해 생기는 현실적 문제도 심각하다. 남성 노인들은 젊은 시절의 풍채를 잃고, 여성들은 주름진 얼굴 등 자신의 외모 변화 때문에 차별받고 무시당한다는 것을 의식한다. 과거 자신의 정체성의 중심을 이루던 아름다움, 힘, 체력을 잃은 다음 여러 면에서 어려움을 겪고 자신감을 잃는다. 다른 사람들에게 의존하며 차별대우를 받아야 한다는 사실로 인해 수치심을 느끼고 좌절하거나 분노하기도 한다.

어떤 사람들은 일을 자기 자신과 동일시하여 존재이유로 보기 때문에 일을 그만두는 것을 중대 변화로 생각하고 자의식의 위협으로 느낀다. 특히 자신의 선택권이 전혀 없다고 느낄 경우 그러하다. 그런데 노년기에 들어서면 특히 노환으로 인해 예전의 직업이나 사회적 역할, 자신의 정체성을 지키기 힘들다. 또한 세상과 교류하며 상호작용을 하는 일도 어렵다. 몸이 말을 듣지 않아 외출을 맘대로 할 수도 없으니, 빈둥거리면서 시간을 보내고 있다는 생각에서 벗어날 수 없다. 걷지도 못하고 남의 도움이 없으면 홀로 목욕을 하거나 옷을 입거나 벗을 수도 없게 된다. 그렇게 되면 남에게 모든 것을 의존하고 스스로에 대한 통제력을 잃었다고 생각한다. 신체 문제는 자의식과 자기표현에도 영향을 미친다. 기력이 나빠지고 기운도 떨어졌으니 제대로 할 수 있는 일이 없고 쓸모없는 인간이 되었다는 절망감에 휩싸이기도 한다.

서로 다른 인생 여정과 물질적, 사회적, 문화적 자원을 지닌 노인이라도 누구든지 기력 쇠퇴와 죽음의 문제에 직면한다. 일반적으로 노화는 무엇보다도 생물학적 기능의 쇠퇴라는 측면에서 묘사된다. 많은 사람들이 이런 변화로 인해 독립적 생활에 타격이 있을 것이라는 두려움을 가지고 있다. 늙는다는 것은 시력이 저하되고 잘 들리지도 않고 걷기마저 힘들어진다는 것을 의미하기 때문이다. 또한 융통성이 없어져서 까다로운 사람이 되기도 한다. 늙고 괴팍스러운데다 고집스럽기도 하다. 늙으면 심장마비나 뇌졸중이 오지 않을까 걱정도 하고 판단력이 흐려져 사기를 당하거나 범죄의 희생자가 될까 봐 두려워하기도 한다. 몸의 노화로 인해 생기는 문제 때문에 좌절도 하고 두려움도 크다. 늙으면 이렇게 생각하고 느끼는 것까지 변화한다. 다시 말해 늙는다는 것은 건강문제, 아픔, 인지기능의 변화, 친지의 죽음으로 인한 상실감, 신체기능의 쇠퇴와 연결된다.

노인들이 지니는 이런 공통된 경험에도 불구하고 상당한 불평등이 존재하기도 한다. 서로 다른 배경을 가진 사람들이 노년에 이르렀을 때 보유한 물질적 수준은 큰 차이가 있다. 연금이나 소득이 없고 저축해놓은 돈도 없고 자신 소유의 집도 없고 도움을 줄 가족도 없는 노인의 삶이 얼마나 빈궁하고 비참할지는 군이 설명할 필요도 없을 것이다. 어떤 지역에 사는가는 일생 동안 이용할 수 있는 자원과 기회에도 영향을 미친다. 지역에 따라 이용할 수 있는 병원이나 진료소, 의료 수준도 차이가 있다. 한 노인의 거주지 위치는 신체적, 사회적 곤경의 대처에 필요한 핵심 자원에 접근할 수 있는 가능성을 심각하게 제한할 수 있다.

노인들에게 남아 있는 신체 능력 역시 사회적 불평등을 반영한다. 사회적으로 주변부에 속하는 가난한 사람들은 의학적 조치가 필요한 질환 문제를 더 많이 안고 있으나, 치료받는 것이 힘들고 평균수명도 더 짧다. 기회 불평등의 문제는 몸이 아프거나 돈이 없고 실행 가능한 선택권이 적은 가난한 노인들에게 한층 더 심각하다.

가난한 노인들은 국가 공공보조나 서비스를 받으려면 사회복지사의 추천에 의존해야 하는데, 이들은 사실상 서비스 자원을 지키는 문지기 역할을 하기도 한다. 만약 이들의 비위를 거스르면 사회복지사의 방문을 보류하는 등의 문제가 발생할 수 있다. 따라서 사회복지사의 평가는 노인들의 삶에 지대한 영향을 미칠 수 있다. 의료진, 간호사, 조무사, 진료소 직원, 요양보호사까지 권력을 행사한다. 기다림은 불편한 일일 뿐만 아니라 기력이 부족한 노인들에게는 불안을 유발할 수 있으며 위험할 수도 있다. 기력이 없으면 넘어질 가능성이 있기 때문이다.

부유한 노인들은 자기 뜻을 관철할 수 있는 금전적 자원과 방법을 더 많이 보유하고 있지만, 가난한 노인들은 그렇지 못하다. 공공자원의 문지기 역할을 하는 사람들은 노인이 필요로 하거나 원하는 주요 자원을 이용할 수 있도록 해주기도 하지만, 동시에 그들의 독립적 생활을 위협하는 존재가 될 수도 있다. 불평등은 누가 장수할 수 있을지에 커다란 영향을 미치지만, 서로 다른 배경을 가진 생존자들일지라도 노인이 되면 비슷한 형태의 문제들에 직면한다. 사실 인생의 말년에도 여전히 불공정하게 많은 일들이 진행되며 계속해서 계층화된다. 연금, 소득, 보험금, 자택이 있는 경우는 그렇지 못한 노인들이 받을 수 없는 보살핌을 받을 기회가 있다. 노인들에게도 신체적, 물질적 자원은 불평등하게 분배된다.

어떤 사람들은 살아 있는 동안 마음껏 즐기고 싶어 하며, 자신이 할 수 있는 한 삶을 즐기는 데에 가치를 둔다. 어떤 사람들은 재미는 없더라도 가능한 한 오래 건강과 독립성을 유지하는 것에 가치를 둔다. 늙어가면서 직면하는 생리적, 사회적 곤경에 대해 사회경제적으로 상이하거나 성별이 다른 노인들은 매우 다양하게 대처한다. 노인들은 늙으면서 겪는 곤경을 자신의 삶이 마지막을 향해 다가가는 신호로 받아들인다. 그래서 몸이 더 이상 말을 듣지 않을 정도로 노쇠하기 전에 하고 싶은 일을 하는 것을 최선으로 여긴다. 제각기 다른 처지에서 이러한 상황을 어떻게 바라보고 대응할 것인가? 신체를 보호하고 안전을 극대화하는 성향의 노인들은 주의 깊고 신중하게 행동한다. 반면 삶을 즐기지 못하고 자신의 힘으로 해결할 수 없는 문제들에 사로잡혀 있는 것은 어리석다고 생각하여 자유롭게 사는 사람들도 있다. 즐거움을 극대화하는 노인들은 의료적 충고를 어기거나 술을 마시고 담배를 피우는 등 모험을 즐기면서 건강문제가 심각해지기 전에는 치료를 받지 않는다. 이런 성향은 생애 전반에 걸쳐 몸에 밴 것이다. 한 사람의 인생사, 일반적 동기, 그리고 딜레마에 대한 과거의 반응을 보면 그가 무엇을 추구하고 원하는지 알 수 있다.

2) 노년의 경제력과 권력

경제력의 유무는 생존과 삶의 질을 결정하는 중요한 요인이다. 돈 문제는 체념하거나 초연할 수 없는 절박하고 직접적인 것이어서 생사를 결정하는 일이 되기도 한다. 돈은 있으면 아주 인색하다 할 정도로 아끼게 되고, 없으면 살아가지 못할 것 같은 정도로 절망스럽게 만들기도 한다.

고령화 사회로 접어들어 평균수명이 상당히 늘었음에도 불구하고 일자리는 줄었다. 일자리가 줄어 돈을 버는 시기는 짧아졌지만 수명은 늘어난 것이다. 동양 사상은 노인의 지혜를 중시한다. 인생의 온갖 경험을 한 후 다가온 노년은 개인에게는 물론 사회의 은총이기도 하다. 인간은 살아남기 위해 노동을 해야 하지만, 힘을 비축하거나 기력을 되찾기 위한 휴식도 필요하다. 그런데 성과 위주의 경쟁 자본주의 사회에서는 쉬는 시간을 허용하지 않는다. 일할 수 있는 시간에는 돈을 벌고, 그 외 시간에는 소비를 해야 한다. 물질을 축적하는 시기가 지나면, 일과 삶을 조절하는 시기를 맞이해야 된다. 필요한 만큼 벌고 떠나고 싶을 때 떠날 수 있어야 한다.

늙고 병들고 노쇠해진다는 것은 젊음의 욕망에서 벗어나 많은 것을 필요로 하지 않게 됨을 의미한다. 그러나 현대사회에서는 노년기에 접어든 사람들도 일을 해야 하는 상황이기 때문에 일자리를 잃으면 자신이 밀려났고 쓸모없는 사람이 되었다고 생각해 스스로 비하하고 설움을 만든다. 청춘이 가버린 것을 아쉬워하여 젊은이들을 시샘하고 흉내 내다 보면 살아온 시간을 스스로 부정하게 되며, 결국 어리석은 노년을 보내게 된다.

부모들이 자식들에게 "나처럼 살아서는 안 된다"고 말하는 경우 자기부정 내지 자기혐오가 내포되어 있다. 이는 자신이 힘이 없고 돈이 없다는 데서 오는 자기비하이다. 나쁜 짓 하지 않고 성실하게 살아왔음에도 가난을 벗어나지 못했다면 그것은 자신의 잘못이 아니라 사회의 문제이다. 돈은 사람을 평가하는 기준이 되어서는 안 된다.

인간은 자신의 의지와 달리 노예처럼 순종하고 살면서도 행복할 수 있는 존재가 아니다. 남의 눈치 보고 굽실거리며 사는 것이 살아남기 위한 적응이라고 생각한다면 그 결과 정신건강이 문제된다. 그런 삶은 구차하고 비루해질 수밖에 없다. 건전한 사회에서는 잘못된 것을 자유롭게 비판하고 불의에 저항할 수 있으며, 비굴하지 않아도 된다. 주변을 살피지 않고 모든 것을 감수하며 자신과 가족만을 챙기고 살아온 사람은 나이 들어서 친구도 없이 고립되고 만다. 자기 삶에만 충실하고 자기만 열심히 산다고 세상이 좋아지는 것은 아니다. 공동체에 관심을 가지고 노력해야 세상이 바람직한 방향으로 간다. 오늘날 한국인들이 행복한 삶을 영위하지 못한다면 노인들이 더 나은 사회, 더 행복한 사회를 건설하는 데 실패했다는 느낌을 가질 수밖에 없다.

복지국가들의 특징은 직업 간의 소득 격차가 별로 없지만, 우리나라는 아직 소득 격차가 현격하다. 그렇기 때문에 직업은 자신이 좋아서 선택한다기보다 돈을 얼마나 벌 수 있는가에 따라 선택하게 된다. 직업 간의 소득 격차가 크면 귀천에 대한 생각이 들고 직업에 따라 사람을 차별하고 무시하는 경향이 심해진다. 사회복지를 통해 사회 안전망이 갖춰지면 사람들이 더 이상 돈에 집착하지 않게 되고 불안도 사라질 것이다.

특히 아직 일할 나이임에도 불구하고 정년퇴직제를 두어 사람을 내보내고, 노인들이 일을 하려고 하면 젊은이들의 일자리를 빼앗는다고 비난하는 분위기 때문에 노인들은 외로움과 빈곤으로 내몰리고 있다. 사회적, 경제적 불평등은 노년의 삶을 어떻게 형성하는가? 스스로 총기가 떨어지고 동등한 위치에 설 수 없다고 생각하는 노인들은 다른 사람들과 어울리기 힘들어진다.

어떤 사람들은 상당한 부와 사회적 지원, 교육을 통해 일반적으로 겪는 노년의 어려움에 맞설 것이다. 그렇지 못한 사람들은 이런 자원이 없는 상태에서 홀로 헤쳐 나가야 한다. 늙었을 때 고를 수 있는 선택지는 부자인지 가난한지, 성별이 무엇인지에 달려 있다. 엄밀히 표현하자면 노화는 계층화의 과정이다. 건강 불균형, 구조적 불평등, 문화, 관계망 등 사회계층화는 노년의 일상생활에 영향을 미친다.

우리가 어떤 학교를 다니고, 돈을 얼마나 벌고, 어떤 직업을 선택하고, 누구와 친분을 맺게 되고, 얼마나 오래 살게 될지는 종종 자신이 태어난 사회적 환경과 밀접한 관련이 있다. 교육, 부, 그에 따른 삶의 기회 격차 외에도 불평등은 건강과 행복을 결정하는 중요한 요인이다. 가난과 사회적 소외는 인간의 삶에서 스트레스와 질병에 영향을 준다. 가난한 이와 소외 집단에 속하는 많은 사람들은 심신 쇠약 등 질병으로 고통 받거나 일찍 죽을 가능성이 크다. 거친 일을 하고 지위가 낮은 사람일수록 살아 있는 동안 건강이 좋지 않으며, 일찍 사망할 가능성이 크다. 건강과 질병으로 인한 격차는 불평등의 대물림에 기여한다. 정보에 대한 접근성의 격차, 불평등한 물질적 자원, 의료시설 사용의 불평등, 해로운 환경, 사회적 관계망의 차이가 사회적 불평등과 신체적 건강 상태에도 작용한다.

불평등한 물질적 자원과 학교나 병원 등에서의 차별 대우 같은 구조적 불평등이 삶의 기회와 개인의 행복에 영향을 미친다. 부의 격차, 의료 서비스의 격차, 공공기관 서비스 차별은 생애 전반에 걸쳐 행복을 유지할 수 있는 기회와 사회경제적 기동성을 제한한다. 빈곤과 폭력이 난무하는 환경에서 지내는 것은 신체적 건강의 문제뿐 아니라 정신건강 문제도 증대시킨다. 사회구조적 요인은 사람들의 일상적 경험과 행동에 영향을 미친다.

사회적으로 혜택을 덜 받은 사람들은 더 큰 심리적, 사회적 압박을 받고 종종 유해한 환경에서 살거나 일해야 한다. 누가 살고 누가 죽을 것인지는 부분적으로 출생 당시의 사회적 지위에 달려 있다. 부유한 노인들은 질 높은 다양한 서비스에 접근할 수 있다. 불평등한 상황에서 늙는다는 것은 오래 살아남은 사람 모두에게 공통된 실질적 문제를 야기한다. 서로 다른 배경과 서로 다른 삶의 경험을 가진 사람들일지라도 신체 노화에 따른 일련의 공통된 실질적 곤경에 직면한다. 부자든 가난하든, 남성이든 여성이든, 노인은 기력 쇠퇴, 기동성 저하, 감각기능의 변화, 외모의 변화, 건강문제 발생, 가까운 사람들의 죽음으로 인한 상실감을 포함한 다양한 문제들에 직면하게 되며, 신체적, 사회적 불확실성과 불안감을 야기하는 새로운 상황을 받아들여야 한다.

3) 노년기의 가족관계

오늘날 우리는 가족이 해체된 사회에 살고 있다. 함께 생활한다 해도 가족 모두가 함께 일상을 보내기 어려운 실정이다. 다른 세대에게 배울 기회나 가르치거나 교류할 기회도 드물다. 그리하여 서로 이방인으로 살아간다. 서로의 사이에 벽을 쌓아놓고 삶의 경계를 그으며 살아간다. 이렇게 주위의 세상으로부터 우리 자신을 고립시키기 때문에 타인과 함께해야 하는 밖의 활동은 고역이고 짐이 되기 쉽다.

사람들은 평생 동안 다른 이들과 관계를 맺으면서 관계 속에서 살아간다. 특히 신체 접촉은 태어나면서부터 계속해서 면역 체계를 강화하고 결속력과 안정감을 느끼게 하는 데 기여한다. 안정된 관계를 구축하는 것은 마음의 평정을 위해 필요하다. 관계와 접촉은 관심에서 오며 신뢰감을 일깨워준다. 접촉이 적을수록 자신과 타인에 대해 자신이 없어지고 소외감을 느끼게 되며 세세가 낯설어진다. 그리고 고독 속에 쇠락해간다. 정신적인 유대 또한 매우 중요하다. 그러나 접촉에 대한 관심이 집요해지면 하나의 과잉된 압박으로 변할 수 있다.

인간은 모두 사회 속에 태어나서 죽을 때 비로소 그 사회를 떠나는 운명을 지닌 사회적 존재이다. 그러므로 한 인간의 행복이나 불행, 삶의 의미 또한 자신이 속한 사회로부터 영향 받을 수밖에 없다. 사회의 가장 기본적인 단위는 가정 공동체이다. 오늘날의 산업사회에서 전형적인 가족 형태는 부부 가족 또는 핵가족이다. 전통적인 가족 기능이 변화되고 핵가족의 거주 형태로 변형되면서 가족이 고립화되어 불안정하고 노년층의 가족관계는 점점 더 축소되고 있다.

가족관계는 당사자 사이의 위계적이고 조화로운 관계가 되도록 끊임없이 상의하고 상호 양보해야 하는 관계이다. 가족은 함께 살며 경험을 나누고 여러 가지 크고 작은 사건들을 통해 논쟁하는 과정을 거친다. 만족스러운 노년을 맞이하기 위해서는 특히 가족관계의 원만한 유지가 중요하다.

노인과 가족과의 연결에는 두 가지 유형이 있다. 노인과 자녀 가족이 분리된 가구로 살고 있는 경우와 동일한 가구에 거주하는 경우가 있다. 심리적인 거리 면에서 볼 때는 계속적으로 대면하는 상호작용을 통해 친밀성을 표현하는 경우와 그때그때의 접촉과 관계를 유지하면서 친밀성을 표현하는 경우가 있다. 노인 가족은 노인이 포함된 가구 형태로서 노인 독신 또는 노부부만으로 이루어지거나 노인 부부와 미혼 자녀 또는 기혼 자녀 가족으로 이루어질 수 있다.[7]

* **노년기의 부부**

자녀가 결혼이나 자립을 위해 부모로부터 독립해가는 시기부터 은퇴와 더불어 시작되어 배우자의 사망에 이르기까지 부부는 이전의 단계와는 다른 경험을 하게 된다. 은퇴와 더불어 부부는 대부분 하루 종일 함께 있게 되는데, 함께하는 시간의 증가는 갈등을 초래할 수도 있다.

나이 들었다고 좋지 않았던 부부관계가 갑자기 좋아질 수 없기 때문에 노년기에 이르기 전 부부관계를 개선하지 않으면 안된다. 누구든 처음에는 대체로 부부 만족도가 높다가 시간이 흐름에 따라 만족도가 계속 하락하게 된다. 많은 이들이 서로의 성장에 관심을 보이며 어려울 때 떠나지 않고 도우며 일상을 공유하는 친구 같은 부부를 원한다. 그러기 위해 상대방을 존중하고 지속적인 관심을 가져야 하며 비교하거나 자존심을

---

7) 김태현, 『노년학』, 교문사, 2012, 120쪽.

상하게 하지 말며 늘 마음을 열고 소통할 수 있어야 한다.

부부란 결혼을 통하여 가족을 형성하고 오랫동안 함께 적응하며 살아온 동반자이다. 노년기가 길어지는 오늘날 행복한 노년의 부부관계는 매우 중요하다. 노년기 부부의 걱정은 배우자와 사별함으로써 홀로 남게 되는 것에 대한 불안이다. 홀로 된 여성 노인은 배우자의 상실로 인한 징신적 고통에 더해 그동안 남편과 더불어 가족과 사회에서 누렸던 지위나 권위가 약화되며, 직업을 가졌다 해도 비교적 열악한 직종에 국한되기 때문에 경제적 빈곤을 겪게 된다. 한편 가사 일을 부인에게 의존하던 남성이 홀로 된다는 것은 더욱 무력감과 고독을 겪게 됨을 의미한다.

어떤 부부는 처음 만났던 초심을 잃지 않고 평생 큰소리 한 번 지르지 않고 서로 사랑과 이해로 곱게 백년해로하기도 한다. 그런 부부를 보면 존경심에 덧붙여 도를 터득한 사람들 아니면 할 수 없는 일을 해낸 것이리라 상상해보기도 하지만, 그들에게도 남모르는 어려움이 왜 없었겠는가. 더구나 다시 태어나도 당신과 함께할 것이라고 추호의 망설임 없이 확언하는 사람들은 정말 대단한 경지에 도달한 것이라는 생각을 금할 수 없을 것이다. 가장 편한 사람이 될 수도 있지만 가장 불편하고 눈엣가시 같은 존재가 될 수도 있는 것이 부부간이고 애증이 엇갈리기 쉬운 존재가 바로 부부 사이이기 때문이다.

노년기에 들어서면 그동안 억눌렸던 감정을 표출하게 되며, 남성은 여성화, 여성은 남성화되기도 한다. 오랫동안 서로의 경험을 공유해오면서 함께 어려운 난관을 극복하며 살아온 부부에게 있어 노년기는 새로운 의미로 다가오며 이 시기의 조화로운 부부간의 관계는 생의 마지막 단계에서 개인의 만족이나 자존감을 갖게 한다. 나이 들수록 더욱더 서로의 관용이 필요하다. 기억력 감퇴, 집중력 결핍, 기동력 상실, 매력 상실 등 때문이다.

노년기는 바쁘게 살아온 지난날과는 달리 서로 쇠약해지고 생활세계가 축소되어가며 활동력이 감소되어가는 시기이므로 이 시기에 부부간의 새로운 국면이 나타난다. 체력과 건강의 쇠퇴에서 오는 노화를 의식하고, 은퇴와 수입의 감소에서 오는 사회적 활동 범위의 축소나 재정립을 이해하며 배우자와의 사별에 적절한 적응이 있어야 할 것이다.

노년기의 부부 금슬을 보여주는 연구들은 신혼기에 가장 좋다가 중년기, 노년기를 통해 점점 낮아지지만, 자녀들이 집을 떠난 후 다시 좋아진다는 결과를 보이고 있다. 부부가 상호 의존적이고 평등한 관계에서 역할 분담을 하며 사랑과 배려가 있을 때 부부 모두의 만족감이 크다. 행복하고 만족스러운 노년 생활을 위해서는 신체적, 심리적인 변화에 따른 부부간의 조화가 매우 중요하다.

노년기는 건강이나 경제력, 사회적 역할, 배우자 등을 잃어가는 상실의 시기이다. 노인이 안정되게 삶에 보람을 가지고 생활할 수 있는 기본 조건으로는 경제적 안정, 신체적 건강, 신뢰할 수 있는 친구와 말벗, 소일할 수 있는 일거리와 역할, 여가

활동, 적절한 성적 만족 등을 들 수 있다.8)

홀로 생활하는 노인의 경우 외로움을 덜고 정서적 안정을 얻기 위해 재혼이 도움이 될 것이라는 생각에도 불구하고 우리 사회에서 노인의 재혼은 매우 저조하다. 배우자가 없는 노인들이 재혼을 고려할 때 여러 장애 요인들이 있기 때문이다. 우선 점잖고 손자나 취미생활에 몰두하는 고상한 노인이어야 존경받을 수 있다고 믿는 노인들의 체면 때문이다. 또한 돌아가신 부모에 대한 의리 때문에, 또는 홀로 된 노부모를 잘 모시지 못한다는 비난을 받을까 꺼리는 자식들의 반대도 원인이다. 더 나아가 독립된 생계를 유지할 수 있는 경제적 여건과 주택 부족 문제도 있다. 국가는 노인 전문 상담기관 등을 적절히 육성하고 지원해주어 재혼을 원하는 노인을 위한 상담을 활성화하고 재혼한 이후에도 상담을 통해 혼인의 지속에 도움을 주어야 할 것이다.

* 노부모와 자녀의 관계

대부분의 노인에게 있어 자녀들은 가장 큰 관심의 대상이다. 부모와 자녀는 살아가는 동안 의존성과 독립성을 조정해나가야 한다. 자녀는 독립해가지만 노부모의 자녀에 대한 의존성은 증가한다. 가족의 결속력은 가족이 정상적으로 기능하는 데 도움

---

8) 같은 책, 181쪽 참조.

을 주고 보다 원만히 생활하도록 힘을 주는 원동력이 될 수 있다.

노년기에 부모 자녀 간의 상호 부조는, 자녀로부터 부모에 대한 일방적인 도움이 아니라, 많은 경우에 상호적이거나 부모로부터 자녀에 대한 일방적인 도움이 되는 경우도 있다. 일반적으로 부모는 자녀로부터 도움을 받는 것보다 자녀에게 더 많은 도움을 주는 경향이 있으며, 이것이 깨지는 경우는 부모의 건강이나 경제적 여건이 나빠질 때다. 그러나 부모와 자녀 세대 모두 상호 호혜적 교류가 있는 것이지, 어느 일방이 전적으로 수혜자일 수는 없다.

부모 자식의 유대관계는 단순한 의무감에서가 아니라 사랑과 관심의 유대감에서 비롯될 때 만족도가 높다. 자녀와의 관계에서 노인에게 중요한 것은 정서적인 교류이다. 노년기의 사회적 관계가 주로 자녀를 통해 이루어진다면, 자녀와의 결속도는 노년기의 삶에서 가장 중요한 측면인 것이다. 상호 애정을 바탕으로 부모 자식 간의 관계가 형성될 때 안정적이고 행복한 노년을 살아갈 수 있다.

부모와 자식 간의 사랑은 변함없으며, 서로를 지켜주는 것이지, 결코 기분에 좌우되는 감정이 아니다. 나이 들어가는 사람들은 자식들의 성숙과 삶에 기여할 수 있을 때 자신이 아직은 세상에 속해 있다는 느낌을 갖는다.

알브레히트 뒤러, 「어머니」, 1514년
나이 들어가는 사람들은 자식들의 성장과 삶에 기여할 수 있을 때 자신이 아직은 세상에 속해 있다는 느낌을 갖는다.

4) 노인의 은퇴와 일자리

보통 사람들은 일 자체를 위해 일하는 것이 아니라 돈을 벌기 위한 수단으로 일을 한다. 그렇기 때문에 지금 하는 일을 그만두면 다른 일을 찾아 나서야 한다. 다시 말해 자아실현을 위한 창조적인 노력이 아니라 경제적 필요 때문에 일을 하는 것이다. 어쩔 수 없이 하는 일에서 기쁨을 얻기는 힘들 것이다. 물론 그렇게라도 살 수 있다면 다행이며 만족해야 할 것이다. 일을 대충 하고도 신경 쓰지 않는다. 이렇듯 일과 삶은 다른 것으로 분리되어 있기 때문에 그런 자신의 삶에 어떤 의미가 있는지 몰라 공허해하는 것은 당연한 일이다.

모든 이가 더 나은 삶을 원하고 더 나은 세상을 바란다. 그런데 지금 자신이 무엇을 하고 있고, 왜 그것을 하는지, 무엇을 위해 그것을 하는지 모르거나 알려고 하지 않는다. 사람들은 돈을 버는 데 몰두한 나머지 일에 대한 도덕성을 잃었다. 일이 분화되어 있어 다른 사람들이 하는 일에 대한 시야를 제한하기 때문에 각자 실제로 무엇을 위해 일하고 있는지 파악하지 못한다. 사람들은 자신의 노동의 결과를 알지 못한다. 작업의 일부분만 하고 그만큼만 자신의 일로 여긴다. 그리하여 자신이 보지 못하고 알지 못하는 것에 대해 책임을 지지 않으려 하며, 결국에는 자신이 만들어낸 결과에 대해 무감각하게 된다. 또한 영향력이 없는 자신의 무력함에 절망하기도 하지만 별도리가 없다고 생각한다. 이상은 별과 같아 도달하기 힘들기 때문이다.

그러나 하고자 하면 우리는 자신이 하는 일을 성화(聖化)할 수 있다. 그 일을 함으로써 자신이 성화될 뿐 아니라, 일자리도 성화된다. 일의 영성은 우리의 한계를 넘어서게 한다. 자신이 평생 한 일을 통해 세상에 영향을 주지만 일을 통해 자기 자신이 되는 것이다. 부모는 자식에게 "나처럼 살아서는 안 된다"고 바라는 대신, "나처럼 사는 것도 나쁘지 않아"라고 할 수 있어야 한다.

한국은 OECD 국가 중 평균 퇴직 연령이 가장 낮은 국가이다. 정부에서 다양한 노년 정책에 대해 이야기하지만 노년의 삶의 수준을 결정하는 것은 결국 각자의 노력에 달려 있다고 보아야 한다. 인생 후반전의 일거리에 대한 생각의 전환이 있어야 한다. 노년에는 일자리보다는 일거리, 일감을 찾는다는 생각으로 접근해야 한다. 발상의 전환을 하면 탈출구, 해결 방안이 보이기 시작한다. 저소득층이나 취약 계층을 위한 노인 일자리, 공공사업은 있지만, 사무직종이나 전문직종 계층의 노후 대책은 거의 없다고 봐야 한다. 그러므로 경험과 능력의 연장선상에서 일할 수 있는 기회를 스스로 찾아야 한다.

* 은퇴

은퇴란 직장생활의 끝을 의미한다. 은퇴는 공식적으로 일에서 물러나는 하나의 사건으로서 직업을 가진 사람이 직업적 역할이 끝났다고 공인하는 날로부터 시작된다. 은퇴는 역할의 측

니콜라스 마스, 「레이스 직공」, 1655년
인생 후반전의 일거리에 대한 생각의 전환이 있어야 한다. 노년에는 일자리보
다는 일거리, 일감을 찾는다는 생각으로 접근해야 한다.

면에서 '역할 없는 역할'로 묘사되기도 한다.9) 은퇴의 결정에
는 외적 요인과 내적 요인이 있다. 정년제는 기업체와 노동자
간에 이루어지는 하나의 노동계약이다. 조직에서 공식화한 정
년제는 연령을 기준으로 설정되어 있으므로 연령이 은퇴의 주
된 요인이다.

　은퇴 이후는 예전의 역할이 아닌 새로운 역할로 사회화가 이

---

9) 같은 책, 263쪽 참조.

루어진다. 본래 은퇴는 어렵고 힘든 일에서 근로자들을 벗어나게 하여 여생을 편히 쉬며 보낼 수 있도록 한다는 의미로 여겨졌다. 노년기에 접어들어 생물학적 쇠퇴에 직면하여 개인이 자신의 근력을 보존하고 자신의 내면을 돌볼 수 있는 시간을 갖기 위해 사회적 역할로부터 떠나고자 할 때가 적절한 은퇴 시기일 것이다. 은퇴 이후에는 직업이나 사회적 평가 없이도 여생을 즐길 수 있고 자유롭게 개인적인 시간을 관리할 수 있고 적절한 생활양식을 펼쳐갈 수 있어야 한다.

그런데 현대의 노년층은 은퇴 이후 다른 연령층과 점차적으로 격리되고 있으며 이러한 현상은 노인에게 좌절과 비애를 일으키고 있다. 무력감, 고립, 빈곤이라는 형태로 노인들은 고통을 겪고 있다. 일자리의 공식적 연령상한제에 따른 강제 은퇴로 인해 그때까지 수행해온 지위와 역할을 상실하고 새로운 역할을 찾아야 한다. 은퇴가 자연스러운 하나의 인생주기에 편입되는 통과의례로 인식되어 은퇴 후 새로운 역할에 순조롭게 적응이 이루어진다면 별 문제가 없을 것이다. 그러나 산업화와 더불어 제도화된 은퇴의 과정은 강제적 퇴출이라는 의미를 가지고 있으므로 노후의 빈곤과 불안이나 긴장을 가져오는 사건이 된다. 정년은 개인의 역할 상실을 불러오고 신체적, 정신적인 문제까지 초래하며 생활의 리듬을 파괴하여 바람직하지 못한 결과를 가져오기도 한다. 은퇴는 생계 문제에 대한 걱정과 불안의 원인이 되며, 부양 가족원이 있거나 노후 준비가 충분치 않은 경우에는 가족이나 은퇴자 모두에게 불안이나 부담이 된다.

노년기에는 조심성과 수동성이 증가하므로 새로운 모험보다는 과거부터 변함없이 지속되어온 환경의 유지나 익숙한 생활양식의 지속이 편하게 느껴진다. 그러나 은퇴 후의 성공적인 생활은 직업에서 달성하고자 했던 개인적 목표에 대치될 수 있는 새로운 어떤 것의 발견에 있다. 건강상의 변화와 같은 불가피한 경우를 제외하고는 노인도 젊은이들과 다름없이 사회적 활동에 대한 욕구를 가지고 있다. 따라서 사회활동 수준이 높을수록 심리적 만족도가 높아질 것이다. 은퇴 후 역할 상실의 대체를 위해서는 적극적으로 사회적 활동에 참여하는 것이 필요하다.

은퇴자가 직업에서 벗어난 직후에는 평소에 시간이 없어서 못했던 일들을 하려고 할 것이며, 대부분의 시간은 여러 해에 걸쳐 계획해온 관심거리나 여가활동으로 보낼 것이다. 이 시기를 지나면 은퇴자는 자신의 현실 생활을 직시하고 성찰하기 시작한다. 자신의 재정 상태, 한계성 또는 실천 가능성에 대한 비교적 정확한 인식을 하게 된다.

* 은퇴 후 일자리

신체적 노화에 따른 노동능력의 저하, 급속히 발전하고 변화하는 과학기술에 적응하는 능력 부족, 은퇴 등으로 말미암아 노동시장에서 탈락하게 된 노년층은 경제적 어려움뿐 아니라 심리적으로도 어려움을 겪는다. 일을 할 수 있는 노인과 그렇지 못한 노인 사이에 자존감의 차이가 있을 수밖에 없다. 경제력이 없는 노인들은 적극적인 사회참여를 하지 못하게 되어 결국 활동의 장이 축소되고 이러한 노인들은 생활에 대한 만족도나 안정감이 감소하게 된다.10) 그러므로 취업을 원하는 노인들을 위해 보다 많은 기회가 제공되어야 한다. 노년기의 일은 소득원을 확보해주고, 사회적으로 무용한 인물로 각인된 노인들에게 자신감을 주며, 신체적, 정신적인 건강을 유지시키는 활력이 될 수 있다. 일의 의미는 시간과 장소에 따라 고통과 수고의 의미 또는 헌신과 소명의 의미로 다르게 나타난다.

노후 빈곤은 나이를 먹으면 누구에게나 일어날 수 있는 일이다. 특히 부양해줄 가족 없이 홀로 살고 있는 독거노인의 경우 의료비나 돌봄 서비스 비용은 상당히 부담된다. 아직 버틸 만한 동안에는 병원에 가지 않고 최대한 참아보지만, 그러다가 중병으로 발전하거나 앓아눕게 되면 그 비용을 감당할 수 없어 나락으로 빠지게 된다. 치료가 장기화되거나 만성 질병인 경우 장기간 의료비를 지출해야 한다. 결국 열심히 일해서 간신히 장만했던 집을 처분해 의료비와 생활비로 충당해야 한다. 그마저 바닥나면 기초생활보호 대상자로 연명해야 한다.

"죽어버리면 돈 걱정할 필요도 없을 것이니 어서 죽고 싶다." "자식들에게 부담주고 짐이 되기 전에 죽는 것이 낫다." "지금

---

10) 같은 책, 242쪽 참조.

이렇게 살고 있지만 무엇을 위해 살고 있는 것인지 모르겠다." 이처럼 빈곤에 빠진 많은 노인들은 인생의 낙도 없고 죽는 날만 기다리며 살아간다며 신세를 한탄하기도 한다. 다가올 노후 빈곤에 대한 막연한 불안감을 느끼고 있는 사람도 적지 않다.

이러한 상황에서 노인 취업의 필요성에 대한 인식은 사회적으로 증가하고 있다. 노인 인력을 활용하는 것은 당사자나 사회를 위해 바람직한 일임에 틀림없으나 현실적으로 쉽지 않은 일이다. 그럼에도 누구든 생존을 위해 일할 수 있는 권리를 보장받아야 하며, 나이가 많다고 취업이나 노동할 기회에서 배제되어서는 안 된다. 노인 인력의 활용은 사회보장비의 절감을 위해서도 필요하며 노인 자신의 정신적, 정서적 안정을 위해서도 필요하다. 노인들이 자긍심을 가지고 인간답게 살아갈 수 있도록 종속적 지위나 피부양적 위치에서 벗어나게 해야 한다.

노인들의 취업 희망은 소득을 확보하려는 경제적 측면뿐 아니라 사회적 참여 및 신체적인 활동 욕구까지 포함된다. 취업을 바라는 노인들에게 취업의 기회를 제공해줄 수 있는 대책 수립을 한다면 노인의 건강한 생활보장에 도움이 될 것이다. 노인에게 알맞은 다양한 직종의 개발이 필요하며 아울러 취업의 기회도 확대해야 한다. 평균수명이 더욱 길어질 것으로 예상되는 미래의 노인은 보다 높은 수준의 직업과 보다 다양한 직종을 선호할 것이기 때문이다. 이러한 취업 욕구 또는 취업 성향 등을 충분히 수용하기 위해서는 시대와 상황에 맞게 끊임없이 노인을 위한 직종 개발이 이루어져야 한다.[11]

고야, 「수프를 먹는 두 노인」, 1819-1823년경
노후 빈곤은 나이를 먹으면 누구에게나 일어날 수 있는 일이다. 특히 부양해
줄 가족 없이 홀로 살고 있는 독거노인의 경우 의료비나 돌봄 서비스 비용이
상당한 부담이 된다.

노인들의 취업 가능성에 영향을 줄 수 있는 요인 중의 하나
는 노인들 자신이 보유한 역량의 수준일 것이다. 어떤 형태로
든 사회가 요구하는 능력을 보유하고 있다면 비교적 취업이 용
이할 것이다. 노인의 신체적 능력이나 정신적 능력은 노화과정
에서 급격히 감퇴되어가는 것이 사실이다. 그러나 개인차가 크
며 직종에 따라 다양하게 나타나므로 일괄적으로 평가하는 것

---

11) 같은 책, 242-243쪽 참조.

은 잘못이다. 따라서 노인의 직무 수행 능력을 보고자 할 때는 단순히 젊은이와 비교해서는 안 될 것이며 작업의 성격과 종류 및 개인적 환경적 특성을 고려해야 한다.

노인들의 건강과 취업 활동은 상호 관련된다. 노년층의 육체적 건강은 정신건강과 밀접한 관계가 있으며 노인의 소일거리는 정신건강을 높여주는 요인이 된다. 노인에게 알맞은 일자리를 확보해주는 것은 소극적인 복지 혜택을 부여하는 것보다 훨씬 효과적일 수 있다. 노인들이 취업을 통해 소득 보장을 받기 위해서는 국가나 기업 및 사회가 노인에게 취업의 기회를 부여하기 위한 정책이나 의지가 있어야 하고 노인 스스로도 노력하는 자세를 갖추어야 한다. 노년기 취업을 활성화하기 위해서는 일에 대한 자발적이고 적극적인 의지를 가져야 한다. 노인 스스로 일에 대한 의욕이 있다 해도 자신이 무능하거나 무용하다는 생각을 갖고 있으면 적극적으로 대처할 수 없다. 은퇴하기 전에 퇴직 후의 일거리에 대한 사전 준비도 필요하다. 종전의 직업적 지위와 경력에 대한 미련을 버리고 새로 시작하려는 자세의 전환이 필요하다. 또한 취업 욕구가 있는 노인들이 단체 활동을 통해서 할 수 있는 일을 개발하고 찾아내는 것은 노인 취업 기회의 확대를 위한 하나의 방법이 된다.

오늘날 노인복지가 확대되면서 노인의 삶은 물질적인 측면에서 점진적으로 향상되고 있다. 최근 노인복지 관련 기관에서 노인을 위한 평생교육 프로그램을 다양하게 운영하는 등 노년의 삶의 질을 높이기 위한 노력이 보인다. 노인이 단순히 프로그램 수혜자로 머무는 것이 아니라, 프로그램을 구성하고 프로그램을 통해 성과를 창출하기도 한다. 노인들이 주체가 되는 연극이나 영화, 음악회 등을 운영하기도 한다. 또한 지속적인 노인 일자리 창출을 위해 대한노인회에서 취업지원센터를 운영하고 있으며, 구직을 희망하는 노인의 취업 상담과 일자리 알선을 하고 있다. 노인의 일자리 창출은 노인의 소득 보장과 사회참여 기회를 확대한다.

장 프랑수아 밀레, 「이삭 줍는 여인들」, 1857년
행복하기 위해서는 원하는 것을 모두 소유하려 하지 않고 부족하더라도 허락된 것에 만족하고 주어진 상황에서 소박하게 살아야 한다.

5) 세대 간 갈등

인간의 삶을 바라보는 관점은 다양하지만 그 어떤 관점으로도 온전히 파악되지 않는 것이 바로 삶이다. 인간은 몸과 마음의 상태가 끊임없이 변하기 때문에 늘 새로운 모습을 띤다. 일할 때와 쉴 때가 다르고, 뭔가를 얻기 위해 투쟁할 때와 편하게 가진 것을 누릴 때가 다르다. 새로운 사람을 만나 관계를 맺을 때마다 자신이 지닌 다른 측면들이 나타나고 건강이나 직업 또는 사회적 상황의 변화는 인간의 가장 내밀한 부분까지 영향을 미칠 수 있다. 인격의 자기동일성은 그런 상이함 속에서 스스로를 드러낸다.

삶의 매 순간, 각 시기는 두 번 다시 반복될 수 없는 유일한 것이므로 삶의 모든 시기는 그 자체로 새로운 것이다. 이 시간들은 단 한 번밖에 오지 않으므로 우리의 삶 전체에서 다른 무엇과도 바꿀 수 없는 위치를 갖는다. 그럼에도 불구하고 삶에는 특별히 부각시켜도 될 만큼 근원적인 의미를 지닌 분기점이 있다. 삶의 시기를 넓게 잡아서 유년, 청년, 성년, 중년, 노년, 말년으로 구분해보자. 독일의 가톨릭 신학자 로마노 과르디니에 의하면 우리는 각각의 시기를 통과하면서 전형적인 위기를 겪는다. 유년기와 청년기 사이에는 사춘기라는 위기가 있고, 청년과 성년 사이에는 경험의 위기, 성년과 중년 사이에는 한계 경험이라는 위기, 중년과 노년 사이에는 분리의 위기, 노년과 말년 사이에는 무기력의 위기가 있다. 각 시기마다 고유한 특성이 있으며, 그 특성이 너무 강하게 발휘되는 바람에 해당 시기를 지나 다음 시기로 넘어가는 데 어려움을 야기해 여전히 지난 시기에 고착되어 있는 경우가 있다. 이를테면 나이로 보면 이미 성숙해졌어야 함에도 여전히 감정과 성격에 있어 아이 같은 태도를 가지고 유아적 상태에 머물러 있는 경우이다.12)

노부모와 성인 자녀 관계에서 발생하는 세대차와 갈등은 간과해서는 안 되는 문제이다. 가족 구성원은 가족 형태의 변화에 대처해나가야 하므로 어느 정도의 마찰이 발생하는 것은 당연한 일이다. 가족관계는 가치관이나 관심사의 공유에 좌우된다. 부모 자식 간의 만족스러운 관계는 상호 간의 의사소통을 통한 원활한 가치관의 교류에서 형성된다.

노인은 가족 내에서 연장자로서 그들의 삶을 통해 축적해온 지혜를 자녀에게 전달하며 가족 내에서 자신의 위치를 공고히 하고자 한다. 이런 욕구는 자신이 제공하는 길잡이가 될 만한 정보나 이야기에 자녀가 귀 기울일 때 충족된다. 그렇지 못할 경우 갈등이 발생한다. 현대사회는 과거 전통사회의 노인이 생활해온 경험과는 다른 가치관의 유입으로 인해 세대 간의 갈등이 발생한다.

노인과 젊은이는 서로 태어난 시기가 다르므로 서로 다른 세대에 속하게 되며, 이런 세대 차이는 역사적으로나 사회적으로 서로 다른 사건을 경험하게 되어 생긴 사고방식의 차이에서 비

---

12) 로마노 과르디니, 김태환 옮김, 『삶과 나이』, 문학과지성사, 2008, 14쪽 참조.

롯된다. 각 가족마다 자녀 양육 방법, 가정 분위기, 종교, 문화 및 가치체계가 다르기 때문에 사회에서 느끼는 것과는 다른 세대 차이가 있다. 부모가 자녀를 양육하면서 자녀들에게 일정한 방향으로 기대하고 가르친 가치관이나 신념, 사고방식이 자녀들에 의해 수용되는 정도에 따라 차이를 보이게 된다.13) 그런데 다양한 경험과 삶의 굴곡을 거친 후 노년기에는 젊은 시절 가졌던 태도나 가치관이 변할 수도 있다. 어쨌든 이렇게 세대 간에 필연적으로 발생하는 차이는 노부모와 자녀가 비록 서로에 대해 잘 알고 깊이 이해하고 염려해준다 해도 서로의 경험을 공유하거나 공감하는 데 있어 어려움을 겪게 만든다.

세대 간의 차이는 의존성과 자율성 형성에 영향을 줄 수 있다. 젊은 층은 독립 또는 분리되고 싶기 때문에 노인층과 다르다고 생각하고 거리를 두려고 한다. 반면 노인층은 자녀에게 쏟은 정성이 크므로 가깝다고 생각하고 의존하려는 경향이 있다. 노부모와 성인 자녀의 갈등은 노인의 의존성으로 인해 일어나기도 한다. 그런데 의존은 모든 사람에게 나타나는 자연스러운 현상이다. 인간은 유아기로부터 비교적 독립적인 성인기, 노년기에 이르기까지 다양하게 의존성을 경험하며, 특히 유아기와 노년기는 절대 의존기에 속한다.

노인은 경제적, 신체적, 정신적, 사회적, 심리적 측면에서 자녀에게 의존적으로 되기 쉽다. 노부모가 성인 자녀에게 의존하

---

13) 김태현, 앞의 책, 143쪽 참조.

게 되는 주요인은 건강문제와 경제적 취약성 때문이며 이때 갈등을 일으키게 된다. 이제까지 자녀에게 정신적, 물질적 도움을 주며 권위적 역할을 해왔던 부모가 노년기에 접어들면서 역으로 성인 자녀에게 의존해야만 하는 역할 전이에 적응하기 힘들기 때문이다. 노인의 역할 수행의 감소 내지 제한은 의존적 지위를 의미한다.

노인들은 젊은이들을 부러워하면서도 한편 못마땅하게 생각한다. 노부모가 과도하게 의존적이며 자녀의 사생활을 허용하지 않고 참견하거나 개입하는 경우 갈등이 심화된다. 노부모가 자녀에게 충고, 훈계, 지도하려고 고집하는 상황에서는 문제가 더 악화될 수 있다. 노부모의 건강이 나쁠수록, 그리고 성인 자녀가 노부모에게 제공하는 경제적 도움이 클수록 갈등이 많은 것으로 보인다. 노부모와 성인 자녀 간의 세대차와 의존성에서 오는 갈등은 필연적이다.[14] 그런데 어느 정도의 갈등은 가족 간에 활력과 생기를 불어넣는 촉진제가 될 수도 있다. 서로 의무적 관계가 아닌 심리적 결속 유지를 지속적으로 발전시켜야 한다. 노년에 누구에게도 의지하려 하지 않고, 품위를 지키며 살아갈 때 존중받을 것이다.

젊음의 장점은 많은 가능성을 실험하고 모색할 수 있다는 점이다. 실패를 거듭하며 인간은 강인해지고 그동안 힘들게 했던 실패를 통해 자만심, 탐욕, 분노, 어리석음을 떨쳐버릴 수 있게

---

14) 같은 책, 145쪽 참조.

된다. 자신이 겪은 실수나 고생은 결코 수치스러운 것이 아니다. 젊은 사람들은 나이 듦에 대해 관심이 없다. 그러다 자신이 늙었음을 깨달으면 그제야 비로소 문제가 된다.

사람은 연륜을 쌓아감에 따라 관계의 어려움과 갈등, 고통, 만족감, 기쁨, 행복 등 많은 것을 경험한다. 젊은이들은 단정한 몸가짐, 새로운 것에 대해 열린 마음을 가진 노인에 대해 호의를 가진다고 한다. 나이를 내세워 권위적으로 대하지 않고 앞에 나서지 않으며 조용히 뒤에서 돕는 노인은 사랑받고 환영받는다. 사람을 대하는 태도와 행동이 부드럽고 편안하며 온화하면 젊은이들과 관계가 원만하고 자연스럽게 소통할 수 있을 것이다. 주위 사람들과의 관계가 원만하면 본인도 편하다. 노인은 지혜로워야 한다. 그래야 젊은 세대와 소통할 수 있으며, 기피와 혐오의 대상이 되지 않는다.

노년이 되는 것은 젊은 날의 충동과 방황과 질풍노도에서 벗어나서 자유롭다는 것을 의미한다. 노년이 되면 세상을 향해 나아갈 수 있는 자유로운 상태가 된다. 부모님은 돌아가셨고, 자식들은 독립해 자신의 길을 가고, 혈연적 관계에서 비롯되는 의무와 책임으로부터 벗어나 비로소 자신에게 시선을 돌릴 수 있다. 부부 사이도 서로를 소유하고자 집착하던 관계를 뛰어넘는 새로운 관계의 장이 열린다. 부부는 서로를 재발견하고 존중하는 관계에 도달할 수 있다. 이제 비로소 혈연과 가족에 대한 책임으로부터 벗어나 자기 자신을 위해 혹은 공동체 전체를 위해 지혜를 쌓아갈 수 있다.

3. 노인 돌봄과 생명윤리

노인 돌봄은 노인을 대상으로 하는 부양, 수발, 간병 등으로 기존의 노인복지, 의료 및 보건 욕구에 더하여 일상생활상의 편안함을 유지하고자 하는 활동이다. 따라서 건강의 유지와 증진을 필요로 하는 일반 노인이나 다양한 장애를 가진 노인들을 돌보는 모든 활동을 의미한다.

노인 돌봄은 노인이 각자의 건강관리 능력을 극대화하여 질병의 악화를 예방함으로써 최대한의 자립성을 유지하게 하는 것이 목적이다. 또한 노인 자신이 노화와 만성질병을 받아들이고 그 상황에 적응할 수 있도록 도와주며, 이를 성취하기 위해 필요한 환경의 조성과 개선 등 다양한 방법들을 포함한다.

노년의 삶과 관련된 많은 윤리적 문제가 있지만 편의상 몇 가지 주제로 분류할 수 있다. 첫째, 늙어간다는 것의 개인적 의미에 관련된 물음들이다. 즉, 행위하고 기억하는 능력, 심지어 명석하게 생각할 능력조차 줄어드는 상황에서 어떻게 개인적 자율성과 존엄을 유지할 것인가? 그리고 점점 자립할 수 없게 된다는 것이 개인의 근본적인 삶에 어떤 영향을 주는가? 둘째, 노인들, 특히 쇠약한 노인들에 대한 사회의 의무와 관련된 물음들이 있다. 치매와 관련한 인지능력의 저하나 노년의 질병으로 고통을 겪고 있는 사람들에게 특별한 보살핌과 관심을 기울여야 하는 이유는 무엇이며, 어떤 도덕적 의미를 지니고 있는가? 셋째, 나머지 연령층에 비해 고령층의 수가 급속히 증가하는 것을 보여주는 인구 통계는 노인 집단이, 예를 들어 젊은 사람들에 비해 너무 많은 자원을 소비하고 있다는 우려의 근거가 되는가?

1) 노인의 자율성 및 자기결정권

거동이 불편해 돌봄 없이 홀로 생활이 어려운 연로한 노인이나 임종에 가까운 사람 모두 온전히 인간답게 돌봄을 받고 의료적 조치와 간호를 받을 수 있는 권리를 갖는다. 심리적, 신체적 활동이 제한적이고 의존적인 노인, 타인의 도움이 필요함에도 자기주장이나 표현이 어려운 노인을 보호하기 위해서는 지켜야 할 윤리적 기준들이 필요하다. 노인은 인격적인 대접을 받을 권리, 자신의 욕구를 충족시킬 권리, 공공시설과 기관을 이용할 권리, 자율적 의사 결정의 권리가 있다.

자기결정은 일반적으로 적극적인 자기결정권의 행사이며, 한 개인의 자유와 타인의 자유가 충돌할 수 있는 가능성이 있다. 자기결정과 자유선택은 책임과 관련된다. 인간의 책임은 자발적 행위에서 비롯된다. 강제에 의한 비자발적인 행위에 대해서는 그 정상이 참작되어 책임을 묻기 어렵다. 자기결정은 자유의 행사이며 자유에 기초한다. 또한 타인의 간섭을 받지 않을 자유를 의미한다.

자기결정의 원칙은 인간의 존엄성과 관련이 있는 항목으로서 노인의 욕구와 문제에 대하여 노인의 개성과 권리를 최대한 인정해야 하며 노인 자신이 문제를 스스로 해결할 수 있도록 경청하고 공감하며 도와야 한다는 원칙이다. 욕구나 문제를 해결하는 데 있어 지원이 요구된다면 사회는 동원 가능한 최대한의 자원을 확보해주어 노인의 문제를 해결할 수 있도록 도와야 한다. 노인은 인간으로서 존중받아야 하며, 자신에 관한 문제에 있어 스스로 선택하고 결정할 수 있어야 한다.

평균수명이 상승함에 따라 고령 인구도 증가하고 있으며, 이와 더불어 치매, 알츠하이머병, 파킨슨씨병 등 노인성 질환에 걸려 인지능력에 장애를 겪는 노인의 수도 가파르게 증가하고 있다. 인지능력에 장애가 생긴 노인들은 다른 사람의 도움이 없이는 일상생활을 영위하기가 힘들다. 그러나 인지장애 노인도 존엄한 존재로서 다른 사람들로부터 존중받을 권리가 있다. 성년후견제도는 발달장애인 또는 치매나 노인성 질환으로 인지능력이 부족한 사람에 대하여 성년후견인을 선임해 본인의 신상과 재산을 보호하도록 하는 제도이다. 그러나 피성년후견인이 되면 당사자는 성년후견인의 보호를 받는 대신 법적 권리를 행사하는 데 상당한 제한을 받게 되고, 매사에 있어 스스로 결정할 권리(자기결정권)를 잃게 된다. 현행 민법은 피성년후견인의 인지능력 정도에 따라 성년후견, 한정후견, 특정후견 등으로 구분하여 후견인을 선임하도록 하고 있기는 하나, 정도 차이만 있을 뿐 당사자가 전적으로 또는 부분적으로 자기결정권을 상실하게 된다는 점에서는 큰 차이가 없다.

현대사회는 개인의 자율에 대한 존중이 중요한 가치로 강조

된다. 개인의 자유 처분으로 파악된 자율의 존중은 제삼자의 결정에 승복하는 것과 대조적이다. 그러나 의사와 환자의 관계에서는 개인적 자유처분이나 제삼자에게 승복함보다는 함께 결정함이 선호된다. 이러한 견해에 의하면 자율 존중의 가치를 다른 사람의 도움을 받아 행하는 적극적 자기결정으로 해석하는 것이 가능하다. 이런 해석은 인지능력이 저하되었거나 상실된 치매 노인에게도 유효할 것이다.

이를테면 사람들은 자신들이 원하는 것을 얻는 경우에 자유롭다. 만일 원하는 것을 취하는 데 장애가 있다면 그것은 자유를 제약한다. 자유는 행위 주체에게 열려 있는 선택의 범위에 비례한다. 선택지가 많을수록 더욱더 자유로워진다. 만일 마음에 드는 수많은 다양한 물건들 중 하나만을 선택하도록 한다면 그러한 상황이 자유롭다고 할 수 있겠는가? 가고 싶은 곳을 갈 수 있다고 해도 진정으로 가고 싶은 곳은 갈 수 없다면 과연 자유롭다고 할 수 있겠는가? 그런데 어떤 사람들은 시키는 대로 하는 편을 선호하기도 한다. 시키는 대로 하는 편을 선택함으로써 스스로 결단의 기회를 포기한다.

의존적인 삶을 사는 사람들은 자발성이 요청되는 일을 감당할 수 없기 때문에 누군가의 지시를 따를 때 편안함을 느낀다. 그런 사람들은 타자의 말에 주의를 기울이지만 다른 목적이 있어서가 아니라 단지 지시받은 일을 정확히 수행하기 위해서이다. 의존성에서 벗어나지 못하는 사람은 스스로 해결할 수 없는 문제이니 전문가를 권위자로 인정하고 도움을 청하여 모든 것을 위임하려고 생각한다. 그리하여 자신의 건강과 생명에 관한 문제까지도 전문가에 맡긴다.

그러나 인간은 본래 특정한 원인에 의해 단순히 떠밀려 사는 수동적인 존재가 아니라, 가치나 목표를 설정하고 그것을 추구하며 살아가는 존재, 스스로 자신이 부여한 의미에 따라 세상을 살아가는 존재이다. 자신의 삶의 목적이나 의미를 묻거나 생각하지 않는 사람은 자신이 하는 일에 대해 큰 기쁨을 느낄 수 없다. 중요한 삶의 순간들이 무심히 그저 우리 곁을 스쳐 지나갈 것이다. 그런데 병이 들거나 죽음의 불안에 시달려도 인생의 흐름을 멈출 수는 없다. 살아 있는 한 삶은 멈출 수 없으며 어떻게든 지속된다. 삶에 어떤 의미를 부여하고 어떻게 살 것인가? 선택할 수 있는 한 스스로 선택해야 한다.

자유는 이성과 의지에 바탕을 둔, 행하거나 행하지 않을 수 있는 능력이며, 이것을 하거나 또는 저것을 하는 능력이고, 스스로 숙고해서 의도하여 행동하는 능력이다. 사람은 자유의지에 따라 자신의 삶을 이루어나간다. 인간은 진리와 선 안에서 자유를 통하여 성장하고 성숙한다.[15] 그런데 자유는 타인의 자유를 억압하지 않는 범위 내에서 행사되어야 한다.

신체적, 정신적, 물질적 한계를 지니는 노인은 이러한 자유를 누리기 어려운 상황이다. 그러면 어떻게 노인이 자신과 관련된 문제들에 결정권을 행사할 수 있을지, 결정권을 제대로 행사할

---

15) 한국천주교중앙협의회, 『가톨릭교회 교리서』, 1731항 참조.

방법은 있는지 고민해보아야 한다.

자유는 인간으로 하여금 자기 행동에 대해 책임지도록 한다. 직접 원해서 행한 행위에 대해서는 행위자에게 책임이 있다. 자유의 행사는 무엇이든 말하고 행동할 권리를 가리키는 것이 아니다. 인간의 자유는 유한하며 잘못될 수 있다. 실제로 인간은 의식적으로 혹은 모르기 때문에 잘못을 저지른다. 무지와 강제에 의한 행위는 일반적으로 면책이 된다. 그러나 직업상 반드시 알아야 할 것을 몰랐다면 책임을 면할 수 없다.

자유는 인간에게 자신이 행하는 행동에 대한 책임을 지운다. 숙고한 후의 행위는 그 자신의 것이다.16) 인간은 자유로써 도덕적 주체가 된다. 인간이 의도적인 행동을 할 때, 그는 그 행위의 주인이 된다. 인간의 행위, 곧 의식의 판단에 근거해 자유로이 행한 행위들은 도덕적인 성격을 띠게 된다.17) 인간 행위의 도덕성, 선택의 대상, 의도하는 목적이나 의향, 행위의 정황 같은 것들에 달려 있다. 대상과 의향과 정황은 인간 행위의 도덕성의 근원, 곧 구성 요소가 된다.18)

우리는 자유로워지고자 한다. 인간의 가장 큰 욕망 중의 하나가 하고 싶은 대로 하는 자유이다. 그러나 자유를 최우선으로 하는 사람은 삶의 참의미를 잃고 방황하기 쉽다. 우리는 하고자 하면 사랑을 선택할 수 있다. 현존하는 삶 속에서 인간은

---

16) 같은 책, 1745항 참조.
17) 같은 책, 1749항 참조.
18) 같은 책, 1750항 참조.

미켈란젤로, 「최후의 심판」, 1536년

우리는 자유로워지고자 한다. 인간의 가장 큰 욕망 중의 하나가 하고 싶은 대로 하는 자유이다. 그러나 자유를 최우선으로 하는 사람은 삶의 참의미를 잃고 방황하기 쉽다. 우리는 하고자 하면 사랑을 선택할 수 있다.

진정한 자유를 누릴 수 없다. 육신으로서의 삶, 육신을 통해서만 구현될 수 있는 생명으로서의 인간은 시간적, 공간적인 한계성을 지니기 때문이다. 또한 아무리 노력한다 해도 동일한 육적인 존재들에게서는 결코 완전한 사랑을 얻을 수 없기 때문에, 채울 수 없는 빈자리로 인해 공허를 느끼고 목마름을 느낄 수밖에 없다. 그렇다면 우리는 그런 공허한 느낌, 고독을 무엇으로 채워야 하는가? 그곳은 바로 우리 안에 비워두어야 할 하느님의 자리일 수 있다. 그분만이 채워주실 수 있을 것이라는 희망을 가지고, 그분을 위한 공간, 그분을 위한 자리로 남겨두어야 한다. 그분을 위한 이러한 빈자리는 특히 노년의 삶에서 중요할 것이다.

2) 치매

치매(dementia)는 노인들에게 찾아오는 대표적인 질병으로 건망증, 혼동, 방향감각 상실, 과민성, 지능 저하 같은 노망과 관련된 일단의 증후군을 가리키는 의학 용어이다. 다시 말해 노인의 지각 및 인지기능 전반에 걸쳐 심각한 장애를 보이는 질환이 치매이다. 세계보건기구의 국제 질병 분류에 의하면 치매는 뇌의 만성 또는 진행성 질병에 의해 발생하는 증후군으로, 이로 인한 기억력, 사고력, 이해력, 계산력, 학습능력, 언어 및 판단력 등을 포함하는 뇌기능의 다발성 장애로 정의되어 있다.[19] 치매는 정신지체와는 달리 정상적으로 생활해오던 사람이 이전에 비해 인지기능이 지속적이고 반복적으로 떨어져서 결국 일상생활이 어려워지는 상태이다. 즉, 정상적인 지적 능력을 유지해오던 사람이 후천적인 뇌질환으로 인한 점진적인 기억력 장애 및 다른 지적 능력의 상실로 더 이상 통상적인 사회생활이나 직업적인 업무수행 또는 대인관계 등을 적절히 유지할 수 없는 상태가 되면 치매라고 할 수 있다. 오늘날 평균수명이 연장되고 인구의 노령화가 급속히 진행되고 있는 상황에서 치매는 심각한 사회문제로 대두되고 있다. 치매는 완전한 치료 방법이 없으므로 인지기능의 악화를 지연시키면서 노인을 돌보고 관리하는 데 중점을 두어야 한다.

1906년 독일의 신경병리학자 알츠하이머는 급격한 기억력 장애, 지남력[20] 상실 등을 초기 증상으로 하여 4년 동안 편집 증, 실어증 등의 소견을 보이다 사망한 51세의 여성을 보고했다. 그런데 노인성 치매와 달리 환자의 나이가 많지 않았고 임상 증상이 다른 양상을 보였으므로 노인성 치매와 구분하여 65세 이전에 발생하는 이러한 초로성 치매를 알츠하이머라고 명명하였다. 그러나 이들의 임상 증상이 매우 다양함에도 불구하고 부검 소견에서 뇌조직 내의 비정상적인 반점과 뇌세포의 불

---

19) WHO(Fact Sheet No.362)에 의하면 치매는 기억, 생각, 행동 및 일상적 활동을 할 수 없는, 인지능력이 저하되는 질병으로 간주된다. 치매는 주로 노년층에 많이 나타나지만 정상적인 노화의 일부가 아닌 질병으로 규정하고 있다.
20) 지남력은 시간과 장소, 상황이나 환경 따위를 올바로 인식하는 능력을 말한다.

규칙한 매듭을 보이는 동일한 병리 소견을 보이므로 이들을 합쳐 알츠하이머병이라고 부른다.21) 알츠하이머는 환자에게 나타나는 증상 때문만이 아니라 가족과 친구들에게 미치는 파괴적인 영향 때문에 아주 고약한 병으로 여겨진다. 이 병은 치명적이지는 않지만 현재까지 치료가 불가능하다. 이 병에 걸린 환자는 초기에는 정신이 오락가락한다. 머리는 텅 비었지만 건강하게 나이를 먹어가면서 환자는 하염없이 살아 있다.

노년기에 찾아오는 치매는 생의 마지막 비극이 아닐 수 없다. 노인의 치매는 영혼까지 메마르고 얼어붙는 무서운 병이다. 치매로 인한 노인의 시간은 잃어버린 시간이 되고 만다. 환자뿐만 아니라 가족 모두가 고통 받는다는 점에서 다른 어떤 중병보다도 무서운 병으로 일컬어진다.

신체적, 정신적, 감정적 기능에 문제가 생기는 치매가 오는 것은 의식과 지성의 무너짐을 의미한다. 치매에 걸리면 켜놓은 가스레인지 불도 잊어버려 불을 낼 수 있고, 문고리를 잡고서는 들어가야 할지 나가야 할지를 잊어버리는 상태까지 이르게 된다. 그야말로 늙어서 치매에 걸리면 주위로부터 어린아이처럼 신경을 쓰게 하는 존재가 된다. 과거에는 치매를 망령, 노망이라고 불렀다. 노인이 되면 당연히 겪게 되는 노화현상으로 본 것이다. 그러나 최근에는 다양한 뇌기능이 손상되는 뇌질환으로 인식되고 있다. 치매의 증상은 개인에 따라 다르지만 대

---

21) 최영희 외, 『노인과 건강』, 현문사, 2014, 243쪽.

개 3단계로 진행되는 것이 보통이다. 초기 단계는 알아차리기 쉽지 않지만 건망증, 기억상실 혹은 길을 잃는 경우가 나타난다. 중간 단계는 치매 증상이 명확해지면서 언행의 장애를 겪게 된다. 최근에 자신이 행한 일과 사람들의 이름을 자주 잊어버리는 경우가 빈번해진다. 이른바 오래 지난 시기의 기억은 상당히 유지되지만 단기 기억은 잊을 때가 많아진다. 때로는 집을 나가면 다시 찾아오지 못하거나 의사소통이 어려워지면서 남의 도움이 필요한 상태에 이른다. 후기 단계는 치매의 말기 현상으로서 방바닥에 용변을 보거나 기억상실 상태가 극심하게 되어 결국 남의 도움 없이 일상생활을 할 수 없는 상태에 이르게 된다. 시간과 장소에 대한 인지능력의 저하는 물론 식구들의 이름까지 잊어버리는 현상이 자주 나타난다. 또한 보행에 어려움을 겪으면서 와상 상태로 지내게 된다.

치매 발병률은 연령이 증가함에 따라 높아지기 때문에, 앞으로 노인 인구의 증가와 고령화로 인해 치매 노인은 급증할 것으로 보인다. 과거에는 치매가 만성적으로 진행되는 치료 불가능한 모든 뇌 증후군을 의미했으나, 최근에는 의식이 청명한 상태에서 전반적인 인지기능의 장애로 개념이 바뀌었다.

치매 환자들의 공통점은 뇌의 노화와 우울증이다. 스트레스는 뇌의 노화를 가장 촉진하는 요소라고 한다. 의식을 잃을 정도로 심하게 머리를 다치거나 반복적으로 계속 충격을 받은 경우는 보통 사람보다 발병 가능성이 높아지고, 가족력도 영향이 있으며 나이가 많으면 발병 확률이 높다고 한다.

정신 노화과정에 따른 일반 노인의 신체 및 정신적 감퇴 현상과 노인성 치매를 명확히 구별하는 것은 각 사회의 역사적, 문화적, 종교적, 윤리적 배경에 따라 달라질 수 있다. 대부분의 사회에서 아직은 노화에 따른 지능 감퇴나 퇴행 현상은 관대히 받아들여지고 있는 편이다.22) 치매는 노인성 정신질환으로 보기보다는 나이 많은 노인들에게서 흔히 나타나는 자연적인 노화현상으로 보는 경향이 많았다. 현재 심장병, 뇌졸중, 암에 이어 치매도 4대 주요 질병으로 불릴 정도이다.

가장 대표적인 치매인 알츠하이머형 치매는 원인이 분명하지 않은 채 신경세포가 서서히 파괴되어 뇌 전체가 위축되는 병으로 남성보다 여성에게 더 많이 발병되는 것으로 알려져 있다. 혈관성 치매도 많은데 반복되는 뇌졸중으로 인한 것이라 한다. 이 두 가지 유형의 치매는 치유 불가능한 것으로 알려져 있다. 이 외에 감염이나 알코올, 약물중독 등에 의한 치유 가능한 치매도 있다.

기억장애는 치매의 대표적인 증상으로 특히 대뇌피질의 이상에 의한 치매의 경우 초기부터 나타난다. 새로운 정보를 학습하는 능력이 감소되기 때문에 대부분 최근 기억부터 감퇴된다. 그런데 초기 증상은 건강한 노인에게 발생하는 건망증과 유사하여 구별하기가 어렵다. 점차 과거의 기억도 감퇴되어 과거에는 능숙하게 처리하던 일이 서툴러지거나 전혀 하지 못하게 된

---

22) 김태현, 앞의 책, 194쪽.

다. 심지어 자녀의 이름, 자신의 이름이나 생년월일, 주소, 과거 직업 등 자신의 인적 사항조차도 기억하기 힘들다. 그리고 기억력이 감퇴되었다는 사실조차 자각하지 못하게 된다. 지남력은 기억력과 주의력에 의존하기 때문에 치매 노인은 점차 시간, 장소, 사람에 대한 지남력을 상실한다. 날짜, 요일, 시간 등을 제대로 파악하지 못하고, 자신이 현재 어디 있는지도 잘 모르고, 심지어 화장실과 자신의 방을 찾지 못한다.23) 그러나 아무리 지남력이 심하게 손상되어도 의식장애는 보이지 않는다. 치매 노인은 일정한 정신활동 혹은 외부 자극에 초점을 맞추고 유지하면서 새로운 정신활동이나 자극으로 적절히 전환할 수 있는 능력이 떨어진다. 대화의 흐름이 일정하지 않고 지리멸렬하다.

대부분의 치매 노인은 언어기능이 손상되는데, 알츠하이머 치매는 정확한 단어를 찾지 못하는 명칭언어 장애가 초기부터 나타나, 사물의 이름 대신 이것, 저것으로 칭하거나 단어의 의미나 물건의 용도를 말한다. 착어증도 동반하여 뜻이 유사한 단어나 발음이 비슷한 단어를 대기도 한다. 차츰 착어증이 심해져 전혀 의미가 없는 신조어를 만들어내고 상대방의 말을 이해하는 능력도 떨어져 엉뚱한 대답을 하거나 혼자서 말을 중얼거린다.24) 말기에는 다른 사람의 말을 따라 하는 능력이 떨어지고 계속해서 한 단어나 구절을 반복하거나 심하면 전혀 말을

---

23) 최영희 외, 앞의 책, 247쪽.
24) 같은 책, 248쪽.

테오도르 제리코, 「미친 여자」, 1820-1824년경
신체적, 정신적, 감정적 기능에 문제가 생기는 병인 치매가 오는 것은 의식과
지성이 무너지는 것을 의미한다.

하지 않으며 구음장애도 발생한다. 혈관성 치매나 중추신경 외상에 의한 치매의 경우는 뇌손상 부위에 따라 문법체계가 손상되거나, 문장이 짧아지거나, 사물의 명칭을 말하지 못하거나, 상대방의 말을 이해하지 못하는 등 실어증의 양상이 나타난다.

가족에게 부담을 주는 치매 노인의 행동장애로는 배회, 수면장애, 수집벽, 폭력, 반복 행동, 거부 행동 등이 있다. 만성 퇴행성 질환인 치매는 초기에는 진행 과정과 속도를 예측할 수 없어 가족은 치매 노인을 어떻게 돌봐야 할지 혼란스러워한다. 말기에는 지남력 상실로 인해 24시간 돌봄이 필요하며, 가족의 신체적, 심리적, 사회경제적 부담이 커진다. 장기간 치매 노인을 돌보는 가족의 경우 육체적, 정신적 피로가 누적되어 극심한 고통을 겪게 된다. 치매 노인의 부양자들은 신경질이나 짜증을 내거나 가족들과 다투는 자신의 모습에 자괴감을 갖게 되며, 노인을 부양하는 방법에 대한 회의감, 자신과 노인의 미래에 대한 불안과 두려움을 가지게 되어 우울증에 사로잡히기도 한다. 따라서 가족에 대한 관리를 하는 사회적 지지도 중요하다.25)

노인 부양은 신체적, 정신적 건강에 많은 영향을 끼친다. 특히 치매 노인의 경우처럼 인지능력이 없고 아무것도 스스로 할 수 없으며, 언제 문제 행동을 할지 모르는 노인을 부양하는 데 있어서는 더욱 건강상의 부담을 느끼게 된다. 야간에 배회하는

---

25) 김태현, 앞의 책, 201쪽 참조.

노인 때문에 수면부족을 호소하기도 한다.

노인 환자들, 특히 치매 노인 환자가 말기 상태에 이르면 다른 환자들의 경우보다 방치되기 쉬우며, 차라리 빨리 돌아가시는 편이 낫다고 생각하는 것이 현실이다. 그런데 치매로 인해 일상적 판단이나 생활이 어려운 환자들을 다른 환자들과는 달리 차별적으로 대우하거나 소홀히 다루는 것은 사회정의에 맞지 않을 것이다. 어쨌든 그들도 발병 전의 건강한 시기에는 어떤 형식으로든 사회에 기여했을 것이며, 사랑하는 아버지나 어머니로서 가정을 돌보았을 것이다. 그러므로 비록 말기 상태라 하더라도 기본적인 간호와 치료는 보장되어야 할 것이다. 평균 수명이 길어져 100세 시대를 준비해야 한다고 하는 마당에 우리 중 그 누구도 치매 환자가 되지 말라는 법이 없다. 그런데 만일 말기의 치매 환자라고 해서 제대로 치료받지 못하고 방치되거나 의도적으로 생명 단축 조처를 해도 된다는 식의 사회적 분위기가 지배적이라면 그런 사회에서는 그 누구의 존엄성도 행복도 보장될 수 없다. 오랫동안 치매는 만성적으로 진행하여 회복이 불가능한 불치병으로 알려져왔으나, 치매 환자를 적절히 치료하면 완치되거나 호전될 수 있으며 더 이상 나빠지지 않는다.

치매 노인을 부양하는 가족들은 항상 옆에서 노인을 보호해야 하기 때문에 친구, 이웃 등과 어울릴 수 있는 기회가 적어지고 창피하다는 생각 때문에 사회적 활동에 제한을 받게 된다. 외부와 단절된 생활을 하거나 직업을 포기해야 하는 경우도 있다. 과중한 보호와 도움을 필요로 하는 치매 노인을 부양하는 부양자의 희생과 부담은 매우 크다. 그러므로 치매 노인 가족을 지지하는 사회적 체계가 필요하다. 부양자가 보다 정확히 치매에 대한 개념과 문제 증상을 인지하여 효율적으로 치매에 대처할 수 있도록 하며 정서적 지지와 정보를 제공받고 문제 상황에 효과적으로 식년할 수 있도록 대처 기술을 습득하게 하는 교육 프로그램의 제공이 매우 필요하다. 또한 치매 노인 부양에서 얻는 교훈이나 경험의 교환도 상당히 도움이 될 것이다. 치매 노인 부양에서 겪는 개인적 감정과 갈등, 사회관계 축소와 과중한 역할 부담, 사회관계에서의 소외나 고립으로 인한 어려움, 자신을 위한 바람을 검토하고, 자기 관리의 필요성과 방법에 대해 의견을 나누는 것도 바람직하다. 가족이나 친척 간 역할 상충과 갈등 경험, 부양 긴장 상황에서 사용하는 의사소통 방법, 갈등 해결 사례 등을 공유하고, 효과적인 듣기, 말하기의 필요성, 들어주는 기술, 말하는 기술에 대해 생각해보는 것도 필요하다.

3) 노년의 우울감

정신적, 신체적 노화뿐 아니라 사회경제적 빈곤 같은 늙음으로 인해 발생되는 부정적 현상은 나이가 듦에 따라 언젠가 누구나 겪게 될 일이며, 결코 남의 일이 아니다. 이런 생각은 우울감에 빠져들게 한다. 많은 현대 노인들은 고통스럽고 불행하며 또한 자신과 가까이에 있는 사람들을 고통스럽고 불행하게 만들기도 한다. 노인은 외롭다. 인생은 내 마음과 같지 않아서 작은 일조차 뜻대로 되지 않을 때가 많았을 것이다. 잘하고 싶지만 실수가 따르고 생각지 못한 곳에서 갈등이 생긴다. 좋은 사람도 부딪히면 실망을 주고 가까운 사람이 오히려 더 큰 상처를 준다. 쉬고 싶지만 쉴 수가 없고, 떠나고 싶다고 언제든 떠날 수 있는 것도 아니다.

노인이기 때문에 외로운 것인지, 외롭기 때문에 노인이 되어가는 것인지 분간하기 어려우나, 아마도 두 가지 모두 해당할 것이다. 그런데 사실 노년은 삶과 생명의 의미에 대한 근원적인 질문을 던지고 해답을 구할 수 있는 귀중한 시기이다. 해답을 구하기 위해 쉬지 않고 노력하며 세상과 소통해야 한다. 노년의 삶에서는 어느 시기보다도 관계 형성이 중요하고 삶의 유한성을 받아들이는 마음가짐, 즉 죽음에의 준비도 빼놓을 수 없는 과제이다.

나이 들고 오래 산다 해도 각자 그 시간을 어떻게 살아왔는지가 중요하지, 얼마나 오래 살았는지가 중요한 것이 아니다. 생로병사의 과정은 태어나는 동시에 시작된다. 태어나서 나이 들고 늙고 병들어 죽는다는 것은 평범한 삶의 공통점이다.

노년에 이르러 자신의 삶에 대해 긍정적인 평가를 하는 노인은 말년을 행복하고 건강하게 살다가 평화롭게 감사하며 죽음을 맞이할 가능성이 크다. 자신이 잘못 살았다는 평가를 할수록 회한에 젖어 죽음을 두려워하고 삶에 매달리게 될 것이다.

90

그러나 어떤 삶을 살았든 그 삶은 이 세상에서 유일무이한 삶이었다는 의미에서 그 나름대로 가치를 부여할 수 있다.

피에르 드 롱사르(1524-1585)는 16세기 프랑스 최고의 시인으로서 중세 서정시와 근대의 상징시를 이은 계승자 역할을 하였다. 시를 통하여 사랑과 더불어 노쇠와 죽음을 음영으로 묘사했다. 특히 장미에 관한 시를 통하여 인생의 무상, 젊음과 늙음에 대한 허무와 회한 등을 묘사했다.

늙어짐 (엘렌에게 바치는 소네트)

그대 늙어 저녁 촛불 아래
불가에 앉아 실 뽑고 감을 때
나의 노래 읊으며 감탄하듯 말하리라
"롱사르는 내 아름다운 시절 날 찬미했었지"

그럴 때 그대 시녀들은 피곤에 지쳐
자신도 모르는 새에 눈이 감기다가도
롱사르라는 영광스러운 이름을 들으면
정신 번쩍 들리라
자랑스러운 이름이여,

내 이미 묻혀 뼈조차 삭은 망혼되어

미르또 나무그늘에 편히 쉴 적에
그대는 노파 되어 난롯가에 있으리
내 사랑 뿌리친 교만을 그대 뉘우치리

진정 그대에게 말하노니 오늘을 살라
내일을 기다리지 말라
주저 말고 오늘 꺾으라, 인생의 장미꽃을

장미

저물녘에 따 모은 이 꽃들 손수 엮어
꽃다발 만들어 당신께 보내드리리
내일 아침이면 이 꽃들 다 시들어
꽃잎들 땅 위에 이리저리 흩어지리니

이것을 분명한 보기 삼아 깨닫기 바라노니
당신의 아름다움 지금 더없이 꽃 같으나
머지않아 이들처럼 시들어 기울고 말아
꽃처럼 덧없이 지고 말 것이니

아, 시간이 간다. 자꾸만 간다.
아니, 가는 것은 세월이 아니고 우리인 것을
머지않아 우리도 묘지 아래 누울 것이니

그러면 우리들 사랑 이야기 아무도 알지 못하고
우리가 누구였는지 아무도 관심 두지 않을 터인데
내 사랑, 당신 아름다울 때 다정하게 대해주소서

님에게 꽃다발 보내오니 (마리에게 보내는 소네트)

한 다발 엮어서
보내는 이 꽃송이들
지금은 한껏 피어났지만
내일은 덧없이 지리

그대여 잊지 말아요
꽃처럼 어여쁜 그대도
세월이 지나면 시들고
덧없이 지리, 꽃처럼

세월이 간다. 세월이 간다.
우리도 간다. 흘러서 간다.
세월은 가고 땅에 묻힌다.

애끓는 사랑도 죽은 다음에는
속삭일 사람이 없어지리니
사랑하기로 해요, 나의 꽃 그대여

사실 우울증이라는 것은 의학상으로는 감기처럼 보통 사람에게도 많이 찾아온다고 한다. 그러나 대부분 그냥 지나가는데 거기에 점점 더 깊이 빠져들어 헤어나지 못하는 것이 우울증이다.

매일 쳇바퀴처럼 도는 생활을 하면서, 나는 왜 이런 일만 하고 살아야 하는지, 또는 이렇게 사느니 차라리 죽는 것이 더 낫지 않은지 하는 생각에 빠지는 것이 우울증이다. 또 노인들이 쉽게 빠질 수 있는 노년기 우울증은 외롭고 생활이 곤궁한데 아이들은 바빠서 잘 찾아오지도 않고, 이미 저세상으로 간 친구들도 많은데 내가 더 살아서 뭐하나, 나도 그냥 죽는 편이 더 낫지 않을까 하는 생각을 하는 것이다.

우울증에 빠지지 않기 위해서는 높은 자존감이 문제가 아니라 자기 자신에 대한 연민과 자비심이 중요하다. 자신에게 가혹한 평가기준을 적용하지 않고 자신도 불쌍한 존재임을 알고 자신에게 좀 더 관대해지는 것이 자기연민이다. 누군가 나에게 잘해주지 않더라도 힘겨운 순간에 내가 나 자신을 위로할 수 있는 마음이 자기연민이다. 자신을 향한 이해심이 깊으면, 긍정적인 태도를 갖게 되어 안정감이 생길 것이다.

과거의 미래였던 것이 이제 현재가 되었으며, 현재인 것은 과거가 될 것이다. 우리는 올바로 처신했던 일들을 흡족히 돌이켜보기도 하지만, 비참한 실패로 끝났던 일들은 마음속 깊은 곳에 숨겨두어 상처의 아픔이 서서히 표면으로 올라오기도 하고 또는 문득 문득 떠오르기도 한다. 그러나 그 만신창이 된 상처 입은 존재도 부정할 수 없는 나였고, 현재의 나를 만들어냈음을 부정할 수 없다. 정말로 이해할 수 없고 믿어지지 않을 때는 내면에 깊이 묻어둔 과거의 흔적을 다시금 뒤적인다. 삶의 역사를 이루고 있는 것들에서 어떤 부끄럽고 아픈 단면을 부정하고 지워버릴 수는 없다. 그 상흔도 역시 나의 삶에 얽혀 있는 하나의 의미이다. 그것은 하나의 삶의 이야기를 구성하여 재해석을 요구하기도 한다.

인생에 있어 많은 일들이 나의 바람이나 나의 의지와는 다른 방향으로 흐른다. 불행이 닥칠 수도 있고 질병이 침투해올 수도 있으며, 굳건했던 신념이 사라질 수도 있다. 그런데 자신에게 그런 일이 일어난 이유를 밝힐 수가 없다. 그것은 우연일 수도 있고 예정된 것이었을 수도 있다. 이제 그것은 죽을 때까지 나와 함께 있을 것이다. 왜 그랬어야 했는지 수수께끼가 풀릴 날이 언젠가 올지도 모른다.

삶은 내가 원하지 않은 많은 것을 말없이 받아들이라고 요구한다. 고통이나 불행도 거부하거나 피할 수 없으며 그저 묵묵히 모든 것을 받아들일 수밖에 없다. 젊었을 때와는 달리 아침이 되어도 몸은 개운하지 않고 마치 몸살을 앓고 난 사람처럼 후들거릴 때도 있다. 피부에는 하나둘 검버섯이 더해간다. 마음먹으면 밤을 새우며 할 수 있던 일도 더 이상 몸이 따라주지 않아 예전처럼 할 수 없다. 잠시 방심하여 조심하지 않으면 넘어지기도 하고 나도 모르게 여기저기 부딪혀서 멍이 들어 있기도 하다. 눈물이 저절로 흐르고 눈앞이 어른거려 사물이 흐릿해 보이기도 하고 수시로 눈곱도 낀다. 이런 상태가 나아지기보다 앞으로는 더욱 심해질 것이다. 자연스레 이 모든 것으로 인해 서글프고 두려워지며 우울해진다. 어떻게 해야 할 것인가? 이대로 포기하고 살아가야 하는가. 그만둘 수는 없는가. 불행이나 고통이 예고도 없이 닥쳐왔을 때 저항하지 못하고 그것을 받아들이고 목숨이 붙어 있는 한 살아갈 수밖에 없단 말인가.

사람들은 침울하거나 울적하여 모든 것이 귀찮고 권태로워질 수 있는 성향을 어느 정도는 가지고 있다. 노년기에 접어든 사람들은 우울증에 더 약하다. 우울증에 걸리면 감정이 경직되고 통찰력이 떨어져 더 이상 일을 제대로 할 수 없으며 무기력증에 빠져버린다. 오랫동안 목표 달성을 위한 노력이 삶에 의미를 부여해주었지만 더 이상 목표가 없는 정년퇴직 후의 삶에는 무기력증의 위험이 도사리고 있다. 노년의 우수는 오래 머물러 더 이상 뗄 수 없는 동반자가 될 수도 있다. 이러한 노년의 우수는 무엇보다 실존적인 고독에서 온다. 낙엽이 떨어져 뒹굴 때나 부슬비가 내릴 때 왠지 모르게 처량해지는 것처럼 사람들이 저마다 일상적 삶에서 잠시 우수에 젖는 것과는 다르다.

삶을 사는 것도 삶의 끝에 이르는 것도 나 자신이다. 그 누구도 대신할 수 없다. 그 종착점이 막을 수 없이 다가오고 있으며 예견할 수 없을 정도로 더 이상 먼 것도 아니라는 의식이 불안을 휘몰아온다. 나는 지금 어디쯤 서 있는가? 과거를 회상하면서 이미 떠난 사람들과 배회하고 그들과 함께 걷는다. 모든 것은 덧없으며 지나간 것은 되돌릴 수 없다. 이런 인식은 노년기에 접어든 사람들에게는 너무나 뚜렷하고 사실적이다.

세바스티아노 델 피옴보, 「라자로의 부활」, 1517-1519년
우울증에 빠지지 않기 위해서는 높은 자존감이 문제가 아니라 자기 자신에 대한 연민과 자비심이 중요하다.

가야 한다 (김성심, 죽음을 향한 걸음)

아스팔트 틈 파란 싹 훈훈한 바람에 큰 숨 쉬고 어깨를 펴보
는데 어느새 폭염

천고마비 가을인가 했더니 밀려온 한파에 옷깃 여미고 오므
라든다.

춘하추동 퍽 많이 거듭된 세월 무겁게 등을 떠밀어 앞으로
앞으로 총총걸음

어디까지 가야 할까 가고 싶어도 가기 싫어도

희미하게 때로 반짝이는 소망의 빛을 향하여

쇠잔해진 발걸음 비틀거리다 멈추는 날 주님 저를 붙잡아주
소서.

쓸쓸한 노래 (김성심, 먼저 간 친구들에 대한 그리움)

더 놀다 가지 않고
너무 힘들어 저승으로 서둘렀는지

오래도록 남아 쓸쓸해질 때 누구하고 얘기할까
이런저런 추억이 아른거리네

친구들아, 하느님 앞에 여기서나 거기서나
기도 속에 만나니 다행일세

올해에 부쩍 가버린 친구 생각
그리움에 꽃을 그렸네

AgnesKSS 2015 09 09
하늘나라 친구들에게

　이 글을 썼던 분도 이제는 저세상 사람이 되었다. 그곳에서
먼저 간 친구들을 만났는지 우리는 알 수 없다.

* 계절병

어떤 사람은 봄을 탄다고 한다. 봄이면 심적인 불균형과 우울증에 사로잡혀 몸살을 앓는다는 것이다. 나도 예전에는 늦가을에서 초겨울 사이를 몹시 앓지 않고 지난 적이 없었던 것 같다. 어김없이 찾아왔던 그 계절병은 어쩜 바람처럼 스쳐 지나간 사춘기 첫사랑의 좌절 때문이었는지 모른다.

오랜 세월을 생활고에 시달리며 그 계절병을 앓을 겨를도 없이 지냈다. 세월이 약이라더니 계절병조차 극복된 것인가 했건만 어느 때부터인지 시도 때도 없는 사계절병을 앓고 있는 것이 아닌가. 우울병은 어쩌면 사치병인지 모르겠다. 굶지 않고 하루를 버티기 위해 혼신의 노력을 해야 하는 이들에게는 우울할 시간적 여유마저 허락되지 않을 것이다.

이 눈부신 초가을 날 나는 사치병이라 이름하는 계절병을 즐기고 있다. "게 아무도 없소?" 청하여 부르면 누군가 답할 사람 있을지 모르나, 문제는 홀로임이 편하다는 것이다. 스스로 부상하지 않으면 침몰할지도 모른다는 불안감, 어느 순간 모든 것이 낯설어 보이는 이 낯가림은 나의 고질병이 되고 만 것인가. 기도를 잊은 지 오래다. 이 침체기를 헤어나기 위해 오늘 나는 마치 시간이 멈춘 것 같은 도시 속의 고독에 취해 기도를 생각한다.

주여, 저를 불쌍히 여기소서!

뜨겁던 여름은 가고 이제 해가 빨리 기우는 것이 가을이 다가온 것을 실감하게 만든다. 가을은 수확의 계절로 풍요로움을 상징하나 나에게는 늘 고독이 밀려오는 적막한 계절을 의미했다. 가을이 깊어간다. 다시금 그 계절병을 회상하며, 시간을 거슬러 가본다. TV 광고에서 쇼를 하라 한다. 무슨 쇼란 말인가. 인생은 어차피 쇼인데.

계절병

이맘때면 찾아와 홍역을 치르게 하는
그 계절병이란 것이 올해도 어김없이 찾아와
언어를 잃게 만든다.

한마디도 뱉어내고 싶지 않은 이 침묵의 시기가
나를 괴롭힌다. 고독과 적막이 뼛속으로 스며들듯
영혼까지 휘청거리게 만든다.

너 여기에까지 무엇을 찾아왔는가.
미소를 잃고 초점을 잃어가는 의식의 세계는
반향 없는 산고의 외마디처럼 울려 퍼져간다.

이것도 좋고 저것도 좋은 것이 아닌
이것도 싫고 저것도 싫은 이 심사
더욱 무겁게 짓누르는 것은 바라는 바 없음이 아니던가

그것은 분명 모든 것을 이룬 후의 더할 나위 없음이 아닐진대

고달프고 외로운 것이 인생살이 아니던가
죽음의 여정 또한 홀로 가야 할 길
언제 다가올지 모를 동행 없는 그 여행길 위해
무거운 짐일랑 하나씩 내려놓고 홀가분한 몸과 맘으로
오늘 죽음을 묵상한다.

4) 노인학대

노인학대는 다양한 원인과 현상을 가진 심각하고 복잡한 문제이다. 흔히 전문가와 연구자가 관심을 갖는 가정폭력의 마지막 형태라고 볼 수 있다. 이러한 현상을 설명하기 위해 노인학대, 피학대 노인, 또는 방임 같은 다양한 용어들이 사용되어왔다. 일반적으로 노인학대는 의존적이고 쇠약한 노인에게 발생한다. 노인학대는 노인에게 신체적, 정신적, 정서적, 성적 폭력 및 경제적 착취 또는 가혹 행위를 하거나 유기 또는 방임을 하는 것을 말한다.26)

가정 내 폭력이나 학대의 범위가 아동학대, 배우자학대, 노인학대 등으로 폭넓게 확대되며, 가족 내에서 행해지는 폐쇄적이고 폭력적인 현상으로서 급변하는 사회문제의 하나로 인식되고

---

26) 노인복지법 제1조의 2(정의) 4.

있다. 학대로 인해 고통 받고 희생되는 것은 이제 자녀에게 의존하고 있는 노부모이며, 노부모에게 고통을 주는 사람들은 바로 노부모의 부양 책임을 맡고 있는 자녀인 경우가 드물지 않다. 노인복지법에서는 누구든지 노인학대를 알게 된 때에는 노인보호전문기관 또는 수사기관에 신고할 수 있으며 신고인의 신분이 노출되어서는 안 된다고 규정하고 있다.27)

세계보건기구에서는 돌봄 제공자나 신뢰 관계에 있는 다른 사람이 당연히 해야 할 행위를 하지 않는 것 또는 의도적으로 노인에게 신체적 상해와 장기 심리적 결과를 초래하는 행위를 하는 것을 노인학대라고 정의하고 있다.28)

노인학대는 신체적 학대와 같은 적극적 학대로 나타날 수도 있고, 방임의 형태로 나타나기도 한다. 과거 노부모의 돌봄을 도맡아왔던 여성들의 취업이 증가하고, 가족구조 및 가치관의 변화로 인해, 당연시되던 노인에 대한 가족부양의 의무와 기능이 약화되었다. 자녀가 노부모를 부양해왔던 전통사회와 달리 사회보장제도와 노인복지제도 등 가족 지원 체계가 정착되지 못한 열악한 환경에서는 노부모에 대한 부양 부담이 가족 내의 불화를 초래하고 노인학대로 이어질 수 있다. 그런데 노인학대가 실제로 어느 정도 일어나고 있는지, 누가 노인을 학대하며, 왜 학대하는지 파악하기는 힘들다. 노인학대의 문제는 복합적이고 많은 문제들이 얽혀 있는 상황에서 발생하는 경우가 많기

---

27) 노인복지법 제39조의 6(노인학대 신고 의무와 절차 등).

28) https://www.who.int/health-topics/elder-abuse#tab=tab_1

때문이다. 그리고 학대는 노인 자신의 문제 때문인지 또는 자녀의 문제 때문인지, 아니면 양쪽의 문제 때문인지 정확히 판명되기 어렵다.

과거에도 노인학대는 있어왔다. 그러나 개선된 생활조건으로 인해 평균수명이 증가하면서 노인문제는 사회적 수면 위로 부각되기 시작했다. 학대 행위가 사적 공간에서 일어나고 노인들 자신이 자녀 등 가장 가까운 사람에 의해 발생한 학대를 드러내는 것을 꺼리기 때문에 노인학대는 사사로운 문제로 은폐되곤 하였다. 노인학대가 발생하기 쉬운 상황은 노인 자신의 노화와 질병 등 신체적 변화 때문인 것으로 생각된다. 혈연관계인 가해자에 의한 노인학대는 학대 요인과 상황 파악이 복잡하다. 또한 세상의 이목과 체면을 중시하는 풍조가 강해서 학대가 숨겨지기 쉽다. 노인 자신도 자존감 상실과 권리의식 부재로 포기하는 경향이 강하다. 또한 학대 상황에 처해 있어도 상담, 보호, 지원을 위한 방법이 부족하다.

노인학대를 예방하기 위해서는 노인의 의존성을 감소시키는 방향으로 보상과 비용을 조정하는 개입이 효과적이며 노인학대에 대한 처벌을 강화하는 방법도 효과적일 것이다. 노화에 따른 신체적 변화와 사회적 역할의 변화는 가족 내 역할 기대와 그에 기초했던 가족의 상호작용의 유형, 정체성 등에 변화를 가져오고, 역할 기대의 변화는 지금까지 안정적이었던 정체성을 흔들어놓게 되고, 오해와 긴장을 가져온다.

노인학대의 특성은 지속성, 반복성, 복합성, 은폐성이다.[29]

노인학대가 지속적이고 반복적으로 일어나고 있어도, 자녀와 배우자 등 가까운 가족 사이에서 일어나는 일을 밖으로 알리지 않는 은폐성 때문에 공적 개입이 어렵다. 시설 내 학대는 노인이 머무는 장기 요양시설, 재활시설, 병원 등에서 일어나는 학대이다.

시설 내 학대 행위는 의료적으로 불필요한 진정제나 수면제 사용, 감금, 모욕, 언어폭력, 물건 압류, 지나치게 난폭한 다룸, 음식을 빼앗음, 돈이나 소지품 갈취, 신체적 가해, 목욕이나 눕혀주는 일, 옷 갈아입히기나 기저귀 갈아주기 등을 미루고 지체함, 노인의 결정권 침해, 사생활 침해, 관리자에 대한 공포 등으로 확인된다. 이런 일의 원인은 인력의 부족으로 인한 직원의 소진 상태라고 보고된다. 피해자들은 보복당할 것을 두려워하고 피해자의 가족들은 다른 시설을 찾아야 하는 부담 때문에 피해 사실을 문제 삼지 못하거나 은폐하기도 한다. 사회적 서비스 기관에 머무는 노인학대 희생자는 대부분 의존적이며 쇠약하다. 가정방문 서비스 등을 통해 허약한 노인이 도움을 받을 수 있다 해도, 농촌이나 외딴 지역 노인은 종종 이런 서비스를 받기 어려운 실정이다.

정서적 학대 피해자는 심혈관 자극, 흥분, 불면증, 수전증, 안면 긴장, 목소리 떨림, 근육 긴장, 위장관 과민, 불안, 공포심을 가지고 있다. 영양실조, 탈수, 체중감소, 빈혈, 불량한 개인위생

---

29) 최영희 외, 앞의 책, 269쪽.

도 학대 지표에 포함된다.30)

　부양으로 인한 스트레스는 노화와 질병으로 힘없는 고령자에게 영향을 미친다. 노인학대라는 인식이 아직 낮고 실제로 노인학대 실태가 있어도 그것을 인정하는 데 저항이 있다. 노인이 정신적, 신체적으로 의존성이 증가하면, 보호자에게 스트레스가 누적되어 학대로 이어지기도 한다. 신체적, 감정적인 의존성, 건강 상태의 악화, 정신 상태의 손상, 다루기 어려운 성격 등은 학대와 관련된 노인의 특성이다. 구조적 요인은 감정적 긴장, 사회적 고립과 환경적인 문제들이 있으며 부양자의 특성으로는 삶의 위기, 부양으로 인한 피로감과 소진을 들 수 있다.

　노부모에 대한 부양의식이 약해진 현대사회의 가치관에 따라 노인은 학대의 피해자가 되기 쉽다. 노화에 따른 신체적 변화와 사회적 지위의 변화는 노인을 무시하는 학대의 원인이 된다.

　자녀들에 의한 학대를 경험하면서도 자녀의 처벌을 원치 않아 신고하거나 법에 호소하는 경우가 거의 없다. 여러 요인들의 복합적인 상호작용으로 발생하는 노인학대는 다각적으로 문제를 조명하고 원인을 파악해서 대책을 강구해야 할 것이다. 특히 의존성을 줄이고 자립 능력을 잃지 않도록 노력해야 한다. 또한 노인학대 예방을 위한 교육 프로그램의 개발과 더불어 이를 운영할 수 있는 전문기관과 인력이 확보되어야 한다.

---

30) 같은 책, 274쪽.

오귀스트 로댕, 「지옥문」, 1880-1890년

노화에 따른 신체적 변화와 사회적 역할의 변화는 가족 내 역할 기대와 그에 기초했던 가족의 상호작용의 유형, 정체성 등에 변화를 가져오고, 역할 기대의 변화는 지금까지 안정적이었던 정체성을 흔들어놓게 되고, 오해와 긴장을 가져오게 된다.

5) 노인 자살의 문제

자살이란 자신의 명백한 의지와 힘으로 스스로 자신을 죽이는 행위이다. 스스로 죽음을 의도하고 죽음을 야기하는 방법을 선택하여 실행하는 것, 즉 자신이 죽게 되리라는 것을 알면서 주어진 상황을 피하지 않거나 스스로 죽음을 초래할 적극적 행위를 함으로써 죽는 것이다.

자살률은 그 사회 구성원들이 얼마나 고통스러운 삶을 살고 있는가를 보여주는 대표적 불행지수이다. 사람들이 더 이상 고통과 불행을 참을 수 없을 때 자행하는 것이 자살이기 때문이다. 한국은 자살 사망률이 타 국가에 비해 상당히 높다. 2018년 한국인의 자살률은 경제협력개발기구(OECD) 국가들 중 가장 높다. 한국의 높은 자살률은 노인 세대가 주도한다고 볼 수 있을 정도로 노인 자살 문제는 매우 심각한 수준에 달한 것으로 보고되고 있다.

1999년과 비교해보면 2009년의 통계자료는 불과 10년 사이에 한국 노인 자살률이 2배 이상 증가했다는 것을 보여준다. 우리나라 65세 이상 노인 자살률은 2009년부터 6년간 OECD 국가 중 1위를 차지하였다. 스스로 목숨을 끊은 노인은 10만 명당 54.8명으로 OECD 평균의 3.2배에 달했다. 2015년 우리나라에서 스스로 목숨을 끊은 사망자 중 65세 이상의 비율은 28.4퍼센트로 나타났다. 2016년 통계청 자료에 따르면 인구 10만 명당 자살자 수는 25.6명에 달한다. 특히 노인은 53.3명으로 전체 자살자의 2배 이상이다.31) 이 시기에 참혹한 전란이나 자연재해 같은 것이 없었다는 점을 감안한다면, 이런 증가는 더욱 놀라운 일이다. 이는 한국사회에서 노인으로 살아간다는 것이 너무 힘들다는 점을 반영한다. 노년기가 길어지고 있는 현 상황에서 노인 집단이 가장 불행하다면 이는 심각한 사회문제이다.

더군다나 노인은 죽음에 가까이 다가가 있는 집단이기에 죽음에 대한 공포심이 타 연령대보다 더 크고 전통적으로 자살률이 낮은 집단임에도 불구하고, 노인 자살률이 한국인 평균 자살률보다 2배 이상 높으며, 80대 이상의 경우 4배 이상 높다는 사실은 노인들의 삶이 얼마나 불행한가를 잘 보여준다. 인생에서 노년으로 살아야 하는 시기가 길어지고 있는데, 노년기가 이렇듯 고통스러운 시기가 되고 있다면 평균수명의 증가는 축복이 아니라 재앙과 같은 것이다.32) 급속한 고령화와 더불어 만성질환 노인층 증가, 독거노인 증가, 치매 노인의 증가, 경제적 빈곤의 문제, 배우자와 친지의 사망에 따른 상실감, 외로움, 우울함 같은 다양한 문제는 노인 자살과 밀접히 관련된다.

일반적으로 대부분의 나라에서 노인의 자살률이 젊은이에 비해 높으며, 자살의 위험 정도와 자살 사고는 연령 증가에 따라 증가하는 것으로 알려져 있다. 노인들은 다른 연령층에 비해 배우자나 친지들의 사별을 여러 차례 경험하고, 만성적인 신체

---

31) https://www.yna.co.kr/view/AKR20180122153500017

32) 홍승표 외, 『동양사상과 노인복지』, 집문당, 2013, 31쪽 참조.

질환에 시달리며, 퇴직 및 소득원의 감소로 경제적인 어려움을 겪는 등 젊은이들과는 다른 스트레스에 시달리고 있다. 그럼에도 불구하고 노인 자살에 대한 사회적 인식이나 관점이 다른 연령층에 비해 부족하다.

또한 노인 자살 수행자들은 신경질적이고 폐쇄적이며 주위에 대한 흥미가 적은 것으로 보고되기도 한다. 인지장애를 가져오는 치매 환자의 경우는 자살률이 일반 노인의 자살률보다 높지 않으며 우울증이 동반되는 치매 초기에서조차 자살률이 낮은 것으로 나타났다. 이는 치매로 인한 인지기능 저하가 오히려 자살을 막는 보호 요인의 역할을 하고 있는 것으로 추정된다. 그 외 불면증이나 지속적인 통증이 자살의 위험을 높인다는 보고도 있다. 자살 시도를 한 노인의 경우 집중적인 관심과 돌봄이 필요하다.

병원이나 양로원 등 수용기관에 입원해 있는 노인의 경우 일반 노인에 비해 자살률이 높지 않다. 이는 수용기관에서 자살을 방지할 수 있는 안전한 시설과 치료진의 관찰이 이루어지고 있으며, 우울증을 조기에 발견하여 치료할 수 있는 환경이 갖추어져 있기 때문이다.

종교생활, 생에 대한 만족, 지속적인 사회활동, 취미생활 등은 자살에 대한 생각을 감소시키는 예방 인자로 알려져 있다. 따라서 자살 위험이 높은 노인들에게 지속적인 대인관계 및 소일거리를 만들어준다면 자살의 빈도를 줄일 수 있을 것이다. 우울증이 있는 노인에게는 항우울제를 이용한 약물치료나 정신

치료를 적극적으로 제공해야 할 것이다. 또한 노인을 자살로 잃은 유족을 보살피는 일도 매우 중요하다. 노인이 자살한 경우 배우자, 형제, 친구, 자식, 손자, 가까운 친척 등 주변 사람들에게 큰 상처와 슬픔을 준다.

자살은 생사를 선택할 수 있는 개인의 고유한 자유에 속하는 영역이기보다는 일종의 병적인 현상이기 때문에, 자살의 주요한 원인이 우울증과 관련이 있고 우울증의 치료가 자살을 예방할 수 있는 효과적인 방법이라는 것을 일반인들에게 알리는 것도 중요하다.

노인 자살의 요인은 생물학적 요인, 심리적 요인, 사회환경적 요인, 빈곤과 소득 불균형 등 다양하다. 세로토닌 체계는 자살에 영향을 미치는 것으로 알려져 있다. 일반적으로 노인의 자살에 영향을 미치는 사회환경적 요인으로는 역할 상실, 사회적 고립과 고독감이 주로 보고된다. 노인 인구는 증가하고 있으며, 독거노인이 많아지고 있다. 사회적으로 고립된 노인이 자살하는 경우가 늘고 있다. 노인의 빈곤과 고립은 자존감과 삶의 질을 저하시키기 때문에 문제가 된다. 외로움과 소외감, 상실감, 퇴직, 자녀들과의 분리, 자립성 감소 등은 노인의 자살에 영향을 미치고 있다. 자살을 생각하는 이유는 건강, 경제적 어려움, 외로움, 배우자·가족·친구의 사망, 부부·자녀·친구와의 갈등 및 단절, 배우자·가족의 건강 이상 등으로 나타난다.

노년기는 머지않아 자연스럽게 죽음을 맞이해야 하는 시기인데 굳이 앞서 지금 죽음을 선택해야 할 이유가 있는가. 조금 있으면 어차피 세상을 떠날 노인들이 그 짧은 시간조차 견디기 힘들 정도의 상태라는 것은 정신적으로 상당히 힘들다는 것을 보여준다.

인생에서 살아온 날보다 살아갈 날이 적어진 노년기에 자기 인생이 실패했고 자식으로부터 버림받았다는 절망감을 느끼면 헤어나기 힘들다. 노쇠해진 몸으로 앞으로 살아갈 날이 얼마 남지 않았다는 생각 때문에 살아온 날들에 대한 회한이 깊어진다. 삶을 회고하며 자신의 삶에 대해 가치 평가를 하면서, 그때 그러지 않았더라면 하는 후회도 많아진다. 인간은 단지 의식주 해결을 하고 산다고 해서 만족하는 존재가 아니며, 자신의 삶에 의미 부여를 하고자 한다.

나이가 들어가면 갈수록 그때까지 형성해왔던 중요한 관계의 상실이 발생한다. 배우자의 죽음은 그중 가장 큰 관계 상실일 것이다. 또한 친구나 형제의 죽음으로 외로움이 심해지며, 그동안 지속해왔던 사회활동이나 취미활동 등도 건강의 악화로 인해 계속하지 못하는 경우가 많다.

자식들이 출가해서 독립해 나가는 것도 상실감을 느끼게 되는 한 요인이다. 평생 일해오던 직장을 그만두고 나면 경제적으로도 어려움에 처하게 되는 경우가 많다.

노인 자살의 큰 원인 중 하나인 노인 소외는 현대 인간관, 즉 노년기를 바라보는 관점에 기인한다. 현대사회에서 노동은 인간의 자아정체성 형성에 있어 중요한 요소 중의 하나이다. 그렇기 때문에 노동현장에서 물러난 노인은 소외감을 느끼며, 자신을 쓸모없는 존재로 여기게 된다. 이는 노인 자살의 직접적인 원인이 되기도 한다.

자신의 육체를 마음대로 할 수 있는 권리는 인간이 스스로 선택한 목적을 위한 수단으로 육체를 사용할 수 있다는 의미일 것이다. 무엇인가를 처분할 수 있는 권리는 단순히 도구적인 가치만을 지닌 대상에게 적용되는 것이다. 그러나 그 자체로 선(善)한 대상, 다시 말해 그 자체가 목적인 대상은 인간이 마음대로 할 수 없다. 하느님 모습으로 창조된 인간은 그 자체가 그러한 선인 것이다.33)

부모와 가까웠던 친지들이 더 이상 살아 있지 않은 가운데 자신이 삶의 최전선에 서 있다는 비애가 노년기에 몰려올 수 있다. 그들이 사라져 없는 이곳과 그들을 데려간 어딘지 모를 그곳 사이에는 아무런 연결고리가 없다. 삶과 죽음에 대한 해석은 각자의 몫으로 남겨진다. 삶은 어렴풋이 이해할 것 같으나 죽음은 미지수이고 수수께끼이다. 그렇기 때문에 죽음에 직면해서는 모두 불안하고 서글퍼진다. 설사 죽음이 삶에 의미를 부여해주고 삶을 가치 있는 것으로 만드는 사건이라고 해도 죽음을 환영할 사람은 없을 것이다. 어떤 이들은 도망칠 수 없이 답답한 삶의 한계를 벗어나게 해주는 사건으로서의 죽음에 의미를 두기도 한다. 무한하게 소유할 수 있는 것에는 의미가 없고 희귀하고 한정된 것에 의미를 두기 때문이다. 무한정 끝없

---

33) 교황청 문헌 「친교와 봉사」, 82항 참조.
http://www.cbck.or.kr/Board/K5160/402486?page=5

이 연장할 수 있는 것이 삶이라면 아무런 노력을 기울일 필요가 없을 것이다. 중요해 보이는 일이라도 굳이 오늘 하지 않아도 언젠가는 하면 될 것이기 때문이다.

오늘날 노인이 된다는 것은 일터에서 물러나 주변인으로 전락하는 최악의 상황에 직면하게 되었음을 의미한다. 그러나 그 최악의 상황은 자신의 진정한 존재가치를 발견하는 절호의 기회가 될 수 있다. 젊음과 생명을 유지하고 늙음과 죽음을 회피하고자 하는 것은 인간의 자연스러운 바람이다. 우리 삶의 진정한 목표는 바로 진정한 자신을 발견하는 것이며, 자신의 삶을 완성하는 것이다. 이를 위해 끊임없이 노력해야 한다. 한편 늙음에는 젊음이 주지 못하는 지혜와 여유와 아름다움이 있다. 나이 들지 않고는 결코 알 수 없는 그 무엇이 있다. 지혜로운 사람은 어린아이의 순수함을 간직하고 있지만 어린아이처럼 철없는 짓은 하지 않는다.

장자는 위기가 닥치면 올 것이 왔다고 생각하라고 했다. 위기는 우연이 아니고 필연이라는 것이며, 외부에서 주어지는 것이 아니라 스스로 자초한 것이라는 뜻이다. 그러나 위기를 통해 우리는 새롭게 태어날 수 있기 때문에 위기가 도래한 시기는 중요한 의미를 갖는다. 위기를 피하지 않고 정면으로 대응할 때 과거의 나를 넘어서는 새로운 내가 태어난다.

일을 그만두고 그동안 자신이 추구해왔던 권력과 재물과 명예를 버리는 일는 오로지 강자만이 선택할 수 있는 길이다. 봄에 땅에서 새싹이 돋아나듯이 먼저 자신을 억압하고 가두는 것으로부터 탈피해야 한다. 삶의 진정한 가치를 발견하면 이전에 추구하던 것들이 부질없었음을 깨닫게 된다. 그러나 지난날의 삶 역시 자신의 삶이며 그것을 바탕으로 앞으로의 삶이 시작될 수 있는 것이다.

이제 선택을 해야 한다. 이 자리에 서서 그대로 죽음을 기다릴 것인지, 아니면 한 발 내디딜 것인지를 선택해야 한다. 인생의 노년기도 서쪽 하늘에 붉게 물든 저녁노을처럼 아름다워야 한다.

앙리 마티스, 「춤」, 1910년
인간은 단지 의식주 해결을 하고 산다고 해서 만족하는 존재가 아니며, 자신의 삶에 의미 부여를 하고자 한다.

6) 노인 부양

오늘날 과거 어느 때보다 인간의 수명이 늘어서 점점 더 심각한 고령화 사회가 되고 있다. 더구나 출산율은 낮아져 인구가 줄어들고 젊은이보다 노인의 수가 많아진다는 보도가 되풀이되어 사람들을 불안하게 만든다. 또한 젊은 층의 경제활동 인구에 비해 사회의 부담이 될 정도로 노령 인구가 많아져서 사회문제가 된다는 우려가 팽배해 있다. 과거에는 장수하는 사람이 적었기 때문에 노인 부양의 부담이 크지 않았고, 그렇기 때문에 노인은 귀한 존재로 여겨졌고 존중받았고 가족에 의한 부양이 가능했다고 알려져 있다. 그러나 옛날에는 어린아이들의 생존율이 낮았기 때문에 평균 기대수명이 왜곡되었던 것이다. 출생 시의 기대수명 계산은 매우 높은 유아 및 어린이 사망률에 영향을 받았다. 산업화 이전 시대에도 위험이 도사린 생애 초기를 넘긴 이들에게는 60세 이상 생존할 수 있는 기회가 충분했다.

과거에는 오늘날보다 훨씬 가난했음에도 불구하고 노인들을 부양했다. 산업화 이전 시기에도 어떤 지역에서는 나이 든 세대를 남겨두고 젊은 사람들은 일자리를 찾아서 이주하여 노령자의 비율이 더 높았을 수도 있다. 매스커뮤니케이션과 대중의 문자 해득 이전의 시기에 이주했다면, 아마 집과 가족과의 연락이 두절되는 경우가 많았을 것이다. 그렇게 자녀들이 떠나고 홀로 남은 노인들은 가족의 보살핌을 받지 못했을 것이다. 21

세기 초의 노령자는 과거보다 자녀의 수가 적지만 서로 떨어져 살아도 전화, 인터넷, 자동차, 기차 또는 비행기를 이용하여 전례 없이 신속하게 함께할 수 있다.[34]

우리나라 노인 부양의 기틀이 되는 기본 개념은 효이며, 효는 부모에 대한 봉사와 공경을 의미한다. 효란 부모님의 무한한 자식사랑에 대해 자녀들이 그 은혜를 갚는 것이다. 유교 사상이 지배적인 전통가족에서는 자식으로서 부모에게 행하는 효는 모든 생활 속에 내재화되었다. 자식들을 양육하고 가족과 사회를 위해 평생을 기여한 노인 세대가 더 이상 자신을 돌볼 기력이 없게 될 때 자녀가 부모를 부양해야 한다는 것은 자연스럽게 받아들여졌으며, 전통적 가족제도에서는 노인이 가정과 사회에서 소외당하지 않았다. 노부모를 부양하지 않는 자녀들은 사회로부터 비난을 받았다.

현대사회의 한국인들은 비록 과거에 비해 효에 대한 생각과 방법이 변화하고 있음에도 여전히 그에 관한 노력은 지속하고 있다. 부부관계에 중점을 둔 횡적 관계가 지향되는 현대사회에서는 전통적 효의 개념이 그대로 적용되기 힘든 상황이므로 새로운 부양 형태를 도입해야 할 것이다. 그러나 전통적 효의 가치를 잃지 않고 이어가며 사랑으로 노부모를 보살피고 보호하는 책임을 다하는 것이 자식으로서의 도리이다.

효에 대한 관념은 인류 역사와 더불어 존재해왔고, 부모의

---

34) 팻 테인 엮음, 안병직 옮김, 『노년의 역사』, 글항아리, 2012, 19-20쪽 참조.

노고가 많고 적음에 관계없이 부모이기 때문에 마음으로부터 우러나오는 애정으로 자녀가 부모에게 행하는 인간적 감정인 것이다. 효의 근본은 물질적인 것과 정신적인 것, 효를 드러내는 실제 행위로 이루어져야 하며, 물질적인 것보다 정신적인 차원이 더 중요할 것이다. 현대적인 효는 강제성을 띤 규범적인 것이 아니라 자유롭고 평등한 관계이며, 자녀가 부모에게 바치는 의무가 아니라 사랑의 감정으로 표현되는 가치여야 한다. 정서적 박탈감과 불안감, 소외감과 단절감을 느끼는 현대인들이 심리적으로 안주할 수 있는 위안을 부모에게서 찾는 정서적 원천은 바로 효이다.[35]

가족관계는 선택적이고 자발적인 관계라기보다 의무적인 관계이다. 가정은 물질적 면에서 생활 공동체이며, 정신적, 정서적 면에서 감정 공동체를 이루므로 역할 분담이 있기 마련이다. 핵가족화 경향으로 부모와 별거하는 거주 형태가 부모 자식 간의 감정적인 결합까지 소멸되게 하는 것은 아니다. 전통적인 효와 현대적인 효는 사회구조의 차이에서 오는 방식의 차이이지 전혀 다른 것은 아니다.

전통적으로 우리나라 노인 부양의 형태는 사적 부양으로, 자기 부양이나 자녀에 의해 부양받는 가족 부양의 비중이 크다. 경제력이 없는 노인은 자녀와 동거하는 상태에서 부양을 받거나, 독립된 가구를 구성하여 자녀들로부터 경제적, 정서적 지원

---

35) 김태현, 앞의 책, 80쪽 참조.

을 받거나, 유료 양로시설에 입소하여 자녀로부터 지원을 받기도 한다.

노인이 필요로 하는 금전이나 물질을 제공하는 경제적 부양은 노인의 빈곤, 질병 및 소외감, 만족감 등에 관련된다. 다른 연령층에서도 그렇겠지만 노인들이 생각하는 근심거리는 대체로 건강문제, 가족문제, 경제적 어려움일 것이며, 죽음이나 고독감, 무료함의 문제도 있다. 많은 노인문제 해결의 열쇠는 무엇보다 경제적 생활의 안정에 있다. 우리나라 노인의 생활 수입원은 가족 부양, 저축 및 재산 수입, 노동 또는 사업 수입에 의한 것이 절대다수이고, 연금 또는 사회보장에 의한 공적 부조, 기타의 사적 부양 형태는 매우 적은 실태이다.

노부모 부양이 자녀의 책임이고 가족 부양이 성실히 이루어져야 한다고 생각할지라도, 자활 능력이 없는 노인이나 신체적으로 쇠약해진 노인들에 대한 직접적인 공적 부조의 지원은 가족의 부양 기능을 보조하기 위해 함께 이루어져야 한다. 노인에 대한 부양 의무감 때문에 동거하는 자녀가 자신의 생활을 희생하고 갈등을 빚어낼 위험을 줄이고, 가족 부양의 기능을 강화시키기 위해서는 노인의 경제적 자립이 우선적으로 이루어져야 할 것이다.36)

노인의 고독감과 불안을 해소하고 인격적, 정서적 욕구의 충족을 제공하는 정서적 부양도 필요하다. 가족 기능의 본질은

---

36) 같은 책, 95쪽.

애정에 의거한 정서적 역할에 있으며, 경제적 고립은 공적 기관에 의해서 처리될 수 있다고 하지만 고독과 소외의 감정은 공적 기관을 통해 해소시키기 힘들다.

노인이 가장 힘들게 느끼는 야간의 돌봄은 가족에 의해 수행되지 않을 수 없다. 일상적인 서비스는 사회복지제도에 의해 보완될 수 있지만, 불시의 사고나 병환 또는 가족 내 행사에 필요한 가사의 도움 등은 공적 기관에 의해 대체될 수 없는 부분으로 가족에 의해 이루어질 것이다.37)

가족과 별거하여 생활하는 노인 인구의 돌봄은 가족과 가까운 거리에 살고 있는 경우가 아니면 현실적으로 어렵다. 또한 노인 부부 가구의 경우 돌봄의 책임을 전적으로 배우자가 담당하고 있으므로 배우자 나이가 많고 건강이 좋지 않을 때는 가족 동거 노인보다 더 심각한 문제가 될 수 있다. 따라서 적절한 사회적 지원 체계가 불가피하다. 배우자 부양자나 자녀 부양자 모두 부양받는 노인의 건강 상태가 나쁠수록 스트레스를 더 받으므로 이러한 스트레스를 덜어줄 수 있는 방안과 도움이 제공되어야 할 것이다.38)

노인 부양 정책은 가족 역할을 지지하고 보완해주는 기능을 할 수 있어야 한다. 노인들이 정신적, 정서적으로 안정된 생활을 영위하기 위해서는 자신이 지금까지 살고 있는 주택에 그대로 남아서 가족 또는 지역사회와 전과 다름없이 접촉하며 생활

---

37) 같은 책, 97쪽 참조
38) 같은 책, 107쪽.

하도록 도와주는 것이 최선의 방법일 것이다. 가족에게 포괄적이고 다각적인 도움을 제공하는 가족 부양 정책을 펴고 문제가 발견될 경우 정책을 보완, 강화하는 것이 바람직하다. 개별 가족의 노인 부양 능력에는 한계가 있으므로 가족의 부양 기능을 강화시키려는 복지 대책을 마련하지 않고서는 발생하는 노인문제를 해결하기 어렵다.

노인이 자원봉사자로서 참가할 수 있는 조직적 활동 단체의 마련도 해야 할 것이다. 노인들이 활용 가능한 서비스에 대한 정보를 노인 가족에게 전달하는 제도도 필요하다. 많은 노인들이 정보의 부족 때문에 지역사회에서 이루어지는 서비스에 참여하지 못하고 있다. 노인을 모시고 있는 가족에게 정보를 제공해줌으로써 가족이 노인과 사회를 연결시켜주는 매개자 역할을 할 수 있도록 해주어야 한다.

최근 한국사회의 급속한 노인 인구의 증가 추세에서 괄목할 만한 현상은 노인 집단 내에서도 특히 85세 이상 초고령 노인층의 증가가 매우 급속하게 진행된다는 점이다. 이러한 인구학적 변화는 가족 단위에서 65세 이상의 노인 자녀와 85세 이상 초고령 부모로 구성되는 가족 형태의 증가를 가져왔다. 노년기로 진입하면서 스스로 건강과 소득 등 다양한 자원이 부족해지는 변화를 직면하게 되는 노인 자녀와 돌봄의 필요성이 증가한 초고령의 부모로 이루어지는 세대관계는 개인과 가족, 그리고 사회 전반에 부양문제를 포함하여 다양한 문제를 제기하게 될 가능성이 크다.

7) 취미와 여가활동

산업의 영역에서 자동화가 진행되면서 노동시간은 급진적으로 감소하고 있기 때문에 현대인의 삶에서 여가시간이 차지하는 비중은 상당히 늘어났다. 여가란 이제 특권적인 신분을 가진 사람들만이 누릴 수 있는 사치가 아니다. 여가가 삶의 중심을 차지하는 대중화 현상이 일어나고 있다. 노년기는 길어지고 있는데 정년은 단축되고, 정리해고, 명예퇴직 등으로 인해 생산현장을 벗어나는 시기는 앞당겨지고 있다. 그러므로 생산노동으로부터 자유로운 노인이 어떻게 행복하고 인간다운 삶을 영위할 것인가의 문제는 전 인류적 차원의 문제가 되었으며, 노년기 여가생활의 중요성이 점점 부각되고 있다.

활동이 가능한 노인 인구의 증가와 이들의 여가시간에 대한 관리는 이제 노인 개인의 힘만으로는 감당할 수 없는 사회문제로 대두되고 있다. 그러나 정책적인 배려와 그 중요성에 대한 사회적 인식은 그에 상응하지 못하고 있다. 노인의 빈곤문제나 질병문제의 해결은 노인이 인간으로서 기본적인 생활을 유지하기 위해 절대적으로 필요한 당면과제라고 인식되고 있는 반면, 여가활동은 노인의 생존에 직접적인 영향을 미치는 것으로 인식되지 않기 때문이다.

현대사회에서 발생하는 노인문제 중의 하나인 고독과 소외감은 우울증과 삶의 의욕 상실에 직결되므로 이것을 해결하는 수단으로서의 여가활동은 곧 노인의 생존과 직결되는 문제이기도 하다. 노인의 정신질환, 치매, 중풍, 고혈압, 당뇨, 관절질환 등 만성 퇴행성 질환의 예방 및 관리는 실제로 음악치료, 연극, 글짓기, 공예, 수영, 걷기 등 여가활동의 형태로 이루어지는 경우가 많기 때문에 여가활동은 곧 의료의 한 영역이 될 수도 있다.

노인의 여가활동은 현대를 살아가는 노인이 겪고 있는 역할 상실과 소외감으로 인한 정서적인 문제를 극복하는 데 도움이 될 뿐만 아니라, 가정과 지역사회의 한 구성원으로서 새로운 역할을 부여하고, 자기의 능력을 발휘할 수 있는 기회를 제공한다. 다시 말해 노인의 적극적이고 생산적인 여가활동은 개인적으로는 신체 및 정신건강을 도모하고 삶의 질을 향상시키며, 사회적으로는 노인에 대한 긍정적인 이미지를 부각시키고, 노인을 지역사회 내에 통합하는 등 긍정적인 결과를 기대할 수 있다. 무엇보다 노인의 여가활동은 노인의 다양한 욕구를 충족시켜줄 수 있다는 측면에서 그 의의가 매우 크다.

여가는 두 가지 의미를 내포하고 있다. 한 가지는 피로와 스트레스 등을 풀고 휴식을 취함으로써 내일을 위한 에너지를 저장하는 건설적인 여가이며, 다른 하나는 즐거운 시간을 보내는 놀이의 의미이다. 노동과 달리 여가는 정신적, 정서적인 면에서 자유, 휴식 및 즐거움과 관련 있으며, 강제나 의무가 없는 자발적 선택 행위이다. 사회적 통제에서 벗어나 개인의 주관적 가치에 의해 행해지는 여가는 비의무적 자유시간으로 시간 자체를 자발적, 주체적 또는 자유재량에 의해 사용할 수 있다는 특성을 지닌다.

여가는 생활시간에서 노동시간, 생리적 필수시간, 노동 이외의 의미시간 등을 공제한 잔여 시간을 중시하는 개념이다. 경우에 따라 여가활동도 노동의 형태로 나타날 수 있지만 개인이 자유로이 선택하는 특징이 있다.39) 생계수단으로 하는 관상수의 재배는 노동에 속하지만, 그것이 여가 또는 취미활동의 일환으로 행하는 성격의 것일 때는 노동이라 할 수 없다. 직업으로 삼아 스포츠, 무용, 음악, 미술 및 서예를 하는 경우와 여가활동의 방편으로 행할 때는 각기 다른 개념이다.

한편 생활과 여가를 구별하지 않고, 생활 자체를 여가의 개념에 포함시킬 수도 있다. 즉, 육아, 요리, 친지 초대, 교회활동, 봉사활동, 취미활동 등 노후생활의 여러 활동들이 즐거운 역할로 간주될 때 여가생활이 될 수 있다. 어떠한 활동이든지 노인 자신이 원하고 즐겁게 할 수 있는 것이면 노후생활 자체가 여가활동의 하나로 볼 수 있으나, 그것이 심리적인 의무감으로 작용한다면 노동이 될 것이다.

노령기에서도 사회와 가정에서의 역할을 하는 가운데 얻게 되는 여유 있는 시간을 여가라 하지만, 자신에게 부과된 일정한 역할 없이 막연하게 긴 시간을 보내는 경우도 있다. 이렇게 할 일 없이 강제된 여가를 보내는 노인에게 있어 여가 개념은 다르다고 보아야 한다. 심신의 피로회복을 목적으로 하는 젊은 이들의 여가와 달리 대부분의 시간을 여가생활로 보내야 하는

---

39) 같은 책, 280쪽 참조.

입장에 있는 노인들에게는 여가 자체가 즐거움보다는 무료함이라는 문제를 안고 있으며, 오히려 노인들에게 정신적, 정서적 고통을 안겨주는 결과를 초래하기도 한다.

가난하게 젊은 시절을 보낸 우리나라 노인들은 노동을 의무로 여겨왔다. 여가를 즐기는 것이 부자나 권력을 지닌 특권층의 선유물처럼 인식되어왔기 때문에, 여가생활을 사치생활로 여기는 경향이 있다. 또한 여가활동을 노는 것으로 생각해 죄의식이나 불편함을 느끼기도 한다. 젊어서 일밖에 몰랐던 사람은 여가에 대한 이해가 부족하고 여가를 보낼 방법을 제대로 익혀두지 못했기 때문에 노후생활을 무료하게 보낸다. 따라서 인간은 인생의 어느 단계에서라도 여가를 즐길 권리가 있다는 것과 여가를 효과적으로 선용하는 것이 정신건강에 매우 유익하다는 것을 노인들에게 인식시킬 필요가 있다.[40]

무료한 시간을 유익하게 보낼 수 있도록 배려하는 것은 노인의 외로움과 소외감을 덜어주는 데 필수적인 요인이 된다. 역할이 없는 상태에 있는 노인들은 고독, 고립감, 무료함을 느끼게 되고 종국에는 자신이 불행하다는 생각을 갖게 된다. 만성화된 무료함에서 벗어나기 위해 공원을 산책하거나, TV를 보거나 라디오를 듣거나 책을 읽기도 한다. 노인의 여가는 취미와 오락, 놀이 외에 봉사와 교육, 문화적 활동 등 전반에 걸쳐 다양하게 개발되어야 한다. 여가활동이나 취미활동은 주로 경

---

40) 같은 책, 292쪽 참조.

제적 여건, 건강 상태, 사회화의 정도 등에 의해 영향을 받는다.

우리나라의 경우 특히 노인의 경제수준과 건강수준 그리고 교육수준에 따라 참여하고 있는 여가활동의 형태나 내용에 있어서 상당한 차이가 있다. 즉, 소득수준이 높은 사람은 자신들이 가진 경제적 자원 및 문화정보를 활용하여 여가시간을 보다 의미 있게 보내는 반면, 소득수준이 낮은 사람은 일과 관련된 활동(예를 들어 부업 등의 형태)을 선호하며 TV 시청을 가장 선호하는 여가활동으로 꼽는다. 이와 같은 계층 간의 여가 양식은 분리, 단절의 양상을 띠고 있으며, 이는 사회통합과 공동체 의식을 심각하게 훼손시킬 가능성이 많다. 따라서 노인 여가 프로그램은 다양하게 개발하되, 누구나 손쉽게 그리고 큰 경제적 부담이 없이 접근할 수 있는 것으로 구성되어야 한다.

노인의 여가생활은 개인적으로 하거나 가족 중심으로 하거나 친구들과 교류하며 하거나, 사회참여를 통해서 이루어지기도 한다. 요즘 국가의 지원이나 정책이 증대되고 있고, 각종 단체나 기관, 방송매체 등에서도 노인 여가 프로그램이 보급, 확대되고 있다. 노년기에 갑작스럽게 여가활동에 대한 흥미를 갖는 것은 어렵기도 하고 쉽게 접근하기 힘들 것이기 때문에 젊어서부터 미리 취미생활이나 여가활동을 개발하고 습관화하여 적극적으로 참여해야 한다.

주로 종교단체, 자선단체 또는 지역 유지들에 의해 설립, 운영되고 있는 노인학교는 노인 교육기관이라기보다는 클럽활동의 성격을 가지며 노인들의 학구적 욕구를 충족시킬 만한 시설은 흔하지 않은 실정이다. 노인 교육시설은 노인의 지적 욕구를 충족시키며 사회화에 도움을 주는 기능을 하여 바람직한 노인문화를 형성하고 건전한 여가활동의 방법을 개발하는 데 주력해야 할 것이다.

여가시간에 갈 곳이 없는 노인들, 돈 없이도 시간을 보낼 수 있는 장소를 원하는 노인들, 어울리는 대화 상대를 만나기 바라는 노인들의 욕구를 충족시켜줄 장소와 프로그램이 다양하게 제공되어야 한다. 여가활동을 통해 삶의 만족도를 높여야 하는데 오히려 불만족과 좌절을 겪는 경우도 있다. 예를 들어 어려운 악기나 외국어 습득 등이 생각처럼 되지 않을 때 그러하다. 그러므로 노인에게 좌절을 줄 프로그램은 사전에 충분히 고려해야 한다.

노인의 성별, 연령, 생활수준, 교육 정도, 건강 상태, 취미 성향에 따라 여가 프로그램이 달라야 한다. 노년에 직면하는 역할 상실, 무료함 등이 노후생활에 미치는 영향은 심각하다. 경제적으로 여력이 있는 노인과 그렇지 못한 노인에게는 여가 수단, 여가 방법, 여가를 즐길 기회 등에 커다란 차이가 있다. 건강한 노인과 그렇지 못한 노인 간에도 여가 활용의 기회가 동등하게 이루어지지 않고 있다. 그러므로 보다 많은 노인들이 여가활동에 참여할 수 있도록 지원하고 여가 수단의 이용 기회가 평준화되어야 한다. 경제력이 없는 노인이나 신체적 장애가 있는 노인도 여가 프로그램에 참여할 수 있도록 골고루 노인복지가 제공되어야 한다. 여가활동 분야의 기회균등을 위해서는 누구나 손쉽게 여가를 즐길 수 있는 시설 또는 기구에 대해 사회자본을 투입하고, 여가 학습 기회와 여가 프로그램의 보편화 정책이 뒤따라야 한다.41)

8) 노년기의 성

성은 인간의 사고, 행동, 상호관계에 영향을 미치며 신체적, 정신적 건강과 관련된다. 노년기의 성은 친밀감과 자신감을 향상시키고 삶에 대한 기쁨을 느끼게 해준다. 현대사회에서 성은 남녀노소를 불문하고 인간이면 누구나 가지는 생득적인 본능으로 삶에서 그 중요성이 인식되고 있다. 그러나 성이 생식수단이며, 부끄럽고 은밀하며 외설적인 요소를 지닌다고 하여 성에 대해 개방적이거나 관대하지 못하다. 그렇기 때문에 노인은 성에 관한 이야기를 솔직하게 표현하고 성적인 고민을 누군가에게 알려 도움받기가 어려운 상황이다.42) 특히 젊은이의 성생활과 출산을 위한 부부의 성생활이 주축이 된 사회에서는 노인의 왕성한 성생활이나 노골적인 애정 행각을 추하고 우스꽝스럽다는 시선으로 바라본다. 결혼의 주된 목적은 오랫동안 자녀의 출산과 양육이었기 때문에 노인의 성문제는 금기시되어왔다. 이런 관점에서 사랑은 결국 육체적인 것이었기 때문에 육체적인 기능의 쇠퇴와 함께 사랑도 쇠퇴했다.

---

41) 같은 책, 293-294쪽 참조.
42) 같은 책, 295쪽 참조.

유교적 관념이 지배해온 우리 사회에서는 나이 든 노인이 성적 욕구를 가지고 성생활을 원한다면 웃음거리가 되곤 했다. 홀로 된 노인의 성문제는 무시되는 경향이 컸다.[43] 노인들도 대부분 욕구를 가지고 있지만 사회적 편견으로 인해 스스로 금욕을 택하여 절제를 한다. 그러나 노년기에 성적 욕구를 충족시킬 수 있는 여건은 심리적으로 긍정적인 정서를 강화해주고 삶의 만족감도 높여준다. 노년기의 건강한 삶을 위해 노년의 성에 대한 올바른 인식과 이해도를 높이는 것이 중요함에도 불구하고 이에 대한 사회적 편견과 부정적 인식이 노년의 성생활에 영향을 미친다.

사실 성적 태도와 행동에 있어 연령에 따른 변화는 크지 않으며, 성생활의 즐거움도 변하지 않는다. 노인이 되면 성적 욕구가 감퇴하는 것으로 생각하지만, 성적 양상은 일생을 통해 지속되는 것으로 확인되고 있다. 그럼에도 그 욕구 충족의 중요성을 간과하거나 무시하는 경향이 있다. 노인을 성적 존재로 간주하지 않는 편견으로 인해 노인의 성문제는 은폐되어왔다. 노인들은 욕구가 있어도 사회적 관습이 요구하는 대로 점잖은 체하고 성적인 욕구를 절제한다. 그러나 생활수준의 향상과 평균수명의 증가, 조기 정년퇴직 및 여가시간의 증가 등 현대사회의 노인들은 과거 노인들보다 더 건강하고 다양한 시간으로 노후를 보내게 되었다. 따라서 노인들의 성문제에 대한 사회의

---

43) 같은 책, 296쪽.

인식 전환이 필요하다.

일반적으로 어느 사회에서든 노년의 성에 대한 잘못된 인식과 편견이 뿌리 깊게 자리 잡고 있다. 노인에게 성은 중요하지 않다고 보며, 노인이 성에 관심을 갖는 것은 비정상이며 음란한 것이라고 낙인찍히기 쉽다. 노인이 비록 성적 욕구를 갖는다 해도 성적 욕구 해소를 감당할 정도의 건강이 뒷받침되지 않는다는 것이다. 그러나 성은 고령자의 삶의 질에도 중요한 부분을 차지한다. 노인들은 성생활을 통해 건강한 자존감을 유지하며, 성생활은 불안을 제거하는 출구로 작용하고 육체뿐만 아니라 정신적으로도 활력을 제공함으로써 침울함으로부터 탈피할 수 있도록 돕는다. 성적 욕구 충족은 건강과 장수에 도움이 된다. 그러나 노인의 경우 배우자의 사망, 심신의 쇠약, 사회문화적 편견 등으로 성적 욕구를 표현하거나 성생활을 유지하는 데 제약을 받고 있다. 충족되지 못한 성욕의 해소 방법으로 취미생활, 종교, 운동 등 다른 일에 몰두하여 욕구를 억제하는 노인들도 많은 것으로 나타난다. 음주나 쇼핑, 공부, 외출 등을 해소 방법으로 택하기도 한다.

노년기에도 성적인 능력이 완전히 사라지는 것은 아니다. 노화로 인해 성기능이 감퇴하는 것은 사실이지만, 성적인 능력이 완전히 소멸되는 것은 아니다. 노년기의 성은 생물학적 측면, 심리적 측면, 사회문화적 측면과 밀접한 관련성이 있다. 노화에 의한 노년기의 성적 기능의 변화에도 불구하고 성생활이 불가능한 신체 연령은 없다.

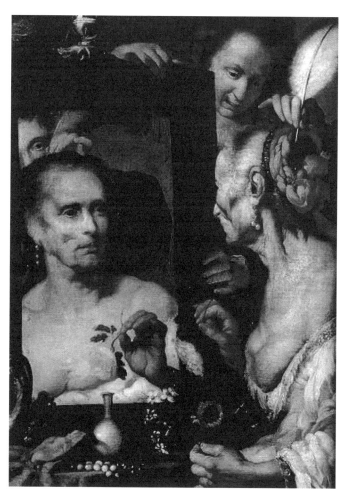

베르나르도 스트로치, 「바람둥이 노파」, 1615년

동서를 막론한 어느 사회에서든 노년의 성에 대한 잘못된 인식과 편견이 뿌리 깊게 자리 잡고 있다. 노인에게 성은 중요하지 않다고 보며, 노인이 성에 관심을 갖는 것은 비정상이며 음란한 것이라고 낙인찍히기 쉽다.

배우자와의 사별, 자녀의 재혼 반대 등으로 인해 성적 관심을 표현할 수 있는 통로가 노인에게 제한된다. 또한 노년기의 성생활에 대한 사회적 편견과 문화적 또는 종교적 영향으로 인해 성적 표현 기회를 상실하거나 성적 표현이 억제된다. 이러한 요인 때문에 노인들은 성적 충동을 느끼는 것 자체에 대해 죄의식과 수치심을 느끼기도 한다. 스트레스, 죄의식, 우울, 만성적 무료함, 분노, 지나친 음주 등은 노년기의 성생활에 부정적 영향을 미치게 된다.

우리의 사회적 분위기는 성에 대해 개방적이거나 관대하지 못하여 성에 대한 이야기를 솔직하게 하거나 성적인 고민을 누군가에게 털어놓기가 힘든 상황이다. 더구나 여성이나 노인은 사회적 편견으로 인해 성에 있어 차별화된 소수 계층으로 인식되고 있다. 이러한 사회적 분위기로 말미암아 성은 항상 은밀하고 대화의 주제로 삼기에는 부적절하다는 편견이 있다. 그렇기 때문에 노인들은 욕구가 있어도 사회적 관습에 따라 점잖은 척하고 성적인 관심을 보이면 체면을 잃는 것으로 생각하였다. 대부분의 노인은 성적 욕구를 가지고 있지만 사회적 편견으로 인해 금욕을 택하여 표현을 절제하며 무조건 억제하고 참는 태도를 갖거나 음성적인 방법으로 욕구를 충족시키거나 한다.

노인과 관련한 문제 영역 중 성문제는 긍정적인 자세로 전환되어야 하며, 사회적 인식 전환의 과제이기도 하다. 성은 고령자가 풍요롭고 안정적인 노후생활을 보내기 위해 필요한 요소 중의 하나이다. 그러나 자신이 인생의 가을을 맞이해 결실을 맺어야 하는 시기임에도 불구하고 젊음이나 성에 집착하는 것은 어리석다는 사실도 명심해야 한다. 갱년기 이후에는 더 이상 출산의 의무를 지니지 않아도 되며, 이성의 눈에 들지 않아도 되는 자유를 얻는 시기이다. 젊었을 때와 달리 노년은 성적 욕구로부터 어느 정도는 자유로울 수 있다. 미디어가 조장한 충족되지 않는 과도한 성욕은 자본주의적 상업주의의 과도한 소비 충동 전략의 결과임을 인식하고 노년기에는 가능한 한 절제된 생활을 하는 것이 바람직하다.

어느 시인은 노인은 난로 앞에서도 춥다고 했다. 그렇다. 노인은 난로 앞에 있어도 외롭고 춥다.

첫사랑

사랑에 웃고 사랑에 울던 날들
수십 년 잊었던 기억들이
뒤돌아보니 어느새 살아 꿈틀거린다.

시간 속에 묻어버린 꿈과 절망
아름다움은 곧 애달픔이런가
눈부시도록 붉게 빛나던 그날의 낙조

예기된 이별이 아직도 서러운데

어느덧 무르익은 세월 속에
설익은 풋사랑이라 조소한다.

흘러간 사랑

나 굳이 흘러간 사랑
뒤돌아보며
아쉬워하지 않으리
그 누가 우리 가슴에 남는 것은
결렬된 사랑뿐이라 하던가

삶을 던져버릴 수 있을 듯
걷잡을 길 없던 감정의 기복
그 강렬함도 그 무모함도 잠시 한때
흘러간 세월과 함께 묻혀갈 것을

사랑은 가고
애증의 세월도 가고
애달픔도 가고
이제 속절없는 고요와 적막만이 남아 있네
아련한 기억마저 놓아버린 오늘
일상의 소용돌이에 자신을 맡겨버린 채
빈 가슴 허공에 머무른다.

그리운 사람

옆에 있어도 그리운 사람
보고 나서도 또 보고 싶은
그런 사람이
내게도 있었으면 좋겠다.
사랑의 감정을 잃은 시선은
초점을 잃고 허공을 방황한다.

가슴은 메마르고
삶을 향한 열정의 불꽃은 시들어
따분한 일상이 무겁게 느껴진다.

6월 마지막 주에 접어든다.
참 세월도 빠르구나
혼자말 중얼거리다.

갈수록 마음 여려지고 이제 인생사 바람도 크지 않다.
바라는 일 되면 좋지만 안 되도 크게 미련 없는 심사 맥없다.

9) 노년기 삶이 주는 의미

노년기는 아직 마무리하지 못한 일을 완성시킬 수 있는 시간이며 구속으로부터의 해방을 가능하게 한다. 삶의 한계와 허무함을 깊이 의식하게 되는 노년기에는 수없는 의문이 엄청난 무게로 짓누르며 고개 들기 시작한다. 무언가에 의미를 두고 추구한다는 것 자체가 부질없어 보이는 이 시기를 어떻게 감당해야 하는가? 절망스럽기 그지없어 보이는 현실과 이상 사이의 괴리는 어떻게 메꿀 수 있는가? 삶은 종착점으로 다가가고 열정도 의욕도 예전 같지 않고 사라졌다. 기한 내에 해내야 할 일도 없고 딱히 관심을 끄는 일도 없는데 이렇게 하염없이 의미 없는 시간을 보내야 하는가. 도대체 살아야 할 이유가 있는가.

그러나 한편 이제는 원하기만 하면 언제든 무엇인가를 할 수 있다. 예전에 그만두었던 일을 다시 시작할 수도 있고, 전에는 감히 상상할 수도 없던 새로운 일을 도모할 수도 있으며, 해야 할 일이 있으면 언제든 맘만 먹으면 할 수 있다. 또한 마음이 바뀌면 언제든 그만두고 쉴 수도 있다. 그리고 예전에는 하고 싶어도 참고 못했던 말들을 이제는 거리낌 없이 할 수 있다. 황혼의 오늘은 결코 가치 없는 시간이 아니다. 그것은 나에게 허락된 시간이다. 오늘은 그저 하루 더 연장하며 나이를 먹으라고, 죽음에 더 가까이 다가가라고 주어진 시간이 아니다. 오늘 역시 삶의 목적을 생각하고 삶의 의미를 찾는 시간이어야 한다. 그리하여 삶이 무엇이며 어떻게 살아야 하는지 깨닫고 실천할 수 있는 기회가 될 것이다.

세월이 흘러 나이가 들수록 무엇이 의미 있고 무엇이 헛된 것인지 깨닫는 지혜를 터득해야 한다. 그러기 위해서는 보다 감수성이 예민해지고, 깨어 있어야 하고, 삶의 굴곡을 잘 이해해야 한다. 나이가 든다고 해서 저절로 인내심이 커지고 삶에 무던해지는 것은 아니다. 인생에서 일어나는 일 중 결코 돌이킬 수 없는 일이 있다. 어떤 걱정거리나 인생의 계획들은 해결되지 않을 수 있으며, 무심코 던진 말이 돌이킬 수 없게 되기도 하며, 이미 금이 간 어떤 우정이나 사랑은 결코 다시 돌이킬 수 없으며, 어떤 꿈은 결코 실현되지 않을 것이다. 그렇다고 우리의 삶이 아무것도 아니었던 것은 아니다.

오래전 우리가 쏟아냈던 분노, 질투, 사소한 짜증도 이제는 돌이킬 수 없다. 그 시간, 그 상황은 이제 모두 지나갔고 이미 우리의 손을 떠나 우리의 통제권을 벗어났다. 그런데 마음의 상처는 아직도 깊으며, 너무나 생생하다. 우리는 상처를 받기도 하고 다른 사람에게 상처를 입히기도 한다. 잘못을 저질러 커다란 분란을 일으키기도 한다. 살아오면서 우리가 겪은 일 속에는 드러난 결과보다 더 중요한 의미가 담겨 있을 수 있다. 중요한 것은 그 일로 인해 우리 자신이 어떻게 변화했으며 어떤 사람이 되었는가 하는 사실이다.

노년은 영혼을 가꾸어야 할 시기, 회고와 반성의 시기이기도 하다. 평생을 지나오면서 스스로 어떤 모습이 되었는지 성찰해보는 시기이다. 보다 따뜻하고 인간미 넘치는 너그러운 사람,

품위 있는 사람이 되었는지 자신을 직시하고, 모자라는 점이 있다면 무엇을 어떻게 해야 할지 고민하고 방법을 찾아내야 하는 시기이다.

한 사람이 어떻게 살아가는지, 주변 사람들을 어떻게 대하는지, 무엇을 위해 삶을 사는지는 그 사람의 믿음을 반영한다. 노년은 해묵은 상처를 치유하고 뿌리 깊은 편견을 극복해야 할 시기이다. 활동적이고 건강한 노인이라도 언젠가는 속도를 늦추어야 한다. 황혼기가 찾아오면 지상에 대한 관심 대신 저세상, 피안의 세계에 대해 관심을 두고 몰두하기 시작한다. 그리고 자신의 삶뿐만 아니라 다른 사람의 삶까지 새롭고 경이로운 눈으로 바라보게 된다. 그것 때문에 울고 그것 때문에 초조해하고 그것을 위해 내 삶을 바쳤던 것이 이제는 기억에서조차 사라졌다. 삶의 격정은 끝났고 죽음에 직면해야 하는 시간이 가까워졌다. 마치 초연한 듯 죽음의 문턱에 서 있다. 이제 끝나는 일만이 남아 있다. 자신에게 남은 모든 에너지를 소진했다. 이제는 고통을 참아내는 인내심을 발휘해야 한다. 이제 모든 것을 받아들일 시간이다. 이 과정을 잘 견뎌내며 다가오는 죽음은 새로운 세계로의 통로, 새로운 탄생을 위한 산도임을 믿는 사람에게는 평화와 품위가 배어난다. 자신과 영원을 가로막았던 장막이 걷히고 이제 서서히 그 길로 들어선다. 이제 시간이 다 되었다. 이것은 끝이 아니라 시작이다.

노년은 지상에서 긴 세월을 견디고 살아남은 사람들만이 누릴 수 있는 축복의 시간이다. 누구도 세월을 거스를 수 없다.

품위 있는 노년은 우리의 결단과 선택에 달려 있다. 살아오면서 쌓아온 경험과 지혜가 등대처럼 빛을 발할 수 있는 시기이다. 세월과 함께 가고, 세월과 함께 머물 수 있다. 이제 선택은 자신의 몫이다.

2부

죽음의 이해와 준비

1. 죽음의 이해

에리히 캐스트너(Erich Kästner, 1899-1974)가 썼던 시에서처럼 우리는 모두 한 기차를 타고 시간 속을 뚫고 먼 길을 간다. 도대체 왜 달려가는지도 모르며, 중간중간 죽은 이들을 과거라는 플랫폼에 내려놓은 채 모두 한 기차를 타고 현재에서 미래로 달려간다.

기억이란 불현듯 떠오르는 과거가 아니다. 기억은 현재의 시점과 상황에서 과거의 특정 사건을 불러내어 거기에 의미를 부여하는 작업이다. 따라서 그것은 과거의 문제인 동시에 현재의 문제이다. 기억을 더듬어 올라가다 보면, 그 자리에 함께 있던 사람과 그 당시에 벌어졌던 사건의 전후 사정도 떠올리게 된다. 그런데 그 자리에 함께 있던 사람이라고 해서 모두 그 사건을 나와 동일하게 느끼거나 동일하게 해석하고 있지는 않다. 각자 자신의 위치와 입장에 따라 자신의 잣대로 평가하여 가슴속에 기록하고 있는 것이다. 그렇듯 과거에 대한 기억이 개인의 관점에 의한 각인이라면, 그것에 부여하는 의미뿐 아니라 그것으로부터 얻어내는 교훈도 각자 다를 것이다.

우리에게 자신을 둘러싸고 있는 환경이 아주 낯설게 느껴지고 모든 이가 낯설어질 때가 있다. 모든 사람들로부터 잊히고 자신마저도 망각의 늪에 빠져서 의식이 가물가물하기도 한다. 그러나 가끔 자신이 누구인가, 자신이 지금 어디쯤 있는 것인가 스스로에게 묻기도 한다. 그 자리에 있던 그 사람들 또한 어디쯤에 머물고 있는 것일까? 굽이굽이 인생길에 사연도 많을 것이다.

한 여인의 죽음을 다루고 있는 에드워드 올비(Edward Albee, 1928-2016)의 작품 『키 큰 세 여자』에 등장하는 세 여인은 상당한 나이 차가 나며, 서로에 대한 불만을 토로하고 조소로 가득하다. 자신의 나이조차 정확히 기억하지 못하고 노망을 부리는 91세의 노인 A를 바라보며 26세의 C는 자신이 저렇게 되면 그대로 살도록 놓아두지 말라고 유언장을 쓰겠노라고 단언한다. 그러나 52세의 B는 자신도 그러려고 했지만 인생이 그렇게 마음대로 되는 것은 아님을 상기시킨다. 사실 이 세 여인은 각각 다른 여인이 아니라 한 여인의 현재 모습과 과거와 미래의 모습이다. 과거와 현재의 여인이 기억을 더듬어가며 자신의 삶을 되돌아보기도 하고, 자신이 바랐던 것과 영 다른 모습에 실망하며 자신의 삶이었음을 인정하지 않으려고도 한다.

그러나 스스로 부정하고 싶은 어떤 과오와 흠결로 얼룩진 삶일지라도 그것은 그 삶을 살아온 사람의 작품이다. 삶의 뒤안길에서 돌아보고 아무리 기억에서 지우고 싶고 인정하고 싶지 않은 과거를 가진 삶이라도 결국은 자신 삶이었음을 받아들여야 할 수밖에 없다.

현대인들은 죽음에 대해 무관심하고 죽음에 대한 생각을 회피하려 한다. 그렇기 때문에 현대인의 의식 안에 죽음이 설 자리는 없다. 주변의 누군가가 죽거나 하면 잠시 죽음에 관해 관심을 가졌다가 곧 잊어버리고 다시 일상의 생활로 돌아온다.

죽음이 오면 아무것도 느낄 수 없다는 것이 죽음의 장점이며, 죽은 몸의 살과 뼈가 어디에서 어떻게 되건 이미 아무런 아픔도 느끼지 못한다. 그렇기 때문에 죽음은 두려울 것 없다는 주장은 과연 옳은 것인가? 죽음은 무섭고 두려운 사건이며, 비록 우리가 여러 면에서 죽음의 공포를 극복하기 위해 노력한다 해도 죽음의 공포는 여전히 모든 인간이 지닌 공통의 것으로 남아있다. 의생명과학의 진보를 통해 성취한 것이 어마어마한 것은 사실이지만 그럼에도 불구하고 왜 그런지 죽음에 대한 공포도 커지고, 죽음의 사실성을 부정하려는 경향도 짙어지는 것 같다.

죽음은 도대체 무엇인가? 애벌레가 누에가 되고 마침내 나비로 탈바꿈하여 날아가거나 알을 깨고 날아가는 새의 경우처럼,

우리의 죽음도 우리가 몸이라는 껍데기를 벗어던지고 자유롭게 날아가는 것인가? 죽음은 하나의 지평선에 불과하며, 지평선은 우리 시야의 한계일 뿐인가?

죽음은 삶의 끝이 아니라 더 높은 단계로 상승하는 것이며, 하느님이 인간에게 내린 최상의 은총이라는 주장도 있다. 사람은 누구나 소명을 가지고 태어났고 아무리 우연처럼 보이는 죽음이라도 사실은 소명이 끝난 다음 찾아온다는 것이다. 그러나 이승에 있든 저승에 있든 지금 여기가 중요하다.

근사 체험에 대해 연구하는 사람들도 있으며, 다양한 각도에서 이에 대해 설명한다. 죽음을 과학적으로 설명하려는 과학적 태도는 우리가 잘못된 길을 헤매지 않도록 해주는 좋은 방법이다. 하지만 과학을 통해 죽음에 대해, 더 나아가 죽음 이후의 상황에 대해 입증하기는 어렵다. 죽음과 같은 미지의 것에 대해 우리는 항상 열린 마음을 갖되 합리적인 시각을 갖는 것이 중요하다. 근사 체험을 한 사람들은 죽음에 대해 두려움이 없어지고 사람 자체가 영적인 삶의 방향으로 완전히 변한다고 한다.

노인들 중에는 죽고 싶다고 하는 사람들이 많다. 몸과 마음이 쇠약해지고, 아무런 희망도 목적도 없는 인간은 죽을 수밖에 없다고 생각하는 것이다. 그렇다고 서둘러 죽음을 초래할 이유는 없다. 기다리고 있으면 누구나 머지않아 자연히 죽게 될 것이다. 늘그막에는 마지막까지 자신의 생을 어떤 형태로든 주장하려는 아집에 빠지지 않고, 모든 것을 자연에 맡기고 겸허한 마음과 초연한 태도를 취하는 것이 바람직하다.

구스타프 클림트, 「여자의 세 시기」, 1905년
한 여인의 현재 모습과 과거와 미래의 모습이다.

죽는다는 것은 단 한 번의 경험이므로 어떤 일이 일어나는지 깨어서 의식하면서 맞이해야 한다. 죽음이 임박한 사람에게 놀라울 정도의 편안함이 찾아오고 잠시라도 맑고 분명한 의식이 돌아오는 경우도 있다. 이런 짧은 시간 동안 일생을 되돌아보고 총정리가 될 상념에 도달할지도 모른다.

인간은 죽음을 향해 간다. 자신의 전 존재, 자신의 모든 것, 자신의 사랑과 소망 전부는 죽음을 향해 조용히 흘러간다. 그렇게 죽음의 순간까지 인생의 기쁨과 고통의 시간을 살아간다. 자신이 그토록 사랑하던 것뿐 아니라, 예전부터 멀리하고 미처 발견하지 못하고 지나쳐버린 것들을 뒤로하고 죽음을 향해 이제 다가간다. 그는 언제 출발해도 좋을 듯 여행 떠날 채비를 마쳤다. 그가 가는 길은 미지의 베일에 싸여 있으며, 비록 빈손으로 떠나야 하지만 마음은 편하다. 갈구하면서도 이루지 못한 일은 어떤 삶에든 있다. 현세의 시간은 덧없이 흘러간다. 돌아올 수 없는 이 길은 어디로 향한 것인지 알려줄 안내자나 동행자도 없다.

살아가는 동안 자신이 결코 원하지 않았지만 그렇게 되어버린 일들이 얼마나 많았던가. 그것은 인간 능력 밖의 일이다. 인간은 벌거숭이로 태어난다. 죽을 때도 빈손으로 떠나긴 마찬가지다. 인생의 길에는 굴곡이 있다. 오르막길이 있으면 내리막길도 있다. 자신 앞에 길이 있는 한 멈추지 않고 나아가야 한다. 때로는 갈림길에 서서 선택이라는 결단이 필요한 때도 있으며, 한 길을 선택한 후 겪는 고난이나 무료함은 가지 않은 다른 길

한스 발둥 그리엔, 「탄생에서 죽음까지」, 1540-1543년경

인간은 죽음을 향해 간다. 자신의 전 존재, 자신의 모든 것, 자신의 사랑과 소
망 전부는 죽음을 향해 조용히 흘러간다.

에 대한 아쉬움과 미련을 남기기도 한다. 때로는 길이 시야에서 사라지고 벼랑 끝에 서기도 하며, 가던 길을 되돌아서 우회로를 찾아보기도 하며, 스스로 길을 만들며 헤치고 나아가야 하는 때도 있다. 그렇게 터덜거리며 하염없이 걷다 보면 마지막 종착역에 도달하여 삶이라는 기차에서 내리게 될 것이다. 그러나 남은 사람들을 실은 기차는 다음 사람을 내려줄 역을 향해 달려갈 것이다.

　노년은 살아온 삶을 돌아보고 남은 삶을 존엄하고 인간답게 살도록 최선을 다해야 하는 시기이다. 요즘 평균수명이 길어졌다고 해도 죽음에 가까이 다가선 삶이 노년기의 삶임을 부정할 수는 없다. 노년이 되면 삶의 자리에서 죽음을 바라보기보다는 죽음의 자리에서 삶을 바라보게 된다. 노년기를 잘 사는 삶이란 죽음의 자리에서 삶을 되돌아보고 가다듬으며, 과거를 되살펴보면서 내면을 더욱 다지는 삶일 것이다.

　노인들은 죽음 앞에 가까이 다가가 있기는 하지만 죽은 것은 아니므로 살아온 지나간 삶과 남아 있는 삶의 의미에 대해 성찰하고 죽음을 준비해야 한다. 죽음에도 의미를 부여하고, 죽음을 삶의 일부로, 현실로 받아들일 수 있어야 하며, 죽음을 준비하며, 남은 삶을 의미 있게 잘 살 수 있도록 해야 한다. 삶을 귀하게 여기며 충만하게 잘 사는 것은 죽음을 잘 준비하는 일, 즉 잘 죽는 일과 결코 분리된 것이 아니다. 또한 삶과 죽음이 본래 분리된 것이 아님을 알아야 하는 것은 노인에게만 국한된 일도 아니다.

148

죽음을 준비하면 그 준비 자체가 인간다운 삶을 살도록 만든다. 그러므로 노인들은 삶의 의미, 그리고 죽음의 의미를 생각해야 한다. 죽음을 귀하게 여기지 않음은 삶도 귀하게 여기지 않음을 의미한다. 삶을 귀하게 여기지 않음은 죽음도 귀하게 여기지 않는다는 뜻이다. 삶과 죽음은 분리된 별개의 것이 아니다. 그것은 어쩌면 하나이며 동전의 양면과 같은 것일 수 있다. 삶을 배우고 준비하듯이 죽음도 그렇게 배우고 준비해야 한다.

　오늘날 인간의 죽음은 그 어느 시대의 죽음보다도 더욱 낯설고 부정적인 것으로 다루어지고 있다. 젊음을 추구하는 사회에서는 노인을 마치 죽음을 옮기는 전염병자인 것처럼 여기고 이런저런 구실을 대며 접촉을 회피하는 경향이 있다. 전통적인 대가족 구조가 붕괴되고 가족 간 상호 돌봄의 기능이 약화되면서, 죽음은 가족과 나의 삶의 한 과정이 아니라 의료기관이나 사회복지기관의 전문직에게 떠맡겨진 혐오스러운 일거리가 되어버렸다. 의료인들은 죽음을 기다리는 환자들이 인격적이고 의미 있는 삶의 끝마침을 할 수 있도록 도와주는 존재가 아니라, 의학의 발전을 확인해보기 위해 임종 환자들을 실험의 대상으로 여길 때가 종종 발생하기도 한다. 질병이나 노환으로 인한 것이 아니라도 사고나 재난으로 인해 목숨을 잃을 수도 있다. 삶에서 피할 수 없는 것이 죽음이다. 어차피 언젠가는 죽을 운명의 인간이지만 자신의 바람이나 의지와는 무관하게 어느 날 갑자기 터무니없이 죽을 확률이 높은 사회는 불안하고 위험한 사회일 것이다. 이를테면 누군가가 죽어야 자신을 살릴 수 있는 장기를 기증받을 수 있기 때문에 누군가의 죽음을, 더 구나 젊고 건강한 사람의 죽음일수록 더욱 좋다고 기다리고 있다면, 그것은 도덕적으로 평범한 일이 아니다.

인간은 죽음의 실체를 진정으로 인식할 수 없다. 모든 인간은 저마다의 독특한 방식으로 죽음을 정의하고, 각자의 의식 속에 간직하고 살아간다. 어떤 사람은 '삶의 소멸'로, 어떤 사람은 '삶으로부터의 해방'으로 , 또 어떤 사람은 '삶의 연장'으로 정의한다.

모든 사람이 인정할 수 있는 죽음의 유형은 바로 의학계에서 인정하는 육신의 죽음이다. 인간은 언젠가는 반드시 겪게 되는 자신의 죽음을 정확하게 인식하지 못하고 대부분의 경우 다른 사람들의 죽음을 관찰하는 관찰자로서만 살아가게 된다. 죽음은 '나의 일'이 아닌 '남의 일'인 것이다.

죽음을 '나의 일'이 아닌 '남의 일'로 여기며 자신의 죽음을 받아들이기 힘들어하는 이유는 그것이 두렵고 낯설기 때문이다. 죽음을 지켜보는 과정에서 우리는 숨을 거둔 당사자의 죽음뿐만 아니라 지켜보는 자신의 죽음에 대해서도 생각하게 된다. 누군가 죽음을 맞이할 때는 가장 가까운 이들이 그 과정에 참여하는 것이 중요하다. 그래야만 진정으로 애도할 수 있으며 언젠가 찾아올 본인의 죽음도 좀 더 수월하게 맞이할 수 있다. 죽음을 바라보는 시각을 조금만 달리할 수 있다면, 즉 무방비의 삶에 침입한 끔찍한 이방인, 적이 아니라 만남을 고대하던 친구 혹은 본향으로 돌아가는 것이라고 생각할 수 있다면, 죽음으로 인해 삶 역시 새로운 의미를 지니게 될 것이다. 삶은 원래 끝과 시간적 한계가 있는 것이라는 사실을 이해한다면, 오히려 살아 숨 쉬고 있는 현재의 삶에 대한 애정과 감사로 충만해질 것이다.

사람은 모두 죽는다는 사실을 우리는 알고 있다. 그럼에도 불구하고 자신의 죽음에 대해서는 인정하려 들지 않는다. 사랑도 그리움도 미움도 분노도 죽음 앞에서는 그 의미가 사라진다. 삶을 대신 살아줄 사람이 없듯이 죽음 또한 홀로 맞이해야 한다. 불확실한 우리 삶의 전개에서 죽음처럼 확실한 것은 없다. 우리 중 그 누구도 죽음을 피할 수 없다. 그렇게 확실한 것이 죽음임에도 불구하고 우리는 죽음이 과연 어떤 것인지 모른다. 죽음을 체험해본 일이 없기 때문이다. 죽음은 우리가 직접 경험할 수 있는 영역이 아니다. 죽음을 체험하는 순간 우리는 더 이상 이 세상에 존재하지 않기 때문이다.

그러나 삶의 전개 역시 알 수 없다. 우리가 앞날에 대해 아무리 알기 원한다 해도 현재 이 순간 이후 어떤 일이 벌어질지 아무도 알 수 없다. 사람들은 나름대로 삶과 죽음에 관해 이렇게 혹은 저렇게 이해하고 있으며, 그것을 왜 두려워하는지, 혹은 왜 두려워하지 않는지에 대한 어떤 이유들을 가지고 있다. 삶은 언젠가 끝날 것이며, 우리를 두렵게 하는 것은 이렇게 끝난다는 사실이 아니라, 이렇게 살아야 한다는 사실이다. 인간은 자주 허무와 권태를 경험한다. 삶이 견딜 수 없어 보이기도 하며, 그렇기 때문에 죽음을 원할 정도로 심각한 사람들도 많다.

그런데 삶에 의미를 부여하는 것은 반드시 나에게만 달려 있는 것은 아니다.

인간은 삶의 한가운데에서 자신의 죽음이 어느 시점에는 현실화되리라는 것을 알고 있다. 우리가 죽어야만 한다는 확실한 사실에 대한 인식은 우리의 삶에 상당한 영향을 미치며, 삶의 방향을 결정한다. 우리는 어떻게 죽음에 대면해야 하며 인간에게 죽음의 한계를 벗어날 희망은 도대체 있는 것인가에 대한 의문이 끊임없이 제기된다.

서로 다른 사람들과 마주하고 있는 가운데 자신을 인식하고 있는 인간은 자신의 시간적 한계에 대해서도 알고 있다. 인간은 눈앞의 매 순간을 살고 있을 뿐 아니라, 자신의 과거의 성과나 실패라는 무거운 짐과 씨름을 하는 존재이기도 하다. 동시에 인간에게는 아직도 열려 있는 미결정의 미래가 펼쳐져 있다. 미래는 죽음이라는 절대적 확실성에 의해 한정된다. 자신에 대해 안다는 것은 항시 자신의 시간성에 대해 앎을 의미한다. 자신의 시간성을 안다는 것은 죽음에 대해 앎을 의미한다. 이러한 죽음에 대한 인식을 극복하려는 시도든, 강박관념의 형태로든, 죽음의 절박성을 어떤 방법을 동원해서라도 무해화하기 위한 노력의 형태로든, 죽음의 문제는 인간에게 끊임없이 현존한다. 죽음은 인간의 삶에서 물음이 된다. 죽음은 죽음 안에 갇혀 있는 이 삶에게 묻는다.

삶은 정체되어 머물러 있는 것이 아니라, 우연에 의한 것이든 필연에 의한 것이든 끊임없는 변화와 움직임을 의미한다.

152

살아 있는 것은 변화한다. 한편 죽음은 살아 있는 모든 것이 언젠가 거쳐야 하는 확고한 불변의 사실이다. 불변성은 죽음의 본질인 것이다. 사실 우리의 삶에서 죽음 외에 확실한 것은 아무것도 없다. 우리가 삶에 어떤 지상 목표를 정해놓고 온갖 노력을 다 기울인다 해도, 그것이 실제로 뜻한 바대로 이루어진다는 보장은 없다. 어떤 일은 우리의 의지나 노력과는 무관하게 일어나기도 하며, 정작 우리가 애타게 원하고 바라는 것은 영영 우리를 비켜가는 경우가 많다. 오히려 우리가 바라는 일은 좀처럼 일어나지 않으며, 우리가 피하고자 하는 일들, 전혀 상상하지 못한 일들이 벌어지기도 하며 때로는 행운에 의해 때로는 불운에 의해 우리의 삶이 결정되기도 한다. 그러나 생물학적인 생명의 종말, 다시 말해 죽음은 비록 그 형태와 시간은 다를지 몰라도, 반드시 우리에게 오고야 말 것이라는 사실을 우리는 인정할 수밖에 없다.

삶과 죽음은 불가분의 관계에 있다. 생명이 있는 곳에는 반드시 죽음이 있으며, 생명이 없는 물질의 세계에는 죽음도 없다. 죽을 것이 없기 때문이다. 죽음이 없는 세계에는 생명이 없다는 의미도 된다. 그러므로 죽음은 불변성을 본질로 한다. 삶에 대한 지식도 죽음을 통해서 가능하다. 죽음이 없다면 삶을 규정할 수도 없다. 우리는 늘 삶의 한복판에서 살아왔으며, 한 번도 삶의 지평을 떠나본 일이 없기 때문에 삶을 대상화하여 관찰할 수 없다.[1]

죽음은 그 누구도 대신할 수 없다. 죽음은 가장 확실한 것으로서 어느 순간이든 닥쳐올 가능성이 있지만, 그럼에도 불구하고 우리는 그 시점을 알지 못한다. 또한 어떤 형태로 다가올지 짐작할 수도 없다.

죽음의 문제는 곧 삶의 문제이다. 죽음의 본질에 대해서는 그 어느 누구도 확실히 알지 못한다. 단지 우리가 확실히 알고 있는 것은 죽음은 결코 피할 수 없으며, 언젠가는 실제로 우리에게 닥칠 것이라는 사실이다. 우리 삶에서 그 무엇도 확실하지 않으나, 유일하게 확실한 것은 바로 죽음이다. 죽음은 누구에게나 발생하는 중대한 사건이다.

죽음은 우리의 개체성과 정체성의 상실과 소멸을 야기한다. 죽음은 우리의 모든 것과 우리 자신을 끝낸다. 현재의 나는 비록 보잘것없고 볼품없는 존재이지만, 이러한 나로 영원히 언제까지라도 살고 싶다. 나는 죽기 싫다. 개체성과 정체성의 소멸에 대한 두려움은 우리로 하여금 언제 닥칠지 모르는 죽음의 불확실성으로 인해 죽음 자체를 부정하고, 최대한 연기하려고 애쓰게 만든다. 이런 태도를 취하는 자는 죽음에 대해 무심한 체하고, 죽음을 생각하지 않고 피하려 한다. 죽음은 뜻밖에 갑작스레 엄습하는 우연한 사건이며, 아무런 예고 없이 불쑥 찾아오는 불청객으로 간주된다.

죽음에 대한 관심은 곧 삶에 대한 관심이다. 죽음에 대해 숙고하는 것은 자신의 의식을 변화시키고 삶을 변화시키기 위한

---

1) 구인회, 『죽음과 관련된 생명윤리적 문제들』, 집문당, 2008, 36쪽.

것이다. 우리 자신을 변화시킴으로써 우리 주변의 세계가 변하며, 단계적으로 인간의 미래 전체가 변하게 된다.

우리는 한 번밖에 살지 못함에도 삶에서 무엇을 희구해야 하는지 알지 못한다. 도무지 비교할 길이 없으니 어떠한 선택과 결정이 좋을지 확인할 길도 없다. 마치 한 번도 리허설을 하지 않고 난생 처음 무대에 오른 배우처럼 모든 것이 일순간 준비도 없이 닥친 것이다. 인생이라는 무대 위의 첫 리허설이 인생 그 자체라면 인생에서의 성공과 실패는 과연 무슨 의미가 있는 것인가?

인간의 삶이란 오직 한 번뿐이며, 모든 상황에서 우리는 단한 번만 결정을 내릴 수 있기 때문에 과연 어떤 것이 좋은 결정이고 어떤 것이 나쁜 결정인지 결코 확인할 수도 확신할 수도 없을 것이다. 여러 가지 결정을 비교할 수 있도록 인생이 여러 번 우리에게 주어지지는 않는다. 역사도 개인의 삶과 마찬가지다.

죽음은 개별 인간에게 일어나는 고유한 사건이며, 타인이 대신할 수 없는 지극히 개인적인 사건이다. 나의 삶을 타인이 대신 살아줄 수 없듯이 나의 죽음 또한 나의 것일 수밖에 없다. 나의 삶과 결코 별개일 수 없는 것이 나의 죽음일 것이다.

죽음은 생명뿐 아니라, 그 사람이 가지고 있는 모든 것의 상실을 의미한다. 모든 것과의 단절이라는 점에서 죽음은 개인에게 절망적이고 더할 나위 없는 중대한 사건으로 받아들여진다. 죽음은 누구나 언젠가 맞이해야 하는 현상으로 삶의 마지막 종착역이다.

그러면 우리는 죽음의 문제에 대해 어떻게 접근해야 하는가? 우리는 삶에 집중하기 위해 근본적으로 죽음에 관한 의식을 가능한 한 배제하고 회피해야 할 것인가? 아니면 우리가 실현하는 의미 있는 것 모두가 허망한 것이며 우리가 체험하는 행복 자체가 모두 허무하다는 사실을 항상 의식하고 깨어 있어야 하는가? 죽음의 경계선 저편에서 시작하는 진정한 본래의 인간존재를 준비하기 위해 우리는 이 세상의 삶 속에서는 사멸성과 허무에 대해 초연해야 하는가? 아니면 반대로 우리에게 허락된 남은 시간을 잃지 않고 의미 있게 보내기 위해 죽음에 대한 의식을 끊임없이 일깨워 자각하고 있어야 하는가? 죽음은 도대체 두려운 불행한 사건인가, 혹은 모든 속박으로부터 인간을 해방시켜줄 것이라는 희망의 약속인가? 죽음은 우리 삶의 종말이라는 극단적인 파국을 통해 우리 전 존재의 불합리성을 드러내는 것인가, 혹은 본래의 자기 존재에 도달하기 위해 진정으로 중요한 것이 무엇인지 파악할 수 있도록 일깨워주는 우리 삶 안에 상존하는 외침인가?

인간이 자기 존재의 모든 힘을 다하여 삶에 매달리고 그 어떤 현존의 진실이라도 어두운 비존재보다 선호한다 해도, 그리고 삶의 모순성과 어리석음에도 불구하고 삶을 여전히 사랑하면서도 무시하고 도피한다 해도 자기 자신과 전혀 모순되는 것이 아니다. 인간은 허무를 보면서도 존재에 대한 희망과 확신을 가지고 있다. 인간은 죽음을 친구인 동시에 적으로 바라보며, 죽음을 혐오하면서도 또한 갈구한다.

인간은 누구나 자신의 삶이 시간적으로 한정되어 있고 자신이 언젠가는 죽어야 할 존재라는 사실을 알고 있다. 어딘가 삶의 한가운데 숨어서 기다리고 있을 나의 죽음, 그리고 내가 사랑하는 사람들의 죽음을 생각하며 인간은 불안에 빠져들게 된다. 죽음이란 도대체 무엇이며, 나는 죽음으로 인해 완전히 끝나버리는 것인가? 죽음은 언제 어디서 어떤 모습으로 나에게 닥칠 것인가? 이러한 질문들에 대한 실마리는 풀리지 않고 미궁에 빠진다.

사람은 죽어 없어지면 무엇이 되어 어디로 가게 되는 것일까? 모두들 언젠가 죽음을 맞이해야 한다는 것은 똑같지만, 어떤 이에게는 조금 빨리, 어떤 이에게는 조금 더 늦게 닥치는 것일 뿐이다. 타인의 죽음만을 바라보다가 막상 자신의 죽음을 맞이하게 되면 현실로 받아들이기 힘들어한다. 어느 날 죽음이 찾아와 자신 앞에 우뚝 서면 저항하거나 피할 방법이 없다. 아무리 단단한 벽으로 막아놓아도 모든 것을 뚫고 나타나는 죽음을 피해 숨을 곳은 없다. 죽음에 임해서 아무런 조치도 취하지 못하고 두려움에 떨어야 하는 것이 바로 인간의 운명인 것이다.

멈추지 않고 다가오는 무섭고 야속한 죽음만이 현실이 되며, 그 외 모든 것은 퇴색하고 가치를 잃고 만다. 죽음 앞에 홀로 선 인간은 의지할 데 없는 자신의 처지, 절대고독, 죽음의 냉혹함에 절망할 수밖에 없다. 다가오는 죽음이 당장이라도 현실화될 수 있다는 사실로 인해 인생의 덧없음과 무의미함을 인식할 뿐이다. 죽음 앞의 처절한 절대고독은 우리를 절망의 나락으로 곤두박질하게 만든다. 죽음에 임해서는 사회적 지위와 신분, 가진 것도 아무런 힘을 갖지 못하며, 모두가 평등하다.

인간이 현실적으로 죽음을 피할 수 없는 존재임이 분명한 이상 죽음에 대한 불안을 극복하기 위해서는 죽음의 의미를 이해해야 할 것이다. 삶은 죽음을 내포하고 있으므로 죽음을 내포하고 있는 이 삶의 진실을 이해하는 것은 곧 죽음을 극복하는 것이 된다.

인간은 삶에 대한 집착 때문에 죽음을 두려워하고 비참하다고 느끼지만, 죽음이야말로 어쩌면 삶이 마련한 최고의 선물일지도 모른다. 본래 동양사상에서는 죽음을 자연으로 돌아가 쉬는 것이라고 가르쳤다.

현자 솔론(Solon, BC 638-558)은 자신이 죽은 후 가까운 친구들이 진심으로 슬퍼하고 죽음을 애도해주기 바란다는 내용의 글을 남겼지만, 시인 엔니우스(Quintus Ennius, BC 239-169)는 어느 누구도 눈물로 그의 죽음을 애도하지 말 것이며, 큰 소리로 장송곡을 부르며 시신을 파묻지 말라고 했다. 그는 사후에는 영원불멸함이 이어지기 때문에 슬퍼할 이유가 없다고 믿었던 것 같다.

대부분의 사람들은 늙어가면서 죽음과 일종의 타협을 맺는다. 죽음 앞에서는 일시적인 유예만 있을 뿐이다. 이런 의미에서 핀란드에서 올리는 저녁기도는 심금을 울린다. "주여, 당신이 부르시면 저는 기꺼이 따르겠나이다. 다만 그게 오늘밤이 아니기를 빕니다." 자신의 죽음이 다가왔음을 아는 노인은 기꺼이 죽음을 맞이하겠다고 말하지만, 그게 오늘밤은 아니다. 하물며 지금 이 시간은 절대 아니다. 그런데 모든 밤은 오늘밤이며, 매 시간은 지금 이 시간이다.

샤를 에두아르 쉐즈, 「메데이아에게 아버지의 회춘을 간청하는 펠리아스의 딸들」, 1791년
죽음에 가까운 노년기 환자의 고통은 단순히 질병에서 오는 육신의 고통만이 아니다. 저물어가는 자신의 생명에 대한 본능적 애착과 현재의 고통을 받아들여야 하는 어려움 사이에서 갈등하는 심리적 고통을 겪는다.

폴 고갱, 「황색의 그리스도」, 1889년
"주여, 당신이 부르시면 저는 기꺼이 따르겠나이다. 다만 그게 오늘밤이 아니기를 빕니다."

2. 죽음 준비

노년기에 접어들면 무엇보다 먼저 부질없는 욕심을 버리는 법을 배워야 한다. 자신이 가졌거나 가지고 있다고 믿는 것, 지위, 권세, 명예 등 모든 것이 얼마나 허무하고 본질과 거리가 있는 것인지 깨닫고 자신의 참모습을 직시해야 한다.

나이 듦은 죽음에 다가가는 과정이다. 죽음이 불가피하다는 것을 받아들인 사람은 비교적 평화롭게 죽음을 맞이할 수 있다. 모든 사람이 죽는다. 죽을 것인지 아닌지에 대해서는 우리가 선택할 수 있는 사항이 아니다. 우리의 선택은 단지 감사하며 평화롭게 죽을 것인지, 원망하며 두렵고 고통스럽게 죽을 것인지에 있다. 젊었을 때와 달리 노년기는 질병이 삶의 일부가 된다. 일단 질병에 걸리면 분주한 일상적인 삶을 중단하게 되고 질병을 통해 존재 변화를 겪게 된다. 질병의 체험은 모든 존재의 가련함과 무상함을 인식할 수 있는 기회가 된다. 그동안 갇혀 있었던 크고 작은 욕망과 그에 대한 집착으로부터 해방될 수 있는 기회인 것이다.

죽음 준비에는 죽음을 받아들이는 마음의 준비와 유언과 상속에 관한 처리 등 법적 준비가 있다. 장묘와 장례 방법 등, 화장할 것인지, 시신 기증을 할 것인지 여부도 생각하고 의논해 두어야 한다. 아침에 나갔다가 집에 돌아가 가족을 만나는 것도 기적이라 할 수 있다. 언제가 마지막 만남이 될지 아무도 모른다. 그렇기 때문에 매 순간 보다 나은 삶, 보다 나은 사람, 보다 진실한 사람이 되고자 노력해야 한다.

오늘날 죽음 교육은 연령에 따라 구분된다. 어린이들에게는 주로 주변 사람들의 죽음이나 애완동물의 죽음에 대한 슬픔을 처리하는 방법 교육을 위주로 한다. 청소년들을 위한 죽음 교육은 주로 자살 방지 교육에 초점을 두고 있다. 노인들을 위한 죽음 교육은 죽음을 맞이하기 위한 준비가 교육의 주안점이다. 우리나라에서 어린이나 청소년을 위한 죽음 교육은 아직은 금기시하는 경향이 있으나, 노인들을 위한 죽음 교육은 비교적 활발하게 이루어지고 있다. 이는 노령 인구의 증가와 독거노인의 증가, 노인 자살의 증가 등 사회적 변화 때문인 것으로 여겨진다. 죽음, 특히 준비되지 못한 죽음은 두렵고 괴롭다. 죽음은 우리가 이해할 수 없는 미지의 것이기 때문에 두려운 것이다. 특히 노년기에는 삶과 죽음에 대해 진지하게 고뇌하고 삶의 마무리 작업으로 죽음을 준비해야 할 것이다.

우리가 존재하는 한 죽음은 없으며, 죽음이 도래하면 우리가 존재하지 않기 때문에 죽음을 두려워할 필요가 없다는 에피쿠로스의 주장 때문이 아니라도 죽음은 두려워할 것이 아니다. 우리 자신이 태어나기 전 우리는 없었다. 태어나기 전의 상황에 대해 두려워하거나 아쉬워할 필요가 있겠는가. 오히려 태어난 이후 이렇게 존재함으로 인해 우리에게 모든 고통이 시작된 것이 아닌가.

우리는 죽음을 왜 두려워하는가? 죽음이 우리에게서 모든 것을 빼앗아간다고 생각하기 때문이다. 자신의 죽음 앞에 서면,

그동안 살면서 가치를 두고 추구했던 모든 것이 더 이상 큰 의미를 갖지 못한다. 그러나 나의 죽음은 본래 나의 것이거나 내가 마땅히 누려야 할 무엇을 빼앗아가는 것이 아니다. 오히려 대가 없이 선물로 주어졌던 나의 삶이 끝났음을 보여주는 것이라고 생각해야 마땅하다.

만일 머지않은 시일 내에 도래할 죽음을 앞두고 있다면 남은 기간 동안 어떻게 지내야 할 것인가? 우선 죽음을 앞두고 있는 자신에게 가장 불안한 일은 무엇인가? 이런 불안감은 무엇 때문에 생기는 것인가? 이 불안감을 해소하기 위한 방법으로는 무엇이 있는가? 남아 있는 기간 동안 진정으로 하고 싶은 일은 무엇인가? 그 일은 실행 가능한 일인가? 그 밖에 반드시 처리하거나 해결해야 할 일이 더 있는가? 유언장을 작성해야 하지 않는가? 유언장을 작성하지 않으려고 한다면 그 이유는 무엇인가? 화해하거나 꼭 만나고 싶은 사람이 있는가?

죽음을 준비하기 위한 프로그램은 죽음과 친해지기, 죽음에 대한 두려움 같은 죽음에 대한 느낌과 태도 등을 솔직한 마음으로 함께 이야기하기, 자서전 쓰기, 품위 있는 죽음을 위한 사전연명의료의향서 준비, 장기 또는 사체 기증 의사 여부 밝히기, 장례절차 관련 의사 표시, 동산과 부동산 등 유산 처리에 대해 밝혀두기 등으로 구성된다. 자서전은 자신의 삶을 뒤흔들었던 사건들 중심으로 기술하고 자신의 삶에서 행복했던 순간들, 좌절했던 경험들, 후회되는 일 등을 써내려가야 할 것이다.

품위 있는 죽음을 위해 죽음이 임박한 생의 마지막 단계에서 어떤 인공적인 생명유지장치를 언제까지 유지시킬지, 중단할 것인지에 대해 종교나 신념에 따른 의지를 밝히는 사전연명의료의향서 작성도 바람직하다. 그 다음으로는 영정사진 준비인데 굳이 새롭게 촬영하지 않더라도 소지하고 있는 사진 중 마음에 드는 것을 영정사진으로 골라놓는 것도 한 방법일 것이다. 또한 사랑하는 가족들이나 친지들에게 편지 쓰기도 있다. 그런데 음성 또는 영상 편지면 더욱 좋을 것이다. 죽음 준비 교육 자체가 죽음에 대한 공포를 없애주는 것은 아니지만 삶을 더 충실히 사는 데는 도움이 될 것이다.

사람들은 되도록 죽음에 대해 이야기를 나누려고 하지 않는다. 죽음을 준비해야 하는 노쇠한 노인의 경우도 죽음에 대한 대화를 기피하기는 마찬가지다. 그것보다는 어떻게 하든 기력을 회복하여 삶의 장으로 복귀할 수 있을 것이라는 믿음과 바람을 갖게 하려고 애쓴다. 그런 태도는 오히려 죽음에 다가가는 사람을 고립시킨다. 비현실적인 희망보다는 죽음이 다가오고 있다는 것을 이야기하여 떠날 채비, 즉 죽음을 준비할 수 있도록 도와야 한다. 죽어가는 사람에게 마지막 정리를 할 수 있는 시간을 주는 것은 매우 중요하다. 고통스러운 기억의 감옥 속에 자신을 가두는 것은 어리석은 일이다. 화해는 세상을 떠나는 사람이 홀가분하게 떠날 수 있도록 해주기도 하지만, 남아 있는 사람의 죄책감을 없애기 위해서도 반드시 필요하다. 죽음은 삶의 완성, 삶의 정점이 되도록 해야 한다. 죽음을 하느님과의 만남으로 이해하는 사람들에게 죽음은 더 이상 죽음이 아니다.

잠드는 과정은 죽음의 진행 과정에서 일어나는 일과 유사할 수도 있다. 잠들기 전에 조용히 누워 자신의 모습을 지켜본다. 잠드는 모습에 대한 주시는 놓치기 아까운 기회이다. 잠을 잘 때 우리의 의식은 물질적 단계에서 벗어나고 감각은 마음으로 대체된다. 꿈속에서는 시간, 공간, 인과와 같은 감각의 세계를 한정하는 요인들이 사라지고 온갖 종류의 모순된 일들이 일어난다. 죽음이 육신을 제압하기 시작하면 의식은 지금까지 생명을 유지해온 호흡과 더불어 물질적인 상태에서 벗어나는 것인가? 적당한 시간 동안 누워서 몸이 죽어가는 것을 상상해보자. 육신이 죽은 상태는 어떠할까? 육신은 죽는데 죽음을 바라보는 의식은 죽지 않고 있는가? 죽음은 실제로 존재하는 것인가? 감각세계에 압도되어 살다 보면 내면이 잘 보이지 않는다. 죽음은 어쩌면 우리가 깨달을 수 있는 인생의 유일한 기회일지 모른다. 노인들은 현재의 삶을 부정적으로 볼 것이 아니라 자신의 삶에 자족하면서 다가오는 죽음에 대해 조용히 사색하는 것이 바람직하다.

당장 내일 죽더라도 오늘은 의미 있는 하루로 살아야 하지 않는가? 이제 삶을 끝내고 저승으로 가야 한다면 순순히 받아들일 준비가 되어 있는가? 만일 내일 죽는다면 오늘은 무슨 일을 할 것인가? 죽음은 자신의 존재가 이 세상에서 사라져서 무로 되어버리는 사건이다. 나이 들어감은 죽음에 다가가는 과정으로 인식된다. 늙음은 죽음에 이르기까지 인간이 거쳐야 하는 자연스러운 삶의 과정 중에 나타나며 육체의 노쇠함과 감각기능의 쇠퇴를 의미한다. 그 누구도 이것을 피할 수는 없다. 우리는 삶의 순간순간을 있는 그대로 받아들이고 그것을 바라볼 수 있어야 한다.

나이가 들면 누구에게나 자연스럽게 육체적 노화가 오며, 질병이 자신의 일부가 되며, 죽음에 다가서게 된다. 또한 많은 것을 상실한다. 관계의 상실과 경제적인 상실은 노화에 따른 사회적 상실의 대표적 영역이다. 이러한 상실을 통해 노인은 겸손과 감사를 체화하고 변화한다. 이렇게 변화한 노인은 자유인이며, 찬사와 비난으로부터 자유롭고 마음이 유연하며, 조화로운 삶을 살아간다.

1) 사전연명의료 결정의 문제

요즈음 대부분의 사람들은 요양원이나 병원에서 죽음을 맞이한다. 그곳에서 예전에는 알려지지 않았던 의학적 조치가 임종환자를 위해 취해진다. 그러나 임종에 가까운 상황에서 실시하는 가능한 모든 의료 조치가 실제로 환자에게 도움이 되기보다는 오히려 부담스러운 죽음의 과정을 연장시키는 것이 아닌지 의문을 던지는 사람들이 적지 않다. 무엇이 더 나은가? 비록 의료 시설의 이용 가능성이 없기 때문에 마지막 생명의 끈을 단축시킬지라도 집에서 죽는 것이 옳은가, 아니면 집중진료실에서 기계에 둘러싸여 가능한 한 끝까지 생명을 연장시키는 것이 옳은가?

이러한 물음에 대해 모든 이들에게 타당한 답변을 할 수는 없다. 어떤 경우에는 마지막까지 인간답게 살기 위해 집중의료 조치가 필요할 수도 있을 뿐 아니라, 경우에 따라서는 그러한 조치를 포기하는 것이 바람직할 수도 있다.2) 생의 마지막까지 품위와 존엄성을 유지할 수 있도록 집중의학을 이용하거나 포기하려는 결정을 하는 데 있어 올바른 선택을 할 수 있도록 의료진은 도움을 주어야 할 것이다. 그러나 최종 결정은 임종이 가까운 환자의 구체적인 정황에서 그리고 윤리적, 법적 조건을 벗어나지 않는 범위에서 환자의 바람과 원의에 따라 내려져야 한다.

오늘날 임종 환자를 위한 의료에서 발생하는 다양한 의학적 윤리적 딜레마 상황을 해결하기 위한 의사결정과정의 확립은 매우 중요한 과제가 되었다. 이상적 의학적 의사결정과정의 유형으로 제시되는 것은 환자와 의사가 긴밀한 관계 속에 상호 협력을 통하여 결정하는 공동 의사결정과정이다. 우리나라의 경우 가족의 의견도 중요한 역할을 한다.

의사결정과정에서 주체가 되는 환자, 의사, 가족구성원은 일

---

2) *Christliche Patientenverfügung mit Vorsorgevollmacht und Betreuungsverfügung*, Handreichung und Formular der deutschen Bischofskonferenz und des Rates der Evangelischen Kirche in Deutschland in Verbindung mit den weiteren Mitglieds- und Gastkirchen der Arbeitsgemeinschaft Christlicher Kirchen in Deutschland. 2003 Bonn/Hannover. S.8.

반화할 수 없는 특수한 개체이다. 이들 주체들은 자신의 삶의 경험과 가치관에 따라 발생하는 문제를 보는 각도가 다르며, 해결하는 방식이 상이할 수도 있다. 따라서 의학적 의사결정에서 주체 상호간의 의사소통과 신뢰 관계의 형성이 중요하다.

임종 시기에 죽음의 진행과정을 지연시키고 고통만을 연장하는 과잉진료를 받게 될지도 모른다는 두려움에서 무능력 상태에 빠지는 경우에 대비해 건강한 시기에 사전연명의료의향서를 작성하거나 대리인을 지정하는 등 준비를 하려는 요구가 오늘날 커지고 있다.3) 이러한 준비는 의사 표명을 할 수 없는 상태에 빠질 경우 원하지 않는 진료를 받게 될지 모른다는 두려움이 주된 원인이다.

사전연명의료의향서는 노인이나 환자뿐만 아니라 건강한 사람도 작성해둘 수 있다. 회생 불능의 상태에 빠진 경우 최대한의 치료를 할 것인지, 아니면 기본적인 치료와 간호만 할 것인지, 심폐소생술을 시행할 것인지 여부, 극심한 고통에 시달리는 환자에게 생명을 단축시킬 위험을 감수하고 다량의 진통제를 투여할 것인지 여부, 또한 통상적인 범위를 벗어난 생명연장

---

3) 여기서 사전연명의료의향서라는 용어는 사전연명의료지시서와 동일한 의미로 사용된다. 환자가 사망한 후의 일에 관한 유언과 달리 사전연명의료지시는 한 인간이 죽기 전에 주의해야 하는 일에 관련된다. 사전연명의료지시란 통찰력 있고 판단력 있는 사람이 자신이 표현능력을 잃는 경우에 대비해 일정한 질병의 경우에 구체적으로 원하거나 원하지 않는 의학적 조치의 종류와 범위를 정하여 사전에 의향서를 작성하는 것이다. 구인회, 앞의 책, 120쪽 참조.

조치를 애초부터 시작하지 않거나 더 이상 지속하는 것을 중단하고 자연스럽게 죽음을 맞이할 것인지에 관해서도 결정할 수 있다. 병원이나 자신이 살던 집 중 어디에서 죽음을 맞이할 것인지도 사전연명의료의향서에 따라 결정될 수 있다. 개인적인 가치관, 삶과 죽음에 대한 입장과 종교관도 결정에 중요하다.

사전 의사 표명이 없는 경우 의사결정능력이 결핍된 환자에 대한 치료 결정은 가족과 의사에 의해 이루어진다. 이 경우 의사나 가족에게 상당한 정신적, 경제적 부담을 준다. 그러므로 의사나 가족이 환자의 이익보다는 자신들의 입장을 먼저 고려해서 의료 조치를 선택할 가능성이 있다. 일반인은 죽음과 죽어가는 과정, 극심한 고통, 혼수상태에 대해 잘 알지 못하며, 의료 조치에 따르는 기술적 위험과 불확실성에 대해서도 이해하지 못한다. 그러므로 결정하기 전 신중한 검토가 선행되어야 한다. 대리인에게 모든 결정을 위임하는 경우에는 환자의 가치관을 대리인이 올바르게 이해하지 못하거나, 이해하고 있음에도 불구하고 사실대로 전달하려는 의지가 없다면 환자의 바람과 다른 결정이 내려질 위험을 내포한다.

환자의 결정에 대해 의사는 그 요청이 자기의 의학적 판단과 다르다 하더라도 기본적으로 이를 수용해야 하지만, 의사의 직업적인 윤리와 상반되거나 직업적 관행의 기준을 벗어나는 경우에 갈등이 발생한다. 의사들은 의학적 전문지식에 대해서 환자보다 훨씬 많이 알고 있다. 그러나 이런 사실적 지식이 있다는 것이 가치평가를 올바로 할 수 있다는 것을 의미하지 않는다. 의학전문인으로서의 의사나 간호사도 유용성과 위험의 측정에 대해 한정된 지식만을 가지고 있기 때문에 개개의 경우 항상 예후의 개연성과 상대적인 유용성과 위험 평가에 관한 진술만이 가능하다. 그러므로 환자의 동반자와 충언자로서 관련된 사람들은 환자 당사자의 종교적, 문화적, 사회적 가치기준에 따라 시술에 한계를 그을 수 있어야 한다.

경우에 따라 사전연명의료지시는 결정을 바꿀 자유를 가로막을 수도 있다. 만일 우리가 병들어서 의사 표명이 불가능한 상태에 놓였을 때, 먼저 내린 결정을 재고하고 다른 조치를 원함에도 불구하고, 이전에 작성한 사전연명의료지시가 있기 때문에 그대로 시행될 수도 있기 때문이다. 병들었을 때 내리는 결정은 실제 질병의 상황을 모르고 내린 사전연명의료지시와 다를 때가 많다. 중병에 걸려 의식을 상실하기 전 건강할 때 내린 결정이 시간이 경과하고 상황이 달라져도 유효할지는 모를 일이다.

사전연명의료지시는 의사나 가족이 언제나 환자에게 이로운 조처를 할 것이라는 신뢰가 없기 때문에 작성하는 것이다. 인간의 존엄성을 존중하는 근본적인 표현은 선택의 자율성을 존중하는 것만이 아니다. 인간의 전체적이고 객관적인 선을 고려해야 한다. 진정으로 존중받을 수 있는 결정이 되기 위해서는 그 결정이 "살인하지 말라"는 계명에 모순되어서는 안 된다.

미래에 환자가 될 경우를 대비하여 지금 내리는 사전연명의료지시는 인간의 존엄성을 존중하는 것이어야 하고 올바른 의료 행위의 기준을 따르는 것이어야 하며, 안락사나 의료 집착에로 기울지 않는 것이어야 한다.

사전연명의료의향서가 구속력 있으려면, 발급 시 자신이 작성하는 내용이 무엇을 지시하고 있고 그것이 어떤 결과를 가져올 것인지 인지하고 있어야 한다. 그런데 실제 생활에서 과거의 판단과 생각이 수정되기도 하고 그 유효성이나 지속성에 대한 의문이 제기되기도 하므로 심경의 변화가 없는지 지속적으로 확인해야 한다. 또 의학적 치료 선택 가능성에 관한 새로운 정보가 있다면, 언제든 그 정보를 공유하여 이전의 선택을 재고할 수 있도록 해야 한다. 또한 일정한 기간마다 승인하거나 보완하는 정규적인 갱신이 바람직하다. 건강한 시기에 작성되는 사전연명의료의향서의 바람이 환자가 된 후의 상황이나 희망과 언제나 일치하는 것은 아니라는 것을 명심해야 한다.4)

잘못된 판단과 오해에 근거해 작성된 사전연명의료의향서나 작성한 후 치료 가능성이 상당히 개선되어 치료의 중단을 더 이상 원하지 않아도 될 경우 사전연명의료지시의 구속력은 종료된다.

말기 환자의 치료비용을 국가가 전적으로 부담하지 못하고 있는 우리나라의 의료 현실에서 사전연명의료지시 관련 법제화가 과연 바람직한 것이었는지에 대해서는 논란의 여지가 있다. 사전연명의료지시에서 기대하는 장점은 퇴색하고, 오히려 환자

---

4) 같은 책, 142쪽.

가 가족이나 사회에 짐을 지우지 않기 위해 스스로 치료를 포기하거나 포기하도록 내몰릴 가능성 등 남용의 우려가 있기 때문이다. 그러므로 사전연명의료지시보다는 돌봄에 초점을 둔 사전돌봄계획(Advance Care Planning)의 형태를 취해야 할 것으로 생각된다.

생명은 마지막까지 살 만한 가치가 있고 의미 있는 것으로서 경험되어야 한다. 환자가 죽음에 이르기까지 평화와 존엄성을 유지하는 삶을 영위할 수 있도록 가능한 모든 조처를 취해야 할 것이다. 그러기 위해서는 올바른 결정을 할 수 있도록 충분한 정보가 주어져야 하며, 사랑하는 사람들과 함께 지내며, 이별과 죽음을 준비하고 받아들일 수 있는 시간을 갖는 것이 필요하다. 생명은 고통과 죽음을 동반함에도 불구하고 우리가 그것을 받아들이고 주관하도록 우리에게 주어진 선물이다.

우리나라에서는 사전연명의료의향서 작성 시 심폐소생술, 인공호흡기 착용, 혈액 투석, 항암제 투여, 연명의료중단 등 결정에 관한 사항, 호스피스 이용 의향 여부에 대해 기입하도록 되어 있으며, 유의사항은 다음과 같이 규정하고 있다.

(1) 작성자 본인을 확인해야 한다.
사전연명의료의향서는 본인이 직접 작성하여야 하므로, 등록기관은 작성을 원하는 사람의 신분증(주민등록증, 운전면허증 등 대한민국 내에서 신분을 증명할 수 있는 법적 효력이 있는 증표)을 요구할 수 있다.

(2) 사전연명의료의향서 등록기관으로부터 다음 사항에 대해 충분한 설명을 듣고, 그 내용을 이해한 후 작성하여야 한다.

- 연명의료의 시행방법 및 연명의료중단 등 결정에 대한 사항
- 호스피스의 선택 및 이용에 관한 사항
- 사전연명의료의향서의 효력 및 효력 상실에 관한 사항
- 사전연명의료의향서의 작성, 등록, 보관 및 통보에 관한 사항
- 사전연명의료의향서의 변경, 철회 및 그에 따른 조치에 관한 사항
- 사전연명의료의향서 등록기관이 폐업·휴업하거나, 지정 취소되는 경우 기록의 이관에 관한 사항

(3) 반드시 본인이 직접 작성해야 한다.

작성자는 보건복지부가 지정한 사전연명의료의향서 등록기관에 직접 방문하여 작성해야 한다. 작성방법은 수기로 서면에 작성하거나, 태블릿을 이용하여 작성할 수 있다.

(4) 사전연명의료의향서를 이미 작성한 경우라도 본인은 언제든지 그 의사를 변경하거나 철회할 수 있다.

이때 반드시 처음 작성한 사전연명의료의향서 등록기관에 방문해야 하는 것은 아니며, 보건복지부 지정을 받은 사전연명의료의향서 등록기관이라면 어디든지 가능하다.

(5) 아래의 경우에는 사전연명의료의향서를 작성하였더라도

법적 효력이 없다.

1. 본인이 직접 작성하지 않은 경우
2. 본인의 자발적 의사에 따라 작성되지 않은 경우
3. 법에 따라 작성 전 알아야 할 사항에 대한 설명이 제공되지 않거나 작성자의 확인을 받지 않은 경우
4. 사전연명의료의향서를 작성 및 등록한 후에 연명의료계획서를 다시 작성한 경우

2) 유언

죽음을 잊지 않는 것은 우리에게 이 지상에서의 시간은 길지 않다는 사실을 일깨운다. 지금 자신이 하는 말이나 행동이 어쩌면 이 세상에서 하는 마지막 말과 행동, 가족이나 친지들에게 하는 마지막 말과 행동이 될지도 모른다.[5] 유서는 우리가 죽기 전에 남기는 글이라기보다는 자신이 살아온 삶의 고백이다. 우리 모두 언젠가 죽음을 맞이할 것이므로 죽음 준비는 지금 현재 이루어져야 한다. 유언장이나 유언 형식의 영상, 조촐한 작별 모임, 꼭 가보고 싶은 곳을 방문하거나 하고 싶은 일을 하기, 보고 싶은 사람 만나기, 수의, 묘지, 관, 화장 등 장례준비, 유산상속문제 처리 등을 생각해보고 준비해야 한다.

유언은 죽기 전에 가족들에게 남기는 말 또는 서류를 말하

---

5) 엘리자베스 퀴블러 로스, 데이비드 케슬러, 류시화 옮김, 『인생수업』, 이레, 2007, 11쪽.

며, 일반적 유언과 법률적 유언으로 구분할 수 있다. 전자는 "가족 간에 우애 있게 지내라, 바르게 살아라, 혹시 내가 잘못한 일이 있어도 용서하라" 등 개인적이고 훈시적인 말이다. 때로는 자신이 아끼는 물건을 주기도 하며, 죽기 전에 감사, 사과, 오해를 푸는 대화를 하거나 편지를 쓸 수도 있다.

　반면 법률적 유언은 법이 정한 절차에 따라 죽음 이후의 법률관계를 정하려는 생전의 의사 표시이다. 재산문제, 신분상 내용 등을 법이 정한 내용에 한해 유언으로 남길 수 있으며, 민법이 정한 방식에 따른 절차를 밟아야 법적 효력을 갖는다. 대리행위는 허용되지 않으며, 상대방이 필요 없는 단독 행위로 언제든 철회 가능하다. 유언의 결과는 법적 효력을 발생시키는 법률 행위이다. 죽음에 대해 이야기하는 것을 달가워하지 않고 금기시하는 사회에서는 유언장을 작성하는 일이 쉽지 않지만 유언장 없이 사망할 경우 본인이 원하지 않는 방향으로 재산이 분배될 수 있으며 법적 분쟁에 이르기도 한다. 법적 분쟁에 휘말리면 유가족에게 많은 비용과 시간이 소요되므로 유언장 작성은 남아 있는 가족을 위해 하는 것이다.

　유서나 유언장이 법적 효력을 갖기 위해서는 자필증서에 의한 유언, 녹음에 의한 유언, 공정증서에 의한 유언, 비밀증서에 의한 유언, 구수증서에 의한 유언 같은 법이 정한 방식으로 작성되어야 한다. 유언장의 내용으로는 작성자 본인이 원하는 자산 처리 방식, 본인 사망 시 미성년 자녀의 경우 자녀 및 자산을 관리할 후견인 지정 같은 것이 포함된다. 후견인을 지정하지 않은 경우 법원이 임의로 후견인을 정한다. 유언장에는 적시된 재산 분배 방식을 담당할 유언 집행자를 지정해야 한다.[6]

연로한 사람들은 생을 어떻게 살았든 이제까지 나름대로 수고를 하면서 산 것이다. 죽기 전 마지막으로 자신의 살아온 삶을 잘 정리하고 가야 한다. 자신이 벌여놓은 일들을 다 정리하고 유산상속문제도 잘 처리해 유족 사이에 분규가 생기지 않도록 해야 한다. 또 가족에게 하고 싶은 말들을 잘 정리해 남기는 것도 필요하다.

유언장은 꼭 임종에 임박해 쓰는 것이 아니고 언제라도 쓸 수 있다. 노년이 되어 정신이 맑지 못할 때 쓰는 것보다는 정신이 성할 때 미리 써두는 것이 좋다. 그리고 마음이 바뀔 때에는 언제든지 내용을 바꿀 수 있으니 정기적(1-2년마다)으로 갱신하거나 다시 쓰는 것도 좋은 방법이다. 유언장을 쓸 때 가장 중요한 것은 자필로 쓰는 것이다. 그래야 법적 효력을 갖기 때문이다. 만일 컴퓨터로 출력을 했다면 반드시 공증을 받아야 한다. 그리고 마지막에 도장 찍는 것을 잊어서는 안 된다. 도장을 찍지 않으면 나중에 무효 판정을 받을 수도 있기 때문이다. 이때 쓰는 도장은 반드시 인감도장일 필요는 없고 지장을 찍어도 상관없다. 내용은 사람마다 다를 수 있는데, 대체로 다음과 같은 내용이 들어가면 좋을 것이다. 우선 장례 방법 즉 매장이나 화장 또는 수목장 중 어떤 것을 원하는지 밝혀두고 아울러 어

---

6) 서혜경, 『노인죽음학개론』, 경춘사, 2009, 268-270쪽 참조.

디에 묻히면 좋겠다는 것도 밝혀두자. 이것은 자식들 사이에 이견이 생길 수 있어 미연에 방지하자는 것이다. 그 다음에는 자신의 재산을 정확하게 알리는 것이다. 여기에는 집이나 부동산, 저축이나 주식 같은 금융 정보 등이 포함된다. 이것들을 명확하게 밝히고 어떻게 분배할 것인지를 밝혀야 한다. 배우자와 자식들 사이에 어떻게 골고루 분배할지 밝히는 것이다.

법적으로 하면 유산은 배우자가 반, 그리고 그 나머지는 자식들이 균분하게 돼 있는데 유언장을 쓸 때에는 그런 것에 상관할 필요 없다. 자기 재산이니 자기가 마음대로 상속할 수 있기 때문이다. 자식들이 아니라 사회단체에 기부하고 싶으면 그것도 명확히 밝혀야 할 것이다.

금융정보 가운데 가장 흔한 것은 은행 통장이다. 자신의 돈이 어떤 은행에 어떻게 저축돼 있는지를 밝혀야 한다. 이때 중요한 것은 은행의 비밀번호를 밝혀놓는 것이다. 이 번호가 없으면 자식들이 그 돈을 찾는 데 큰 어려움을 겪을 수 있기 때문이다. 또 주식이나 펀드 등 다양한 금융상품을 갖고 있으면 그것도 밝힌다. 그 외에도 여권이나 주민등록증, 운전면허증 등과 같은 주요 서류들이 있는 곳도 알려주어야 한다.

그 다음에는 자식들에게 남기고 싶은 말을 쓰는 일이다. 생전에는 아무리 부모 자식 사이라도 면전에서 직접 할 수 없는 말들이 있다. 또 그 자식에게 부디 남기고 싶은 말이 있을 수 있다. 그런 말을 남겨둔다면 자식들은 부모님의 이 가르침을 평생 가슴에 담고 살아갈 수 있을 것이다.

도미니코 기르란다이오, 「최후의 만찬」, 1480년

죽음을 잊지 않는 것은 우리에게 이 지상에서의 시간은 길지 않다는 사실을 일깨운다. 지금 자신이 하는 말이나 행동이 어쩌면 이 세상에서 하는 마지막 말과 행동, 가족이나 친지들에게 하는 마지막 말과 행동이 될지도 모른다.

3) 임종 준비

현대에는 집이 아니라 병원에서 임종을 맞는 경우가 많다. 죽음은 가족 구성원 모두에게 고통스럽고 두렵고 슬픈 일이다. 임종하는 사람뿐 아니라 가족의 불안을 감소시키는 데 도움이 되도록 임종 준비를 해야 한다. 임종 준비는 장례계획을 세우고, 죽음이 임박했을 때 증상들과 임종의 처리 절차에 대해 미리 알아두는 것이 포함된다.

임종이 다가왔을 때는 식사량이 적어지며, 적은 양을 천천히 섭취한다. 가끔 물만 약간씩 마시는 것 외에는 먹거나 마시지 않는다. 또한 사람들과 어울리는 것을 피하며, 종종 말이 느려지고 어렵게 되며 말하는 능력을 잃게 될 수도 있다. 수면 시간이 늘어나며, 말과 반응이 없어지고, 일어나는 것 자체가 어렵게 되기도 한다. 대부분 잠을 자거나 착란 증세를 보인다. 숨이 고르지 않고 한참 숨을 쉬지 않다가 다시 빨라지곤 하는데, 개인별로 며칠간 지속될 수도 있다. 경우에 따라 급격한 움직임이나 경련을 보이기도 하고 시끄러운 숨소리를 내기도 한다.[7] 이때 환자의 손을 잡고 자연스럽게 이야기하며 함께 있어주는 것이 중요하다. 감각 중 청각이 가장 늦게 소실되므로 환자가 의식이 없거나 잠들어 보일 때에도 조심스럽게 말해야 한다. 시각이나 청각 같은 감각들이 약해질 때도 촉각을 통한 기본

---

7) 최영희 외, 앞의 책, 286쪽 참조.

소통은 가능하다. 그렇기 때문에 숨을 거두는 사람들에게 손을 잡아주고 이마의 땀을 닦아주는 손길은 소중하다.

집에서 임종을 맞을 시에는 병세가 위중하면 편하고 바르게 눕힌 후 깨끗한 새 옷으로 갈아입힌다. 환자의 마음을 편안하게 하여 임종을 맞을 준비를 한다. 임종자가 죽음을 맞이할 준비가 되어 있고, 가족들 역시 임종자를 떠나보낼 수 있을 때가 되면 각자의 방식대로 작별인사를 해야 한다. 눈물은 작별인사를 할 때 생기는 자연스러운 현상이므로 감출 필요는 없으며, 사랑의 표현이다.

임종이 다가오면 가족이나 평소에 보고 싶어 하던 사람들에게 연락하여 모이도록 한다. 사람들이 모인 가운데 환자가 말을 할 수 있을 경우에는 유언을 하도록 하고, 중요한 사안에 대해서는 대리인이 받아 적거나 녹음을 하도록 한다.

이런 상황들은 응급 상황이 아니므로 병원이나 119에 연락하기보다는 임종 후에 도와줄 수 있는 사람에게 미리 연락하는 것이 더 중요하다. 가족들은 장례 방법, 장례 주관자 등 미리 협의하여 결정해야 할 사항들이 있다.

평소 믿고 있거나 관심 있던 종교의 성직자를 불러 임종 의례를 행하는 것도 필요하다. 가톨릭은 종부성사,8) 개신교에서

---

8) 가톨릭교회의 일곱 성사 가운데 하나로 죽음이 임박한 환자가 고통을 덜고 구원을 얻도록 하느님의 자비에 맡기는 성사이다. 사제가 전례서에 규정된 기도문을 외우면서 병자 성유를 바르는 예절로 진행한다.

는 임종 예배, 불교에서는 임종 염불 등이 있다. 이러한 임종 의례는 죽음이 임박한 사람에게 육체적 고통과 정신적 두려움, 외로움을 이겨내고 편안하게 임종을 맞이할 수 있도록 하며, 가족들에게도 주검에 대한 두려움과 처리에 대한 불안감을 덜어줄 수 있다. 성직자를 부르기 여의치 않은 경우에는 일반 신도 혹은 가족이 의례를 행할 수 있다. 운명을 하면 눈을 감겨드리고 장례식 준비를 시작한다.

4) 장례문화

장례문화는 하나의 문화적 현상이며, 관습, 신앙, 사회경제적인 조건과 상황에 밀접한 관계를 갖는다. 장례는 죽음을 처리하는 과정에서 행해지는 일련의 의례, 즉 시신을 처리하는 모든 의례 절차를 말하며 지역문화에 따라 다양하게 나타나고 있다. 장례는 기본적으로 임종, 죽은 자의 시신 처리, 시신을 장지로 옮기는 일, 매장 또는 화장하는 절차 등 임종 예식, 입관 예식, 장례 예식, 하관 예식의 단계로 진행된다. 이는 장례를 통해 죽은 자를 애도하고 죽은 이를 보내는 의례이며, 유족들로 하여금 다시 일상적인 생활로 돌아오도록 도와주고 죽음이라는 인간의 한계를 생각해보고 현재의 삶을 더 의미 있게 만들 수 있게 해주는 데 그 의의가 있다.[9]

---

9) 한국호스피스완화간호사회, 『호스피스 완화간호』, 현문사, 2015, 412쪽 참조.

장례의 기능은 다음과 같이 요약할 수 있다. 사망자의 시신을 처리해주는 기능, 고인의 혼을 위로함으로써 살아 있는 자들이 두려움을 극복하는 기능, 가족의 죽음으로 인한 슬픔이나 고통을 완화시켜주는 사회공동체 유대 강화 기능 및 정신적, 물질적 도움의 기능, 죽음을 사회적, 법적으로 확인하는 죽음에 대한 사회적 확인의 기능, 고인에 대한 추모 및 삶의 의미를 확인시켜주어 후손들을 교육하는 기능 등이다. 장례는 일생의 의례 중 마지막 의례이지만, 죽은 당사자가 의례를 주체적으로 수행할 수 없는 것으로 살아 있는 사람들에 의해 치러지는 의례이다. 이를 통해 산 자와 죽은 자가 분리, 전이, 통합의 과정을 겪게 되는데, 이는 상주가 일상적인 삶을 떠나 일정 기간 동안 각종 의례를 수행하고 난 뒤에 탈상 의례를 통해서 본래의 삶으로 되돌아온다는 것을 의미한다. 의례의 주체는 여러 명일 수 있다.10)

　예전에는 대부분의 사람들이 임종을 집에서 맞이했고 장례식도 집을 중심으로 이루어졌지만, 요즘에는 집에서 사망한 사람도 병원 영안실로 옮겨 그곳에서 문상객을 받고 있다. 대형병원에서는 장례식장이 큰 수입원이 되고 있기 때문에 영안실을 증축하는 데 힘을 쏟는 것이 현실이다. 시신은 그곳에서 냉동실에 안치되어 있다가 영구차에 실려 화장장이나 장지로 실려 간다.

---

10) 같은 책, 412-413쪽 참조.

우리 사회가 죽음을 백안시한다면 결국 삶을 백안시함과 다름없다. 사람에게는 태어나는 일만큼 죽는 일 또한 매우 중요한 사건이며, 가장 중요한 관심사이고 과제이다. 장례문화는 어느 나라에서나 중요한 문화로서 자리매김하고 있다. 예로부터 죽은 자에 대한 예의와 존엄의 표현으로 장례 절차가 다소 복잡하고 장엄하게 치러졌다. 그러나 장례 절차는 단지 죽은 자만을 위한 것이 아니라 산 자들에 대한 위로이기도 하다.

주검의 처리 방식은 매장, 화장, 풍장, 수장, 수목장 등 시대와 문화적, 사회적, 종교적 요인에 따라 달리 발전되어왔다. 우리나라에서는 유교와 풍수지리사상의 영향을 받아 매장 위주의 장묘문화로 고착되었으나, 요즘에는 화장 위주로 변화하고 있다. 조상의 묘지가 마을의 뒷산이나 선산에 자리하고 있어 후손과 같은 생활공간에서 교감하던 때와는 달리, 핵가족화되어 도시로 이주해 생활하기 때문에 산 자와 죽은 자의 거리가 멀어졌다. 공동묘지와 화장장은 외곽으로 밀려나고 장묘 시설들은 혐오 시설이 되고 있다.

장례는 사회의 구성원이 가지고 있는 도덕규범과 종교의 형태에 따라 예절로써 고인을 위해 행하는 의식 절차이지만, 이러한 의례 절차를 통하여 죽음과 삶의 의미를 깨닫고 가족과 구성원이 서로의 소속감과 일체감을 확인하고 위로 속에서 일상생활 속으로 돌아가기 위한 의식 행위이기도 하다.

종교에 따라 장례 의식이 다르다. 종교는 죽음을 또 다른 세계로 나아가는 과정으로 보고 있으며, 죽음을 맞이한 당사자가

폴 세잔, 「장례식 준비」, 1869년
장례는 사회의 구성원이 가지고 있는 도덕규범과 종교의 형태에 따라서 예절로써 고인을 위해 행하는 의식 절차이지만, 이러한 의례 절차를 통하여 죽음과 삶의 의미를 깨닫고 가족과 구성원이 서로의 소속감과 일체감을 확인하고 위로 속에서 일상생활 속으로 돌아가기 위한 의식 행위이기도 하다.

삶을 어떻게 살았는가에 따라 사후세계 진입 여부가 결정된다고 가르치고 있다. 그리스도교에서는 죽음을 하느님 나라로 들어가는 길로 여기며, 불교에서는 극락으로 가는 것을 의미하며, 유교에서는 후손의 제사를 통해 조상신으로 섬겨지면서 주기적으로 산 자와 만남이 계속된다고 본다. 무속에서는 죽음을 저승으로 가는 과정으로 설명하고 있다.11) 불교에서는 화장을 하였고 그리스도교와 유교에서는 매장 중심의 장법을 선택하였다. 그러나 요즘은 개인의 선택에 따라 죽은 자를 매장할 것인지 화장할 것인지를 결정하고 있다. 시신 처리에만 관심을 두기보다는 장례의 본질적 의미를 생각하고, 죽음이라는 비극적 상황에 놓인 유족들을 위로하며 죽음을 통해 삶을 성찰하게 하는 의례적 기능을 회복하는 데 힘을 기울여야 할 것이다.

유교에서는 인간이 경험할 수 없는 사후세계보다는 현세에 치중하고 더 많은 의미를 부여했다. 유교에서의 상례 목적은 애도와 함께 죽은 이를 장송하고 유족들이 다시 일상적인 생활을 할 수 있도록 도와주며, 죽음에 대한 인식을 통해 삶의 의미를 되새겨보는 것이다. 유교의 상례는 인간이 죽음을 맞이하는 순간 혼과 백이 분리된다고 보아 분리된 혼과 백을 각각 편안하게 모시다가 백은 땅에 묻고 혼은 제사를 지내 조상과 함께 봉안하는 의식을 거행하면서 탈상까지 이르는 절차를 말한다. 유교의 상례는 고인과 이별하는 절차이므로 아쉬움과 슬픈 마

---

11) 송현동, 「현대종교와 장례문화」, 『사목』 11, 2006, 12-17쪽, 13쪽 참조.

음을 충분히 표현하고자 하는 것이 도리이며, 시신의 매장을 통해서 자연과 하나가 되는 과정을 거치고 다시 혼을 불러들여 살아 있는 자와 함께 공존하는 각종 제사를 지낸다. 상중제례는 모두 돌아가신 분의 영혼을 생자와 같은 공간에서 모시는 절차이다. 죽은 뒤 안식처로서 사후세계를 설정하지 않고 살아 있는 자와 함께 공존한다는 의식을 가지고 우리가 있는 현실 공간에 모시는 것이다.12) 전반적으로 상례에서 효경의 실천이 중요한 의례 실천의 목표가 되며, 사후세계도 천상이나 지하가 아닌 바로 인간의 삶의 공간에 설정된다고 하는 점이 독특하다.13)

불교에서 장례의 목적은 망자가 모든 집착과 번뇌를 끊고 무심으로 돌아감으로써 윤회의 사슬에서 해탈하여 열반적정, 극락왕생에 이르도록 도와줌에 있다. 불교에서는 임종에서부터 입관까지의 절차, 영결의, 반혼제와 천도의로 구성된다. 보통 운명 후 24시간 경과 후 입관을 한다. 입관 후에 상복으로 갈아입고 제례를 행한다.

영결식은 다음과 같이 진행된다. 호상을 맡아서 하는 개식, 불법승의 삼보에 돌아가 의지한다는 의식인 삼귀의례, 고인의 약력보고, 고인을 위해 부처님의 가르침을 설법하는 주례승의

---

12) 최영갑, 「유교의 상장례에 담긴 죽음의 의미」, 『양명학』 19, 2007, 389-412쪽 참조.

13) 유권종, 「유교의 상례와 죽음의 의미」, 『철학탐구』 16, 2004, 5-32쪽, 20쪽 참조.

착어, 극락세계에 가서 편히 잠들라고 주례승이 요령을 흔들며 고인의 혼을 부르는 창혼, 고인의 영전에 꽃을 바치는 헌화, 주례승과 모든 참례자가 고인의 혼을 안정시키고 생전의 모든 관계를 청산하고 부처님의 세계에 고이 잠들라는 경문을 읽는 독경, 추도사, 참례자들이 향을 태우며 고인의 명복을 비는 소향, 주례승의 사홍서원(불교도들이 지녀야 할 네 가지 큰 서원), 영결식의 모든 절차가 끝났음을 알리는 폐식 등이다. 영결식 거행 후 장지로 가서 화장을 한다. 화장할 때 시신을 분구에 넣고 끝날 때까지 염불을 그치지 않으며, 다 타면 흰 창호지에 유골을 받아서 상제에게 주어 쇄골한 다음, 법주가 있는 절에 봉안하고 제사를 지낸다. 봉안한 절에서 사후 7일, 49일, 100일에 제사를 지내고, 3년 제사를 모신다.[14]

가톨릭에서는 생전에 영세를 받은 사람은 성교예규에 의해 장례를 치른다. 의식이 있을 때 신부에게 청하여 마지막 숨을 거둘 때 행하는 종부성사를 받는데 병자성사라고도 한다. 의식을 행하기 전에 환자의 옷을 갈아입히고 성유를 바를 곳을 씻어준다. 또한 탁자 위에 하얀 천을 깔고 그 위에 십자고상과 촛대, 성수 그릇, 성수 채, 작은 그릇 등을 준비한다. 사제가 도착하면 촛불을 밝히고 환자와 사제만 남겨 고해성사를 받을 수 있도록 한다. 고해성사가 끝나면 노자성체, 종부성사, 임종 전 대사의 순서로 진행한다. 사제가 없이 운명했을 때는 주위에

---

14) 한국호스피스완화간호사회, 앞의 책, 415-416쪽 참조.

있는 사람들이 환자를 위로하고 격려하는 말을 해주고 성서의 거룩한 구절을 골라 읽어준다. 환자가 숨을 거둘 때에는 신성한 용도로 쓰는 성촉에 불을 켜고 기도문을 임종한 후에도 얼마 동안 계속 읽는다. 떠나는 사람의 마음이 편하게 될 수 있으면 통곡을 삼간다.

임종 후에는 깨끗한 옷으로 갈아입히고 얼굴을 쓰다듬어주고 입을 다물게 하고 손과 발이 굳기 전에 가지런히 해준다. 이때 두 손은 합장시켜 십자고상을 잡고 있게 한다. 시신의 머리맡 상 위에는 십자고상을 모시고 양쪽에 촛불을 켠 다음 성수 그릇과 성수를 놓는데 입관할 때까지 이런 상태를 계속 유지하며, 가족들은 그 옆에 꿇어 앉아 위령기도를 올린다. 연옥에 있는 사람을 위해 천주께 드리는 위령미사를 청한다. 신도가 숨을 거두면 사제와 상의하여 장례 날짜와 미사 시간을 정한다. 입관 후에 관을 성당으로 옮겨 위령미사와 고별식을 행하며 성교예규에 따라 거행하고 장지에 도착하면 묘지축성 기도를 올리고 영구와 천광에 성수를 뿌린 다음 하관 기도를 하고 하관한다.

장례 후 3일, 7일, 30일에는 연미사를 드리고, 천주교에서는 상례 중에 신앙의 본질에 어긋나지 않는 범위 내에서 간소한 음식을 대접하거나 수시로 묘소에 찾아가 떼를 입히거나 성묘하는 것을 막지 않고 있다.

이처럼 장례는 죽음에 대한 인식과 태도를 전달하는 중요한 문화적 매개라 할 수 있다. 장례 의식은 종교의 특성을 잘 드러내는 의례이다. 죽음을 앞두고 있는 사람들에게 죽음을 받아들이고 준비할 수 있도록 도와주고 이들의 장례를 담당하는 일은 종교가 큰 역할을 하고 있음을 보여준다.[15]

지오토 디 본도네, 「비탄의 애도」, 1305-1313년
임종 의례는 죽음이 임박한 사람에게 육체적 고통과 정신적 두려움, 외로움을 이겨내고 편안하게 임종을 맞이할 수 있도록 하며, 가족들에게도 주검에 대한 두려움과 처리에 대한 불안감을 덜어줄 수 있다.

---

15) 같은 책, 418쪽 참조.

5) 사별 슬픔 극복

사별은 슬픔과 애도를 내포하고 있다. 인간은 살아가면서 크고 작은 상실을 경험하지만 그중에서도 가장 큰 상실은 가까운 사람의 죽음으로 인한 상실이다. 인간이 죽는다는 것은 너무 자명한 사실임에도 불구하고 가까운 사람의 죽음을 경험할 때 긴장과 불안, 인생의 비애와 허무를 접하게 되며 상실의 아픔을 체험하게 된다.

남은 자들은 사별로 인해 자신만의 슬픔을 겪게 된다. 사별로 인한 슬픔은 신체적, 심리적, 사회적, 영적 측면에서 다양하게 영향을 미친다. 죽음으로 인한 상실이 비록 힘들고 고통스러운 경험이지만 성장과 적응, 치유와 회복의 기회가 될 수도 있다. 사별 가족들이 슬픔을 극복하고 고인이 떠난 삶에 재적응하기 위해서는 각별한 배려와 도움이 필요하다.

사별은 유언장에 따른 처리라는 의무와 고인의 물건 정리와 처분, 장례식 같은 의식과 관련되며, 즉각적이고 실제적인 문제가 해결되어야 한다. 그러나 사별로 인한 슬픔 극복은 충분한 시간이 필요하다. 사별로 인한 슬픔은 분노, 좌절감, 외로움, 허무감, 죄책감, 후회, 평화 등 다양한 형태로 나타난다.

상실에 대한 외적 표현인 애도는 문화적 규범, 관습, 의식 및 전통을 포함하는 실제에 따라 다양하다. 어떤 문화는 상실을 매우 정서적인 언어로 표현하며, 어떤 문화는 거의 표현하지 않기도 한다. 어떤 문화는 통곡하거나 울부짖기도 하며 어떤 경우는 냉정하거나 사무적인 것처럼 보이기도 한다. 애도는 상실의 경험을 살아남은 자들의 지속되는 삶에 포함시키는 과정이며, 상실을 사실로 인식하는 것이다.

사별 가족은 고통을 경험하기는 해도 현실에 적응해야 하기 때문에 우울을 드러내 보이지 않을 수도 있다. 우울 증상을 보이는 사람들은 사별의 후유증이 만성적으로 되거나 다른 건강 문제가 발생할 위험이 높다. 사별로 인한 우울이나 불안, 사회적 지지의 부족, 약물이나 알코올 중독의 문제도 간과해서는 안 된다. 교통사고나 전쟁, 자연재해의 결과로 나타나는 갑작스러운 사별과 달리 노년의 죽음은 준비된 자연적 삶의 과정으로 여겨진다.

배우자와 사별한 노인은 정서적, 신체적 문제 이외에도, 누구와 생활할 것이며 누가 생활을 관리하고 돌보아줄 것인가 같은 실질적인 문제에 봉착한다. 특히 남성 노인은 집안 관리, 식사 등 기본적인 생활문제가 심각해진다. 사별 후 가족관계의 갈등이나 문제가 생기지 않도록 서로 적절한 감정 표현을 해야 한다. 사별로 인해 극심한 소외감과 외로움, 폭력적 행동, 자살 생각, 우울증, 상실을 대체하는 급작스런 관계 형성, 고인을 기억하는 사람들 회피, 고인을 찾거나 외쳐 부름, 고인을 모방함, 일중독, 무기력증, 정신적 황폐화, 건강과 개인위생에 대한 관심 상실, 의사소통 및 운동장애, 자기 파괴적 행동, 다른 사람과의 관계를 끊고 고인에 몰두하기, 식습관이나 수면습관의 지속적 장애, 알코올이나 약물 의존, 사회적 위축 증상이 나타나기도 한다.

예상되었던 사별은 적응기간이 주어져서 사별 후 초기 적응에 도움이 된다고 한다. 사별 후 애도과정은 지극히 사적인 경험이며, 사별의 슬픔을 극복하는 데 상당한 기간이 소요된다. 슬퍼한다는 것은 상실로 인해 도전받고 있는 개인적 의미의 세계를 재구성하는 작업이다.

사별로 인한 슬픔은 정상적인 것이며, 남은 사람들은 제각기 다양한 형태로 이 과정을 치러낸다. 남은 이들은 상실의 슬픔을 이겨내고 인생 전반을 되돌아보고 삶의 의미를 찾아야 하며 치유를 향해 나아가야 한다. 사별한 노인이 애도과정을 성공적으로 견뎌내기 위해서는 바쁘게 지내며 초대에 응하고 자주 사람들을 초대해서 슬픔을 잊어야 한다. 혼자서 할 수 있는 소일거리를 찾는 것도 좋다.

누구에게든 마지막 순간은 올 것이다. 그 마지막 순간이 어떤 모습일지 확실하지 않으며, 그 마지막 순간이 어디에서 어떻게 일어날지 알 수 없다. 그러나 상상은 가능하다. 죽음에 대한 공포를 떨쳐버리기 위해, 죽음에 직면해서 자신에게 중요한 것이 무엇인지 깨닫기 위해 죽음을 생각해보는 것이다. 죽음이 개별자에게 종말, 세계의 끝을 의미할 수 있다. 그 마지막 날은 평범한 일상의 어느 하루처럼 밝아올 것이다.

아무리 고달프고 힘겨울지라도 삶에서 의미 없는 순간은 없다. 시간은 인생의 한 순간 한 순간 우리를 인도하고 그 안에서 일어나는 일을 겪어내게 한다. 우리는 삶을 직접 경험하며 배울 수 있다. 삶은 그 어떤 우여곡절을 겪든 다양한 흔적을 남긴다.

삶에는 우리가 통제할 수 없는 어떤 힘이 작용한다. 삶은 우리에게 일어나는 사건인 동시에 우리에 의해 만들어지는 사건이다. 우리 스스로 삶으로 가져온 것과 삶으로부터 받은 것에 의해 삶은 좌우된다. 삶에서 의미 없는 순간은 없다. 삶의 사건들은 대부분 우리가 통제할 수 없는 것이다. 그저 할 수 있는 일을 할 뿐이다. 삶의 한 획을 긋고 완성하는 시기와 새로운 탈바꿈과 시작의 시간이 있다. 다음 장으로 넘어서기 위해 현실을 보며 한탄할 때도 있다. 또한 누군가를 떠나보내고 고통과 상실의 슬픔에 젖는 때도 있다. 이미 사라지고 떠나간 것들과 작별하는 법을 배워야 한다.

우리가 붙들고 있던 것을 놓아주어야 할 때가 있다. 상실의 시간은 인생의 본질과 자신에 관해 많은 것을 깨닫는 시간이기도 하다. 옛 방식에서 벗어나 새롭게 변화해야 할 때가 있다. 다시 시작하며 지난날보다 다가올 날을 바라봐야 할 때가 있다. 남은 날을 건강하게 보내려면 자신의 상처를 치유해야 한다.

죽는다는 것은 오직 자신만의 몫이지만, 곁에서 그 죽음을 지켜보는 이는 한층 더 괴롭다. 죽음이 어떤 것인지 알지 못해도, 그것이 이 세상에서 알게 되었고 인연을 맺었던 사랑하는 사람과의 이별을 의미하는 이상 죽음을 받아들이는 것은 무척 어렵고 슬프다. 더구나 자신도 노인이 된 이때 사별을 하고 홀로 남는다는 것은 가혹한 일이다.

죽은 자는 말이 없지만, 그는 남아 있는 우리 곁에, 우리의 가슴속에 남아 있다. 남아 있는 사람의 삶은 사랑하는 사람을 잃은 후 일시적으로 정지된 듯 보여도 현실은 멈추어 선 채로 있도록 용납하지 않는다. 살아 있는 사람은 일상으로 돌아가지 않으면 안 된다.

구스타프 클림트, 「죽음과 삶」, 1919년
유한한 삶 저편에 열려 있는 무한을 향해 반드시 거쳐 가야 하는 통로가 바로 죽음이다.

3부

노년의 삶과 영성

1. 노년을 바라보는 동서양 사상

1) 서양 철학자들이 바라보는 노년

노년을 바라보는 시선은 사회적 배경과 시대적 상황에 따라 다를 것이다. 플라톤은 노인에 대한 현실적 묘사에서 출발하지 않았다. 그는 존재 가능하거나 마땅히 존재해야 할 이상적 모습의 노인들을 생각한다. 플라톤의 『국가』에서 그러한 노인의 모델로 등장하는 케팔로스는 부유한 상인으로 이상적인 조건 하에서 살고 있다. 그는 건장하고 교양이 있으며, 높은 수준의 삶을 영위한다. 케팔로스는 소크라테스에게 이제 자신의 집에서 아테네까지 8킬로미터 정도를 걷기도 힘들다고 말한다. 그러나 이런 현실이 그를 두렵게 만들지는 않는다. 그는 육체적 삶에서 오는 기쁨이 감소하는 대신, 정신적인 삶에 대한 필요나 기쁨은 늘어난다고 생각하기 때문이다.1) 그가 소크라테스와 나누는 대화는 노년의 이로운 점에 대한 이야기이다.

소크라테스는 자신이 연로한 분들과 이야기 나누는 것을 매우 좋아하는 이유는 그들이 우리가 나중에 걸어가야 할 길을 앞서 경험한 분들이기 때문이라고 한다. 그 길이 평탄한지 험한지 알아보기 위해 노령의 문턱에 도달한 케팔로스에게 지금 그가 과연 인생에서 괴로운 시기에 있다고 생각하는지 묻는다. 케팔로스는 다음과 같이 대답한다. "늙은이들은 술을 마시고 쾌락에 빠져 있던 젊은 시절을 회상하며, 그것을 잃은 데 대해 슬퍼하고 저마다 노년에 대해 한탄한다. 마치 가장 소중한 물건이라도 잃은 것처럼 옛날에는 행복했는데 지금은 살맛이 없다고 비탄에 잠긴다. 어떤 사람은 집에서 자기를 홀대한다고 불평하면서 나이 먹는 것을 불평불만의 원인으로 돌린다. 그러나 나이가 들면 육체적, 성적 욕망이나 욕구에서 벗어나 자유롭고 평화로운 시간을 많이 갖게 된다. 모든 욕망이 사라지고 마음이 평화롭게 되면 마치 사나운 폭군의 손바닥에서 간신히 벗어난 것처럼 얼마나 자유롭고 기쁜지 아는가. 마음이 단정하고 스스로 만족을 느낄 줄 아는 사람이라면 늙는 것이 큰 괴로

---

1) Platon, *Der Staat, Sämtliche Dialoge*, Bd. V, hg. von Apelt O., Hamburg, 1988, I. S.329.

움이 되지 않는다."

그런데 그가 늙어서도 별로 괴로워하지 않고 쉽게 참고 살아갈 수 있는 것은 그의 성격 때문이 아니고 가진 재산이 많은 덕택이고, 그가 유명하게 된 것은 그가 훌륭해서가 아니라 그의 나라가 부강한 덕택이 아니냐고 반론을 제기하자, 케팔로스는 훌륭한 사람도 가난해서는 편할 리 없으며 반대로 훌륭한 사람이 아니고서는 돈이 있어도 마음 편히 살아갈 수 없을 것이라고 응수한다.2) 이처럼 노년의 행복을 덕에 연결시킨다. 덕 있는 삶을 산 부유한 사람은 행복한 노년의 나날들을 보내며, 그의 노년은 인생의 완성이 된다. 영혼을 혼란케 하는 열정들로부터 자유로워진 그는 이제 어떤 장애도 없이 정신의 기쁨에 빠져든다. 그러나 일반적인 경우에는 노인들끼리 모이면 청년기와 그것의 기쁨을 상실한 것에 대해 한탄하며 시간을 보낸다. 그들은 모욕의 희생자가 된 것을 불평한다.

소크라테스는 인생에서 고통이 없는 시기는 없으며, 죽음은 축복받은 해방이기 때문에 두려워해야 할 것이 아니라 환영해야 할 것이라고 했다. 노년은 자신도 모르게 몰래 찾아든다. 더구나 유해하고 치명적인 것들이 모두 노년에 합류한다. 자연은 인색한 고리대금업자처럼 끼어들어 시력, 청력 등을 낚아채 간다. 그리고 계속 저항하면 불구로 만들기도 한다. 소크라테스는 노년을 제2의 어린 시절이라고 말하며 정신적 고통에 더해 노

---

2) 같은 책, I, SS.328-330.

년에 수반되는 신체적 장애를 강조했다. 그리하여 『변명』에서 선함으로 이끄는 자신의 정신, 즉 다이몬도 죽음에 대해 아무런 방어책을 제공하지 못했다고 선언한다. 노년의 온갖 부정적인 속성, 즉 청력과 시력의 상실, 학습 불능과 기억력 쇠퇴는 노년기를 인생에서 가장 힘든 시기로 만들고 이로 인해 전반적인 불만이 생기기 때문에 소크라테스는 오래 사는 것을 이롭다고 생각하지 않았다.

플라톤은 『법률』에서 노인 정치의 모든 특징을 보이는 정부형태를 예견한다. 즉, 명령하는 사람들은 노인이고 명령을 따르는 사람들은 젊은이들이다. 아이들은 부모에게 절대적으로 복종하고 공경을 표해야 하며 노인들은 젊은이들에게 모범이 되어야 한다. 60세 이상의 노인들이 연회를 주재하며, 어떤 사람이 부모를 버리면 그는 법률을 수호하는 세 명의 최고령 노인과 결혼을 관장하는 세 명의 최고령 노파에게 고발되고, 그들이 처벌을 가한다. 또 부모에게 함부로 하는 자는 101명의 최고령 시민들로 구성된 재판소에서 처벌을 받는다.[3]

크세노폰의 말에 의하면 소크라테스가 죽음을 받아들인 이유 중 하나는 죽음이 그를 노년의 신체적 장애와 비참함으로부터 해방시켜주기 때문이었다고 한다. 플라톤의 『크리톤』에서 소크라테스는 이렇게 말한다. "내 나이에 이른 사람이 죽음이 다가온다고 해서 신경을 곤두세우는 것은 옳지 않다."[4]

---

3) 조르주 미누아, 같은 책, 128-129쪽.

4) Platon, *Kriton*, 43 St. S.84, *Platon Sämtliche Dialoge*, B.I, hg. von

자크 루이 다비드, 「소크라테스의 죽음」, 1786년
소크라테스는 인생에서 고통이 없는 시기는 없으며, 죽음은 축복받은 해방이
기 때문에 두려워해야 할 것이 아니라 환영해야 할 것이라고 했다.

Apelt O., Hamburg, 1988.

아리스토텔레스는 노화에 따르는 잠재적 문제점을 지닌 노인에게 권력을 부여하는 것은 위험하다고 생각했다. 아리스토텔레스에 의하면 노령자들은 지나치게 비관적이고 불신이 강하고 악의적이며 의심이 많고 편협하다. 왜냐하면 그들은 삶에 좌절하여 생존하는 것보다 더 큰 희망을 가지지 못하기 때문이다. 그들은 관용이 부족하며 비겁하고 항시 위험을 예상한다. 그럼에도 만년에 도를 넘은 삶을 추구한다. 노인들은 삶뿐만 아니라 자기 자신을 너무 좋아하며, 멋있거나 귀한 것보다는 쓸모 있는 것에 관심을 둔다. 또한 부끄러움이 없고 명예보다는 이익을 더 원하며, 사람들이 자신에 대해 어떻게 생각하는지에 대해 관심을 기울이지 않는다. 노인들은 과거를 생각하고 과거속에 살며 희망보다는 추억에 의존한다. 그들에게 과거는 길지만 미래는 짧고 불확실하다. 그래서 지속적으로 과거에 대해 이야기한다. 노인들은 발작적으로 화를 내는 경향이 있지만 열정이 약화되었기 때문에 그런 발작은 미약하다. 노인들은 도덕 감정보다는 실용성과 관련된 냉정한 논리에 따라 삶을 영위한다. 노령이 초래할 수도 있는 분별력과 감각의 상실 같은 것에도 주목해야 한다. 노인의 행동과 정서의 핵심에는 편협함이 자리 잡고 있다. 노인들은 다른 사람에게 일어나는 불행은 자신에게도 쉽게 닥칠 수 있다고 상상하여 연민을 느낀다. 또한 재치가 없고, 웃음이나 통상적인 농담을 좋아하지 않는다.

아리스토텔레스에게 있어 노년은 지혜도 정치적 능력도 보증하지 않는다. 노인들의 경험조차 긍정적인 요소가 되지 못한다.

플라톤은 노년에는 감각의 쇠퇴를 이용하여 정신적 능력이 우리로 하여금 정념의 예속 상태로부터 벗어나게 해준다고 생각했으나, 아리스토텔레스는 신체와 영혼의 결합에 근거하여 한쪽의 노쇠함은 반드시 다른 쪽도 노쇠하게 만든다고 본다. 신체의 건강과 신체적 능력은 지혜의 실천에 필수적이다. 아리스토텔레스는 『정치학』에서 신체와 마찬가지로 정신도 노년에 항복하고 만다고 주장한다.5) 그리하여 그는 권력을 노인들에게 맡길 것이 아니라 젊고 힘센 이들에게 주어야 하며, 노인들은 단지 사제의 기능만을 담당해야 한다고 본다.

아리스토텔레스는 노년에 대해 냉혹한 태도를 취한다. 그의 『니코마코스 윤리학』에서 노인들은 모든 악을 대변하고 있다. 노인들은 탐욕스러우며, 타산적이지 않은 순수한 우정을 모른다. 그들은 자신들의 이기적인 욕심을 채울 수 있는 것만을 찾고 이득이 되는 것에만 몰두한다. 그들에게 사랑이란 권태와 싫증으로 인해 사라져버렸거나 습관적인 것일 뿐이다. 그들은 성격도 까다로워 진정한 우정이 생길 수 없다. 살아온 삶을 돌아보면 만사가 뒤엉켜 그다지 만족스럽지 못하기 때문에 노인들은 소심하고 머뭇거리고 의심이 많고 인색하다. 또한 겁이 많고 비겁하고 이기적이고 수다스럽고 탐욕스럽고 침울하다. 노인들은 그 무엇에 대해서도 확신하지 못하고, 어떤 약속을 하건 일을 끝까지 수행하지 못한다. 그들은 안다고 하지만 늘

---

5) Aristoteles, *Politik*, Felix Meiner, Hamburg, 2012, II, 9. Parag. 25.

의심을 품으며, 아마 그럴지도 모르지 하고 단서를 달 뿐 분명하게 말하지 않는다.6)

노인들은 모든 것을 최악의 면에서 보며 성격이 좋지 못하다. 그들은 인생 경험 때문에 어디에서든 의심을 한다. 그들은 심하게 미워하지도 열렬히 좋아하지도 않는다.7) 그들은 삶에서 굴욕을 경험했기 때문에 인색하고 소심하며, 고매하고 경이로운 것은 바라지도 않는다. 자신들의 욕망을 생활의 필요에 국한시킨다. 그들은 얻기는 어려워도 잃기는 쉽다는 것을 경험을 통해 알기 때문에 극도로 인색하다. 그들은 두려움이 많아 미리 겁내는 경향이 있으며, 두려움으로 차갑게 얼어 있기 때문에 비겁하다. 노인들은 애착을 갖고 삶을 사랑하며, 인생의 저물녘에는 한층 더 그러하다. 그들의 욕망은 부재하는 것을 대상으로 하기 때문이다. 사람들은 결핍된 것에 대해 가장 격렬한 욕망을 품는다.

노인들은 이기적으로 살며, 비루한 감정을 갖는다. 그들은 부끄러워하지 않으며 수치를 모른다. 그들은 이익만큼 아름다움에 신경 쓰지 않기 때문에 남들의 평은 별로 중요하지 않다.8) 노인들은 거의 희망을 품지 않는다. 이것은 그들의 비겁함과도 관련 있다. 그들은 희망보다는 추억으로 산다. 그들에게 남은

---

6) Aristoteles, *Rhetorik*, Wilhelm Fink Verlag, München, 1989, Buch II, 13. Kap. 2.
7) 같은 책, 13. Kap. 3.
8) 같은 책, 13. Kap. 10.

삶은 짧고 과거는 길다. 그들은 자신들에게 있었던 일들을 끊임없이 이야기한다. 그들은 옛일을 회상하면서 기쁨을 느끼기 때문이다.9) 욕망을 충족시키려고 하지 않으면서도 단지 이득만을 추구하기 때문에 그 나이의 사람들은 절제하는 것처럼 보이기도 한다. 욕망은 잦아들고 이득에만 눈이 멀어 그들의 인생을 좌우하는 법칙은 성격이 아니라 계산이다.10) 젊은이들은 인간애 때문에 동정심을 느끼지만 노인들은 나약함 때문에 그러하다. 노인들은 농담도 웃음도 좋아하지 않고, 한탄하기를 좋아한다.11)

플라톤이 80세에 『법률』을 썼던 데 비해, 아리스토텔레스는 50세 가까이 되어 노년에 대해 이야기했다. 플라톤은 이상적인 관점에서 현실의 상황을 좋은 쪽으로 전환시킨 반면, 아리스토텔레스는 객관적인 상황과 더불어 자신이 보고 들은 것만을 묘사하며, 노인들에게 비호의적이었던 당시의 문화와 선입견들을 반영하고 있다.12)

키케로는 저서 『노년에 대하여』에서 인간이라면 누구나 경험하는 노년기에 대한 막연한 두려움과 잘못된 인식들을 바로잡아주고 노년기가 주는 많은 장점들을 논리적으로 정리하고

---

9) 같은 책, 13. Kap. 12.
10) Aristoteles, *Nikomachische Ethik*, Felix Meiner, Hamburg, 1972, VIII, 5. Kap.
11) Aristoteles, *Rhetorik*, 13. Kap. 15.
12) 조르주 미누아, 앞의 책, 133쪽.

있다. 사람들이 노년기를 두려워하는 이유는 체력적으로 한계가 찾아온다는 것, 건강을 잃기 쉽다는 것, 육체적으로 쾌락을 즐기기 힘들다는 것, 그리고 죽음이 바로 눈앞에 다가와 있다는 것 때문이다.

키케로는 노년에는 신체가 약해져서 젊었을 때 했던 일을 할 수 없게 되지만, 그렇기 때문에 정신적 일에 좀 더 전념할 수 있는 것이라며 노년에 대해 긍정적 평가를 한다. 또한 노년에는 즐거움이 적고, 죽음이 가깝게 다가오지만, 더 현명하고 고결해질 수 있으며, 죽음에는 두려워할 것이 없다고 한다. 오히려 죽음은 노년의 불행에 대한 치료약이라고 했다. 노년에는 누구에게도 의지하지 않고, 스스로 권리를 지키며, 마지막 숨을 거두기까지 스스로를 통제하려 할 때만 존중받을 것이라고 한다.

노년은 슬픔, 불행, 배고픔, 불화, 질투, 공포, 빈곤, 탐욕, 전쟁 등 삶의 부정적 측면의 것들 모두를 내포한다. 따라서 노년은 두려움과 공포의 대상이며, 인내해야 하는 시기이다. 유한한 생명력을 타고난 것은 우리 힘으로 어쩔 수 없는 자연의 이치이지만, 노년기를 지혜롭고 알차게 누릴 수 있는 방법을 찾아야 한다. 젊은 시절과는 또 다른 매력이 있는 시기가 노년기임을 부정할 수 없다. 그러나 행복하고 존경받는 노년이 되는 것이 말처럼 쉽지는 않다. 사람들은 노년까지 살기를 바라지만 일단 노년에 접어들면 온갖 불만을 토로하기 시작한다. 나무에 열리는 열매와 들판에서 자라는 곡식도 어느 정도 여물면 바닥에 떨어지는 것이 자연스러운 일이다. 인간도 마찬가지다. 현인은 이를 담담히 받아들일 것이다. 이를 거부하고 자연에 맞서는 것은 어리석은 짓이다.

노년기에 접어든 것에 대해 불만에 차는 것은 성격에 기인하는 것이지, 인생의 특정한 시기에 접어들었기 때문이 아니다. 언제나 절제할 줄 아는 사람은 인내심을 가지고 노년기를 보낸다. 그러나 매사에 까탈을 부리고 무례한 사람들은 인생의 모든 시기를 불만으로 가득 차서 보낼 것이다.13)

초야에 묻혀 평범하게 살아온 일반인들도 주의하고 열심히 노력하면 노년기에도 지적인 능력을 발휘할 수 있다. 고대 그리스 3대 비극 작가로 꼽히는 소포클레스는 고령에 비극을 집필했다. 그의 아들들은 그가 집필에만 몰두하여 집안일에 소홀히 한다고 하며 재산을 탕진하지 못하도록 재산권 행사를 금지하고 재산을 몰수해달라고 그를 법정에 소환했다. 재판정에서 소포클레스는 당시 집필하던『콜로노스의 오이디푸스』를 손에 들고 재판관들에게 낭독했다. 그리고 이 작품이 노망 든 노인이 쓴 것으로 생각되느냐고 물어서 재판관들로 하여금 아들들의 요청을 기각하도록 했다.

노인들이 놀라운 것은 본인에게 아무런 이득을 주지 않을 일에도 다음 세대를 위해서 노력을 기울인다는 점이다. 노년기에 있다고 해서 게을러지는 것이 아니다. 그들은 마음먹은 바를

---

13) 키케로, 정영훈 엮음, 정윤희 옮김,『키케로의 노년에 대하여』, 소울메이트, 2015, 25쪽.

실천하기 위해 분주하다. 매일 새로운 것을 배우며 하루하루 늙어가고 있다는 것에 대해 자랑스럽게 여길 수 있다. 젊었을 때 기운 센 황소나 코끼리의 힘을 부러워하지 않듯이 늙어서도 젊을 때의 체력을 부러워만 할 일이 아니다. 단지 자신의 힘을 알맞게 제 능력에 맞도록 사용하는 것이 중요하다.[14)]

인생은 정해져 있다. 자연의 섭리에 따라서 정해진 길을 가야만 하며, 인생의 매 단계마다 정해진 특성이 있다. 유년기에는 여리고, 청년기에는 활기 넘치고, 중년기에는 위엄을 갖추고, 노년기에는 원숙해진다. 이러한 특성들은 제때가 되어야 열매를 거두어들일 수 있는 자연의 섭리와도 같다.[15)] 노년은 존경받아야 할 시기이다.

젊어서 온갖 욕망들과 격전을 벌이고, 야망, 투쟁과 적개심을 이겨내고 다시 제자리로 돌아가 한가로운 노년기를 보내는 것보다 즐거운 일은 없을 것이다. 나이가 들어가면서 새로운 것들을 많이 배우며, 다양한 활동을 즐길 수도 있다. 노고는 줄고 영향력이 높아지면서 중년보다 오히려 말년을 더 행복하게 보내는 이들도 있다. 노년기에 누리는 명망이 최고의 영광이다.[16)] 백발이 되고 주름진 모습이라고 해서 권위를 잃는 것은 아니다. 오히려 노년기에 비로소 청년기에 즐기던 육체적 쾌락에서 벗어나 보다 값진 권위를 누릴 수 있게 된다. 인생이라는 연극 중

14) 같은 책, 62쪽 참조.
15) 같은 책, 75쪽.
16) 같은 책, 105쪽.

마지막 장이 될 노년기에 서투른 배우처럼 쓰러지지 않고 자신의 역할을 끝까지 제대로 해내는 사람이야말로 노년의 권위라는 특권을 제대로 사용하는 사람이다.

누구나 오래 살고 싶어 한다. 노인들은 이러한 젊은이들의 바람을 이미 성취했고, 오랜 세월을 버텨온 사람들이니 젊은이들보다 좋은 위치에 있는 것이다. 죽음 후에 남는 것은 살아서 행한 미덕과 올바른 행동의 결실들뿐이다. 하루, 한 달, 한 해가 조용히 흘러가고 지나간 과거는 되돌아오지 않으며, 다가올 미래는 아무도 예측할 수 없다. 그러므로 우리는 주어진 삶에 충실하며 기쁘게 살아야 한다.

젊은이들의 목숨을 앗아가는 것은 폭력이지만, 살 만큼 산 노인이 죽음을 맞이하는 것은 오랫동안 타오르던 불꽃이 서서히 꺼지는 것처럼 자연스러운 일이다. 커다란 배나 집도 애초에 이를 만든 사람이 가장 쉽게 해체할 수 있듯이, 가장 자연스럽게 우리를 원상태로 되돌리는 것은 바로 자연일 것이다. 자연이 손수 만들어놓은 작품을 자연 스스로 하나씩 원상태로 되돌리듯, 인간의 삶도 종결을 맞이하기 마련이다. 자연이 우리에게 준 삶이란 영원히 머무를 수 있는 집이 아니라 잠시 쉬었다가 가는 거처에 불과하다.17)

설사 지금 이 나이에 다시 어린 시절로 돌아가게 해준다고 해도, 요람에 눕게 만들어준다고 해도 단호하게 거절할 것이다.

---

17) 같은 책, 141쪽.

이제야 길고 긴 경주가 끝나고 결승선에 들어왔는데 또다시 출발선으로 끌려가고 싶지는 않다. 다시 살게 된들 무슨 이득이 있겠는가. 삶 자체가 고행이 아닌가. 설사 어떤 즐거움이 있다고 한들 언젠가는 한계가 찾아올 것이다.[18] 노년은 인생이라는 거대한 연극의 마지막 장이다. 그렇기 때문에 아무리 지겹고 힘들더라도 끝까지 지치지 않고 나아가야 한다.

노인은 매우 약하며 조롱받고 속임을 당하기 쉽기 때문에 무엇보다 가족의 사랑을 얻기 위해 애써야 하며 가정의 독재자로 군림해서는 안 된다고 몽테뉴(Michel Eyquem de Montaigne, 1533-1592)는 말한다.[19] 노인에게는 결함이 많고 기력이 없다. 젊었을 때는 강했던 인물도 나이가 들면 망령이 들어 그저 때리고 물어뜯고 욕질하며 야단법석을 떠는 사람이 되기도 한다. 어떤 이는 조심스럽게 두루 살피느라 안절부절못한다. 이런 모든 것은 광대 짓에 지나지 않는다. 늙은이들의 흔한 속성은 의심이다. 어쩌다가 마음 약한 어느 하인이 노인에게 애착심을 느끼게 되면 그는 바로 의심을 받기 마련이다.

노인의 걸음은 너무 느리고 감각은 혼미하여 더는 경외심을 자아낼 수 없다. 세월은 멋대로 우리를 이끌고 가지만, 노인은 뒷걸음질한다. 노인은 젊은이들을 지켜보며 자신의 공적을 추억함으로써 즐거움을 추구한다. 신체가 약해졌으므로 정신의 즐거움을 찾아야 하지만, 슬프게도 육체의 병으로 인해 정신마

---

18) 같은 책, 139쪽.
19) 조르주 미누아, 앞의 책, 471-472쪽.

저 마비되고 만다. 나이에 밀려 도달한 이 허약한 상태는 그저 비참할 뿐이며, 노년의 불행에 맞서 철학이 할 수 있는 것은 아무것도 없다.[20] 그저 재미있게 사는 것 외에 무슨 다른 목적이 있을 수 있겠는가.

몽테뉴는 노년이 우리를 다시금 어린아이로 만든다고 생각한다. 그는 노년이 우리에게 지혜를 가져오므로 좋은 것이라고 말하는 사람들의 위선에 격렬하게 맞선다. 우리의 정욕도 노년기에는 약해진다. 생을 즐길 수 없고, 노쇠하기에 덕성스러워진다는 말은 기만이다. 무력해졌기에 즐거움에 탐닉할 수 없는 것은 아무런 미덕도 아니다. 설사 노쇠함 덕에 덕성을 얻을 수 있다고 해도 즐거운 삶을 사는 편이 더 바람직하다. 노년에 더 행복하고 덕이 높은 체하며 우리의 가장 좋았던 시절을 부인하고 부정하는 것은 부정직하기 짝이 없는 일이다. 우리의 심령은 노년기에는 젊은 시절보다 더 번거로운 폐단, 불완전과 질병에 매이기 쉬운 것 같다. 사람들은 악덕을 바꾸어보기는 하지만 버리지는 않는다. 어리석고 노쇠한 자존심과 진력이 나는 잔소리, 가시 돋친 성미, 미신, 시기심과 부정과 악의도 있다. 노년은 우리의 이마보다도 정신에 더 주름살을 붙여준다.

그렇다면 노년에는 무엇을 해야 하는가? 아니 그보다는 무엇을 하지 말아야 하는가? 몽테뉴는 가장 우스꽝스러운 것은 죽음이 다가오는 마당에 오랜 기간을 필요로 하는 일을 시작하는

---

20) 같은 책, 474쪽.

것이라고 한다. 아주 늙었음에도 아직 배우고 있다면 언제 이치를 알게 될 것인가. 젊은이는 스스로 준비를 해야 하고 늙은이는 그것을 누려야 한다고 현자들은 말한다. 그들이 말하는 우리의 결함은 욕망이 끊임없이 새로워지고 젊어지는 데 있다. 우리는 늘 다시 살기를 시작한다. 우리의 한 발은 이미 무덤 속에 있는데도 욕망과 추구는 끊임없이 태어난다.

50세가 되자 몽테뉴는 1년 이상 소요되는 일은 전혀 시작하지 않는다. 그는 이때부터 마지막을 장식할 생각밖에 하지 않는다. 그는 모든 새로운 희망과 계획을 벗어던진다. 그는 이제 두고 떠나려 하는 모든 장소에 마지막 작별을 고한다. 그리고 날마다 가진 것을 포기해간다. 그는 공부하는 노인들을 향해 영원히 입 다무는 것을 배워야 할 때에 겨우 말하는 것을 배운다고 조롱한다. 반면 그는 여행을, 심지어 장거리 여행을 권유하기도 한다.21)

그런데 이런 나이에 길을 떠난다면 그 먼 길에서 다시 돌아오지 못할 것 아니냐는 물음에, "무슨 상관있나. 여행에서 돌아오거나 여행을 완수하려고 떠나려는 것이 아니다. 단지 움직이는 것이 기분 좋은 동안은 움직여보려고 하는 것이다."라고 대답한다.22) 그는 죽음이 계속적으로 목덜미와 허리를 꼬집어 뜯고 있는 것을 느끼지만 자신은 다른 사람과는 다르며, 택할 수

---

21) 몽테뉴, 손우성 옮김, 『몽테뉴 인생 에세이』, 동서문화사, 2005, 811-812쪽.
22) 조르주 미누아, 앞의 책, 477쪽.

만 있다면 침대 위에서 죽기보다는 집을 나가서 식구들과는 멀리 떨어져서 차라리 말 위에서 죽고 싶다고 단언한다. 친한 친구들과 고별하지만 위안이 되기보다 가슴이 터질 노릇이기 때문이다.

노인들은 동정을 얻으려고 불행을 과장하는 불평꾼들이다. 그들은 남들이 자신의 불행을 알아보는 것만으로 만족하지 않고, 그것 때문에 상심하기를 바란다. 매우 우울한 묘사이다. 몽테뉴에게 노인은 더 이상 어떤 일에도 크게 쓸모가 있는 존재가 아니다. 30세가 지나면 신체적 능력뿐만 아니라 정신적 능력까지 우리의 모든 능력이 감퇴하기 시작한다. 이 나이부터 정신이나 육체는 불어나기보다 줄었고 전진하기보다 후퇴했다고 그는 확신한다. 시간을 잘 이용하는 자에게 학문과 경험은 나이와 함께 자랄 수 있다. 그러나 활기와 민첩성과 견고성, 그리고 더 중요하고 본질적인 다른 소질들은 시들며 쇠약해진다. 때로는 신체가 먼저 노령에 항복하고 어느 때는 심령이 먼저 항복한다. 그러므로 직업활동과 관직에 입문하는 나이를 25세나 30세로 정해놓는 것은 잘못이며, 짧은 인생에서 가장 유능한 시절을 포기하는 것과 마찬가지라고 한다.

장 아메리(Jean Améry, 1912-1978)[23]는 노년의 지혜와 행복이라는 말 따위로 현실을 치장하는 것은 자기기만 가운데 가장

---

23) 본명은 한스 마이어(Hans Meyer)로 빈에서 태어났으며, 1960, 1970년대에 활동한 유럽의 주요한 지성인 중의 한 사람이다. 그는 1978년 스스로 목숨을 끊었다.

비극적인 자기기만이라고 선언하며, 태어나 살고 늙고 죽어가는 현실의 인간 조건을 있는 그대로 성찰한다. 늙어감에 따른 저항과 체념 가운데 자기모순에 빠져 값싼 위로의 허위 앞에 눈 감고 타협하며 덧없이 흐르는 시간 속에서 홀로 있는 '나'라는 존재를 있는 그대로 알리고자 한다. 노인이 감당해야만 하는 비참한 운명의 짐을 덜기 위한 모든 사회적 노력은 아픔을 다소 덜어주기는 하겠지만, 늙어감에서 생기는 그 어떤 근본적인 문제도 개선할 수 없다고 한다. 나이를 먹는다는 것은 인간에게 무엇을 의미하는가? 속절없이 늙어가는 사람에게 황혼의 지혜, 말년의 충만함이라는 표현으로 위로하는 것은 기만에 지나지 않는다. 피할 수 없기 때문에 치욕스럽지만 전적으로 받아들일 수밖에 없는 것이 늙어감이라고 둘러대는 것은 기만이다.

속절없이 흘러가는 세월 속에서 늙어가는 인간은 다양한 모습을 띤다. 노화과정은 개인의 사정에 따라 일찍 시작하기도 하고 조금 늦게 찾아오기도 하지만, 누구든 예외 없이 어느 시점에는 자신의 노화를 사실로 인정하고 감수해야 한다.

노인은 탄식한다. 지금이라도 시간이 허락만 해준다면 무엇이든 기꺼이 하련만. 그러나 이미 너무 많은 시간이 속절없이 흘러버렸고, 남은 시간은 거의 없구나. 아, 기적과도 같은 시간이여, 아 허망한 시간의 흐름이여!24)

시간은 흐르고, 스쳐 지나가고, 흩날려 사라진다. 그리고 우

---

24) 장 아메리, 김희상 옮김, 『늙어감에 대하여』, 돌베개, 2014, 27쪽.

리 역시 시간과 더불어 사라진다. 과거는 이미 사라져버린 것으로 존재하지 않는다. 미래는 아직 오지 않은 것이므로 존재하지 않는다. 그렇다면 확실히 있는 것 같은 현재도 진정으로 그 어떤 시점을 가지는 것인지 의문이다. 흔히 시간은 흘러간다고 말하지만, 흘러감, 물밀 듯 몰려왔다가 순식간에 사라짐은 사실 시간과 아무런 관계없는 이야기이며 흘러와서 사라지는 것은 공간에서나 일어나는 일이다.25) 우리는 공간 속에 있는 어떤 것만 눈으로 볼 수 있으며, 시간은 이야기를 들려줄 수 없다. 공간에서 우리는 자신이 품은 의도를 실현해낼 수 있으며, 공간에서 벌어지는 일은 이야기할 수 있다. 그러나 우리가 나이를 먹어가며 체감하는 시간은 무어라 파악하기 힘든 것이고, 다양한 모순으로 점철된 것이기도 하다. 누군가는 좋은 시절이 오기를 기다리며 어떻게든 시간을 빨리 보내려고 애쓴다. 소일거리를 찾아 기웃거리며 시간을 때우려 한다. 한편 나쁜 시간에 시달리는 사람도 있다. 이를테면 사형선고를 받은 사람에게 시간은 어느 한순간도 떨칠 수 없이 소중하다. 그러나 장래가 창창한 젊은이는 앞으로 남은 시간이 풍부하다고 생각한 나머지, 시간을 생각하지 않는다.

우리가 흔히 말하는 시간은 다음과 같다. 과거, 현재, 미래로 분류되는 시간은 공간과 달리 현실의 논리를 알지 못한다. 과거는 이미 지나가 내 뒤에 있는 것이며, 현재는 나와 더불어 있

---

25) 같은 책, 24쪽.

는 것이고, 미래는 내 앞에 있으며 나를 향해 다가온다. 그런데 시간은 과거의 어떤 점을 출발점으로 하여 종말까지 최단거리를 이어주는 직선이 아닙니다.26) 오히려 시간은 지향성의 장이다. 현재 이 순간은 과거와 미래의 요소를 포함한다. 시간이라는 것은 세계 안에서 정신없이 바쁘게 살아가는 사람들에게는 개인적으로 전혀 문제되지 않는다. 어떤 결정적인 순간이 찾아온 후 비로소 "아, 슬프다. 나의 세월은 다 어디로 사라졌는가." 하며 한탄한다. 다시는 되돌릴 수 없이 사라졌음을 자각한 후에야 비로소 우리는 가던 길을 멈추고 길가에 주저앉아서 시간에 대해 생각한다.

노인은 자신에게 더는 많은 시간이 오지 않으리라는 것을 알고 있다. 노인에게는 더 이상 많은 시간이 없다. 젊은이는 생각 없이 미래만 바라보고 살며 출세하려고 안간힘을 쓴다. 반면 노인은 대부분의 인생을 등 뒤로 하고 있다. 노인의 인생은 이미 살아낸 것으로 생기를 잃어버린 시간의 모음이다.27)

늙어가는 사람은 자신 안에 쌓인 시간을 인생으로 기억한다. 거울에 비친 내 모습에 드러난 주름살이 문제인 것은 아니다. 돌이킬 수 없는 지난 세월의 모습을 안타깝게 바라보며, 자신이 얼마 후에는 더 이상 존재하지 않으리라는 것, 이제 얼마 안 되는 세상을 앞에 두었음을 인식한다. 그에게 다가오는 것은 죽음이다. 죽음이 그를 공간에서 통째로 들어내리라. 그 자신과

26) 같은 책, 35쪽.
27) 같은 책, 37쪽.

그의 몸에서 남는 것을 탈공간화하고 그에게서 세상과 인생을 앗아가리라. 그에게서 세계에 있는 그의 공간을 빼앗으리라. 그리하여 늙어가는 사람에게 남은 것은 다만 시간일 뿐이다. 노인은 전적으로 시간을 살아가는 존재이며, 시간의 소유자이며, 시간을 인식하는 사람이다. 시간은 재깍거리며 죽음이 다가옴을 알려준다. 기다림의 목표가 죽음이라는 것을 인지한 사람은 미래를 향한 시간이라는 말을 더는 할 수 없다. 우리가 기다리는 죽음은 무(無)이기 때문이다. 죽음의 총체적 부정성, 그 완벽하고도 돌이킬 수 없는 와해는 그 어떤 미래의 의미도 부정한다.28)

내 인생의 의미는 곧 무의미다. 그저 변두리에만 머물러 산 인생을 우리는 아쉬워한다. 시간은 되돌려지지 않는다. 죽음 앞에 선 나는 몇 년 전의 나로 돌아갈 수 있다면, 아니 몇 주 전, 어제의 나가 될 수 있다면 하고 회한에 젖는다.

노인은 낯선 세상에서 마치 투명인간이 된 듯하다. 그에게 신경 쓰는 사람은 아무도 없다. 20세기 후반부에 이르자 구인광고는 나이 제한을 두고 있다. 늙어가는 사람과 이미 늙은 사람이 직업적 요구를 감당할 능력이 없어서 그런 것은 아니다. 전문성이나 침착함은 오히려 이들이 뛰어나다. 갈수록 노년층이 많아지는 현대사회는 노인을 어찌 대우해야 할지 몰라 갈팡질팡한다. 인간은 사회에서 무슨 일을 했는가에 의해 규명된다.29)

---

28) 같은 책, 39-40쪽.
29) 같은 책, 102쪽.

사회는 우리에게 사회적 연령을 지정해주고, 우리를 파괴한다. 이제 겨우 절정에 오른 우리에게 우리가 무엇을 만들어냈고 무엇을 못했는지 결산하며, 일종의 불문율, 매일처럼 새로워지는 젊음의 법칙에 따라 우리를 파괴한다. 사회가 주목하는 것은 변화와 발전의 기회, 곧 미래를 가지는 젊음일 뿐이다. 노년에 이르러 우리가 사회적 해체를 당한다는 것은 이미 결정된 사안이다.30)

마흔셋이라는 나이에 미국 대통령이 된 케네디는 젊지만, 마흔세 살에 어느 대학교수의 조교를 하는 사람은 늙은 것이다. 이와 같이 사회적 연령을 정하는 기준이 있는 한, 어느 쪽으로 인생의 방향을 잡아야 좋을지 가늠하는 것은 소유의 영역이다. 가진 것이 얼마나 되는가 하는 소유의 문제를 밝힘으로써 비로소 존재가 주어질 뿐이다. 아직 청춘이라고 중얼거리며 청년 행세를 하려 하지만 노년은 이미 시작되었다. 국가수반과 각료, 기업 총수들은 나이 든 사람들이지만, 대다수의 은퇴한 사람들은 자신이 이제 사회의 짐이며 아무짝에도 쓸모없는 존재 취급을 받아야 하는 이유를 모르는 채 노년을 어찌 보낼지 고민한다.

소유는 개인에게 매 순간 인생을 원점에서 새롭게 시작할 자유의지의 가능성을 앗아간다. 그리하여 자신의 의지로 인생을 꾸려볼 자유를 잃는다. 대다수의 사람은 사회에 자신을 생산자

---

30) 같은 책, 127쪽.

이자 소비자로 선보이며 투자할 만한 가치가 있다고 여기게 만드는 시기를 경험한다. 이들은 재산을 방어하고 소유한 지식을 자랑하며 배우자와 자녀를 돌봐야만 한다. 재산을 늘리거나 지키려는 노력은 이들이 인간다움을 소진하게 만들며, 이들은 어느 날엔가 늙은 사람이 되어버린다.[31]

어떤 노인은 전원으로 돌아가 은퇴생활을 즐긴다. 그가 숨 가쁜 행보로부터 빠져나온 것이지 사회가 배척한 것이 아니라고 부정한다. 그에게 늙는 것은 아름답고 좋은 일이다. 이미 경제적으로 어려움 없도록 노후 준비를 해두었으니 세상은 방해하지 말고 그를 내버려두라는 것이다. 노인은 조용히 지내도록 평화를 허락해준 사회에 만족했다. 사회는 그의 과거와 현재를 그대로 인정해주었다. 사회가 그에게 더는 기대하는 것이 없다. 인생의 대부분을 이미 살아버린 그가 얌전히 죽음을 기다리도록 허락해주었다. 사회의 이런 태도는 그에게 깊은 안도감을 주었고, 그는 그저 햇살 잘 드는 창가에 앉아 바깥세상을 구경한다. 저 멀리 떨어져 보이는 세상은 그와 아무런 상관이 없다. 자신은 자기 몫을 다했으니, 관람석으로 자리를 옮겼으며, 이제 다른 사람들이 무엇을 할 수 있는지 보여줄 때라고 말한다.[32] 그는 할 일을 다 했으니, 더 이상 아무런 질투를 느끼지 않으며, 자신을 소진하기에 바쁜 다른 사람들을 구경하는 것도 나쁘지 않다.

---

31) 같은 책, 113쪽.
32) 같은 책, 130쪽.

가우덴치오 페라리, 「십자가에 못 박힘」, 1513년

우리는 어디로부터 와서 어디로 가는 것일까? 죽음을 피할 수 있는 사람은 없으며, 우리는 모두 결국 죽을 것이다. 내일 자신이 죽는다고 아는 사람의 오늘은 달라질 수밖에 없다.

노인은 이미 많은 것을 보았다. 유행은 왔다가 사라지고 인간은 태어나고 죽는다. 늙어가면서 문화적인 유행에도 거부감이 들지만 결국 체념하고 받아들이는 노인은 자신이 퇴행적인 고집을 부린다고 따돌림을 당할까 두렵기 때문이다. 그리고 사회를 무시할 수 없기 때문에 자신의 취향과 다른 최신 유행의 옷을 입기는 할 것이다. 과거의 유행은 빛을 잃었으며, 사람들의 감각도 변했다. 젊은 시절 늙어가는 사람에게 세계와 공간을 약속해주었던 미래는 이미 흘러가버린 시간이 되었다.

더 이상 세상을 이해할 수 없어 헤매는 노인을 세상은 인내심으로 상대해주어야 한다. 노인은 지금껏 자신을 떠받들어주던 몸이 감당하기 어려운 짐, 벗어던져버리고 싶은 부담이 되었고, 문화 또한 고통만 안긴다는 사실을 깨닫고 경악한다.

2) 동양에서 바라보는 노년의 지혜와 경험

* 유가의 경로사상

유가는 노인 부양을 인(仁)의 사회적 실천을 위한 중요한 과제로 삼았다. 유가에서는 그들 앞에 펼쳐진 사회라는 구체적인 삶의 장, 즉 일상 속에서 늙음의 문제를 해결하고자 했다. 늙은이, 노인이란 누구인가? 늙음이란 무엇인가? 늙음이란 육체적, 정신적인 변화를 비롯해 사회적 환경, 노인에게 부여된 역할이나 지위까지도 포함되어 다의성을 지니며, 우리가 그것을 어떻게 정의하는가에 따라 달라질 수 있다.

늙음은 삶의 자연스러운 한 과정이다. 젊음을 잃지 않으려고 발버둥치는 것은 가련하고 어리석은 모습으로 비추어진다. 도덕적인 이상사회 건설을 지상과제로 삼았던 유가는 이상사회 건설을 위해 늙음을 해결할 수 있는 구체적인 방안을 제시하지 않으면 안 되었다. 그런데 놀라운 경제적인 풍요를 구가하고 있는 오늘날에도 노인이 편안한 세상은 실현되지 않고 있다. 독거노인의 경제적 지원에서부터 건강증진을 위한 병원비 보조나 일자리 제공 등 노인문제를 해결하기 위해 다양한 방법을 동원하는 우리 사회에서도 노인문제는 더욱 심화되고 있는 것이 현실이다. 노인이 편안한 세상이란 노인 자신이 편안하다고 여기는 세상이다.

공자는 지팡이를 짚는 사람, 즉 노인에게 공경심을 표했다. 그것은 유가들의 삶의 준칙이 되어 맹자는 내 부모를 섬기는 마음으로 마을 노인을 섬기라고 하여 부모에 대한 효(孝)를 노인에 대한 경(敬)으로 확대하고자 했다.[33]

유교(儒教) 오경(五經)의 하나로, 예(禮)의 이론과 실제를 기술한 『예기(禮記)』는 인간의 삶을 단계별로 구분하고 각 단계에 따른 역할을 규정하고 있다. 노년이란 노화가 진행되는 시기이다. 그 노화란 육체뿐 아니라 정신적인 면에서도 진행된다. 『예기』는 노화를 부정하거나 폄하하지 않았다. 오히려 지금까

---

33) 『맹자(孟子)』, 양혜왕편(梁惠王篇), 박일봉 편저, 육문사, 2013, 33쪽 참조.

지 노인들을 구속해왔던 세속적인 업무, 규범, 도리로부터 자유롭게 해주고자 했고 동시에 그들에게 예를 표하고자 했다. 『예기』는 노인만이 아니라 그 노인을 봉양하는 사람에게도 인년(引年)의 제도를 통해 특혜를 부여했다. 즉, 노인을 봉양하고 있는 사람에게 부역 면제권을 부여했던 것이다.34)

노동을 궁극적인 가치로 추구하는 오늘날, 노동현장으로부터 물러나 쉬는 사람은 쓸모없는 인간으로 취급되곤 한다. 유가에서 노인이란 단지 육체가 쇠약해져 부양을 필요로 하는 대상이 아니라, 인간의 본성, 즉 내면의 인(仁)을 자각하고 실천할 수 있는 성숙한 존재이며 성숙해져야 하는 존재였다. 늙음은 단순히 기능이 저하되고 젊음을 상실한 상실기, 퇴화기를 의미하지는 않았다. 오히려 자신의 본성을 자각하고 삶의 진정한 의미를 통찰할 수 있는 시기였다.

유가가 그리는 이상적인 노인상은 욕망으로부터 자유로운 자이다. 공자의 『논어(論語)』 위정편(爲政篇)을 보면 노년이 되어 한층 성숙해진 그의 모습을 엿볼 수 있다. "나는 십오 세에 학문에 뜻을 두었고, 삼십 세가 되어 자신의 입장을 가졌고, 사십 세에는 유혹에 미혹되지 않았고, 오십 세가 되어 천명을 알았으며, 육십 세에는 남의 말을 순수하게 들었고, 칠십 세가 되니 마음이 하고자 하는 대로 행동하여도 도에서 벗어나지 않게 되었다."35)

---

34) 홍승표 외, 『동양사상과 노인복지』, 집문당, 2013, 82쪽 참조.
35) 『논어(論語)』, 위정편(爲政篇), 박일봉 편저, 육문사, 2011, 81쪽.

주자도 마찬가지로 자신에게 닥친 운명의 불합리성을 한탄하면서도 주어진 명을 따랐다. 그에게 있어 명은 불합리하거나 모순된다 해도 거부할 수 없는 성질의 것이었다.

육십에 귀가 순해졌다는 것은 그가 명을 받아들였음을 의미한다. 생로병사처럼 인간의 힘으로 거스를 수 없는 것이라면 그것은 명이다. 천명을 알았다는 것은 인간적인 욕망으로부터 자유로워진 것을 의미할 수 있다. 그는 완전한 자유인으로서 도(道)와 하나 된 인간이다. 천명을 자각한 시기가 늙음이 시작되는 오십이었다는 것은 의미 있다. 몸의 변화를 통해 오히려 정신이 각성되기도 한다. 육신이 쇠퇴하기 시작하는 오십에 공자는 비로소 천명을 알게 되었고, 근력이 쇠하여 다른 사람의 도움이 필요한 육십에 무슨 말을 들어도 거슬리지 않게 되었다. 본격적인 늙음이 도래하는 칠십에는 사회적 책무로부터 벗어나 마음 가는 대로 행해도 도에 어긋나지 않는 자유인이 되었던 것이다. 자신에게 닥친 늙음을 거부하지 않는 자유인이다. 늙음이야말로 천명을 자각하고 욕망으로부터 자유롭게 해주는 삶의 한 계기가 된다.36)

모든 사람이 오십에 천명을 알거나 늙었다고 해서 누구나 몸의 소리를 자각할 수 있는 것은 아니다. 그것은 자신의 삶을 끊임없이 되돌아보는 사람, 자신의 삶을 관조하고 반성하는 사람만이 가능하다. 현대인에게 은퇴와 물러남은 도태를 의미한다.

---

36) 홍승표 외, 앞의 책, 88-89쪽 참조.

그러나 물러나 쉼은 존재가치를 재확인하며, 존재 자체를 즐길 수 있는 시간이다. 세상일에서 벗어나 은거하며 유유자적하는 삶이다. 사회적 책무로부터 자유로워진 노인 삶의 모습은 물러나 쉬는 것이다.

현대인들은 흔히 일하는 것이 삶의 보람이라고 한다. 이런 관점에서 일을 그만두고 쉰다는 것은 삶의 의미를 상실하는 것과 같다. 그러나 유가에서 노년에 쉰다는 것은 삶을 여유롭게 하고 온전하게 즐길 수 있도록 함이다. 노년에 쉰다는 것은 젊어서 자신을 얽매이게 하던 사회적인 속박으로부터 자유로워지는 것이다. 세속적인 욕망에 사로잡혀 놓고 싶지 않음에도 결국 놓을 수밖에 없기에 더욱 집착하는 것은 명에 순응하지 못함이다.

만년에 문화를 후대에 전달하는 데서 공자는 자신의 역할과 임무, 더 나아가 명을 발견했다. 노인은 젊은 세대를 가르칠 수 있는 존재가 되어야 한다. 노년에 쉬는 것은 삶을 마무리하고 앞으로 다가올 죽음을 준비하는 시기이자 새로운 세대에게 전망을 제시하고 이를 전하는 시기였다. 『논어』 헌문편(憲問篇)에서 공자는, 어려서 배우지 않고 커서는 베푸는 일이 없으며 늙어서는 삶에 대한 미련을 버리지 못하는 것, 그것이야말로 무가치한 삶이라고 한다.[37]

공자는 삶을 완성을 향한 과정으로 보았기 때문에 노인에게

―――――――――
37) 『논어』, 헌문편(憲問篇), 618쪽 참조.

인격적인 성숙을 요구했고, 그 인격적 성숙에 대해 젊은이들이 공경심을 표하게 했다. 끊임없는 성찰을 통해 쉼과 물러남을 즐길 수 있으며, 자신의 본성을 기르고 기꺼이 죽음을 맞이할 수 있으며, 그렇기 때문에 자신의 이상을 다음 세대에 전달할 수 있는 사람이 유가에서 말하는 진정한 노인의 모습이었다.

* 불가 사상과 이상적 노인 되기

불가의 목적은 스스로 자신이 붓다가 되는 일이다. 붓다는 근원적으로 고통과 좌절로부터 벗어나서 영원히 지속되는 불멸의 행복과 평화를 발견한 사람이다. 불가에서는 늙음을 말할 때 항상 죽음을 함께 말한다. 노사(老死)는 십이연기(十二緣起)의 한 과정으로, 인간이면 그 누구도 피할 수 없는 길이다. 늙음을 탄생, 병듦, 죽음과 함께 괴로움으로 간주한다.[38] 늙음으로 인해 우리의 몸과 감각기능은 쇠하고, 기억력도 희미해진다. 불가에서는 삶이 고(苦), 괴로움이라고 한다. 이처럼 삶이 괴로움이라는 것을 강조한 까닭은 있는 그대로의 자신의 상황이 어떤지를 명확히 알고 그 상황을 받아들일 때 그 상황이 야기하는 문제를 해결할 수 있음을 가르치고자 했기 때문이다. 괴로움을 올바르게 바라볼 수 있어야만 괴로움의 발생과 소멸과 소멸에 이르는 길을 볼 수 있고, 삶으로부터 자유를 얻을 수 있다

---

38) 홍승표 외, 앞의 책, 104쪽.

는 것이다.

석가모니에 의하면 우리는 병들기 마련인데 병들지 않는 길을, 늙기 마련인데 늙지 않는 길을, 죽기 마련인데 죽지 않는 길을 택하여 찾고 있다. 그래서 막상 이런 일이 닥치면 허둥지둥 자신을 잃어버리고 그 일에 휘둘려 삶을 후회하며 인생을 마감한다. 그러나 훌륭한 제자라면 이런 일들이 자신에게만 일어나는 일이 아니라 모든 사람에게 일어나는 너무나 당연한 인생의 과정임을 받아들이며, 그 상황을 깨어서 경험한다고 말한다. 그런 사람은 문제를 그대로 직시하고 그 원인을 제거하여 바로 번뇌를 소멸한다.

젊었을 때는 더 나은 미래를 꿈꾸거나 더 멋진 대상을 부러워하며 자신의 현실을 받아들이지 못했을 것이다. 더 현명하고 더 경험 많고 더 존경받는 사람이 되기 위해 노력하며 빨리 나이 들어 인정받기를 바랐을 것이다. 그러므로 노인이 현재의 자신의 모습을 받아들이지 못하는 이유도 현재 자신의 상황을 있는 그대로 받아들이지 못하기 때문일 것이다. 주름을 더해가는 노쇠의 과정을 어찌 막을 수 있겠는가. 그런데 마음의 평화는 외적으로 무엇인가를 꾸미고 덧붙이는 것으로는 얻을 수 없다. 꾸미려는 노력이 모두 사라질 때 비로소 꾸밈없는 존재의 아름다움이 피어날 것이다.

땅이 모든 것을 받아들여 변화시키고 성장시키듯이, 삶을 있는 그대로 받아들이는 것이 바로 진리를 온전히 받아들이는 힘이고, 삶을 깊이 있게 이해하는 토대이다. 삶이 힘든 이유는 끊임없이 더 나은 무엇인가가 되려는 욕망으로 인해 지금 여기의 삶을 놓치기 때문이다. 자신의 삶에 어떤 해석을 가하지 않고 분별하거나 선택함이 없이 있는 그대로를 경험하다 보면, 변화하는 삶에 감응하고 상황에 맞게 행할 수 있게 되어 삶이 풍요로워진다. 우리를 힘들게 하는 것은 일의 무게가 아니라, 그 일을 다루는 마음의 무게에 있다. 있는 그대로의 상황을 분별없이 받아들이고 자신을 돌아본다면, 스스로가 만들어낸 많은 망상이 일시에 사라질 것이며, 삶은 가벼워질 것이다.

생명이 있는 모든 존재는 탄생, 늙음, 병듦, 죽음을 피할 수 없으며, 그에 따르는 괴로움도 존재한다. 늙음은 탄생에서부터 죽음의 과정 중 자연스럽게 거치는 과정이다. 불가에서는 생로병사(生老病死)는 피할 수 없는 일이라는 것을 깨닫고 해탈의 도를 배워 생로병사의 뿌리를 끊으라고 한다. 그렇게 하여 나지도 않고 늙지도 않고 병들지도 않으며 죽지도 않는 고요한 열반을 성취해야 한다는 것이다.

태어남을 아는 것이 곧 죽음을 아는 일이듯이, 늙음이란 우리에게 닥치는 필연적인 과정임을 받아들이고 자각하는 순간 그에 따르는 고통이 제거된다는 것이다. 규정지을 수 있는 고정 불변한 '나'라는 것이 없다는 불가의 무아론적 관점에서는 노인도 존재하지 않는다. 자신을 신체와 동일시하면 생로병사에 관한 관념이 생겨날 수 있지만, 자신을 신체와 동일시하는 관념이 사라지면 늙음도 없다. 그것은 '나'라는 집착을 통해 만들어낸 생각이라는 것을 깨달았기 때문이다. 본성을 아는 사람에게는 특별히 '나'라고 할 것이 없기에, 늙고 병들고 죽을 주체가 없다. 우리는 생각을 통해 '나'를 만들고, 그 나에 의해 고통을 당하고 있다. 다시 말해 스스로 감옥을 만들고 스스로 갇힌 것이다.

불가에서 말하는 아름다운 노인은 깨달음의 체험을 갖고 삶에 진실로 눈 뜬 사람이다. 깨달음이란 '생각과 분리'하여 '지금 여기와 만남'을 경험하는 것이다. 깨달음의 체험을 했다고 해서 삶의 내용이 바뀌지는 않는다. 하지만 삶을 맞이하는 태도에는 커다란 변화가 일어난다. 분별심이 사라지고 자신의 습관이나 스스로를 구속하던 생각으로부터도 점차 자유로워진다.

끊임없이 자신을 낮추고 배워야 한다. 익숙했던 삶을 멀리하고 낯설지만 반드시 걸어야 하는 도(道)의 길에 익숙해져야 한다. 삶의 진실을 알면, 우리 인생에 평범한 순간은 없었다는 것을 이해할 것이다. 우리를 둘러싸고 있는 모든 것은 변화한다. 우리가 내딛는 발걸음은 매 순간마다 달라지고 늘 새로운 길을 간다. 매 순간 우리는 배워야 하며 지금 여기에서 경험하고 살아야 한다. 한평생 겸허하게 삶을 배우고 다른 존재를 사랑해야 하며 삶이 곧 수행이 되어 배움은 끝남이 없어야 한다.39)

삶이라는 거센 물살에 대한 거부감을 버리고 항상 열린 마음으로 모든 것을 맞이해야 한다. 지금까지 있었던 모든 일이 지금 여기에 있을 수 있게 해준 꼭 필요한 일이었듯이, 앞으로 다

_____
39) 같은 책, 131-132쪽.

가올 모든 일은 자신의 성장을 위해 꼭 필요한 것이다. 그러므로 겸허한 마음으로 자신과 자신의 삶을 있는 그대로 인정하고 사랑해야 한다. 모든 것을 있는 그대로 받아들이고 항상 삶을 자각하며 살아가는 노인에게서는 존재의 참모습과 평안이 묻어난다.

* 이상적 노년의 삶에 대한 도가의 입장

도가에서 이상적인 노인이란 도(道)와 하나가 되어 무위자연(無爲自然)의 삶을 살아가는 사람을 일컫는다. 무위란 인위적인 노력을 중지한 상태를 가리킨다. 지금 여기가 아닌 지금보다 더 나은 미래에 대한 추구를 멈추고, 지금 여기 속에 머물면서 도와 하나가 되어 삶을 살아가는 것을 말한다. 다시 말하자면 영원하고 무한한 우주와 접촉하며 깊은 평화와 행복을 느끼는 것이다. 그리고 지금 이대로 완전하며, 더 이상 도달해야 할 곳이 없으며, 어떤 것에도 얽매이지 않는다. 그러나 현대인에게 있어서 현재란 바람직한 미래에 도달하기 위한 수단이거나 바람직한 미래의 모습과는 상반되는 극복되어야 할 문제일 따름이다. 노년기는 상실과 쇠퇴의 시기이다. 나이 들어가면서 젊은 시절 갖고 있었던 건강, 직장, 외모, 수입, 가족이나 친구 등을 점차 잃어버린다. 따라서 인위로서의 삶을 살아가는 현대인에게 아름답고 행복한 노년이란 근원적으로 불가능한 것이다.

도가의 이상적 삶은 무위로서의 삶이다. 무위로서의 삶이란 도와 하나가 되어 지금 이 순간에 깊이 머무르는 삶을 말한다. 도가의 관점에서 보면 나이 들어간다는 것은 더 아름답고 인간다운 존재가 되어갈 수 있음을 의미한다. 무위의 삶에 도달한 이상적인 노인의 모습은 근심이 없고 편안하고 태평한 상태, 즉 안평태(安平太)40)이다. 자기 삶의 주체가 되어 살아가는 우주적인 나에게는 근심이 없으며 늘 태평하다. 이 세상 어떤 일도 나를 동요하게 할 수 없다. 이상적인 노인에게는 탐욕이 없다. 노자는 이를 무욕(無欲)이라고 한다.

무위의 삶을 살아가는 이상적인 노인은 대자유인이다. 비록 영화로운 곳에 있어도 편안히 처하고 초연하다. 살면서 온갖 영화를 누렸던 솔로몬도 만년에 "헛되고 헛되며 헛되고 헛되니 모든 것이 헛되도다."라고 했다. 이것은 바로 이상적인 노인이 이 세상의 영화에 대해 취하는 태도이다. 그러나 현대인은 어떤 것에나 얽매인다. 영화로움이 오면 영화로움에 얽매이고, 환란이 오면 환란에 얽매인다. 그것은 영화로움이나 환란을 자신에게 닥쳐온, 그리고 지나갈 하나의 상황으로 보는 것이 아니라, 자기 자신과 동일시하기 때문이다.

무위의 삶을 살아가는 이상적인 노인에게도 자연스러운 욕망이 있지만, 욕망에 대한 집착이 없다. 그는 자신이 누리고 있는 모든 것이, 그리고 근심하는 모든 것이 마침내 지나가리라는 것을 알고 있다. 나이 들어가면서 이상적인 노인이 되는 방법

---

40)『노자(老子)』, 35장, 안평태(安平太), 박일봉 편저, 『노자 도덕경』, 육문사, 2012.

은 참된 자기실현을 위해 지속적인 노력을 기울이는 것이며, 이런 노력은 수행이다. 이를테면 정신질환을 치료하는 데 있어서 가장 어려운 점은 환자가 자신이 정신병에 걸려 있다는 사실을 인정하지 않는 일이라고 한다. 노자는 "오직 병을 병으로 여김으로써 병이 없어질 수 있다."[41]고 했다.

도가 사상가들이 말하는 수행으로서의 나이 들기의 한 방법은 덜어냄이다. 노자는 말했다. "도를 따른다는 것은 날로 덜어내는 일이다. 덜어내고 또 덜어내어 무위에 이른다."[42] 덜어냄이란 욕심을 덜어내고 집착을 덜어내는 일이다. 이러한 의미에서 노자는 "작위하면 실패하고, 잡으려 하면 잃어버린다."[43]고 했다. 잡으려 하는 것은 욕망에 집착하는 것이다. 집착하면 반드시 고통을 받으며 고통을 주게 된다. 그러므로 바람직하게 나이 들어가는 것은 작위와 집착을 덜어내는 것이다. 현재에 대해 불평과 불만을 갖고 지금보다 나은 미래를 추구함을 멈추고 지금 여기에 머무는 것이다. 노자는 "멈출 줄 알면 위태롭지 않다."[44]고 했다. 지금 이 순간에 멈추어 현재에 만족하면 평화롭고 행복한 노인이 될 수 있으며, 주위에도 평화와 기쁨을 주는 사람이 될 수 있다. 뭇 사람들이 싫어하는 자리는 낮은 곳, 패배의 자리, 실패의 자리, 열등함의 자리 같은 고통스러운 자

---

41) 『노자』, 71장, 지부지(知不知).
42) 『노자』, 48장, 위학일익(爲學日益).
43) 『노자』, 29장, 장욕취천하(將欲取天下).
44) 『노자』, 32장, 도상무명(道常無名).

리이다.45)

장자는 삶을 기뻐하지 않으며 죽음을 미워하지 않는다고 했다.46) 죽음조차도 그를 근심케 하지 못한다면, 근심할 것은 아무것도 없다. 이상적인 노인은 자신을 둘러싸고 있는 모든 생명과 사람들에게 많은 도움을 주지만, 그에게는 내가 도움을 주었다는 뽐내는 마음이 없다. 장자에 의하면 "만세에 미치는 혜택을 베풀면서도 어질다 생각하지 않는다."47) 이상적인 노인은 집착하는 마음이 없는 대자유인이며, 어디에도 머물지 않는다.

오월(피천득)

오월은
금방 찬물로 세수를 한 스물 한 살
청신한 얼굴이다
하얀 손가락에 끼어 있는 비취가락지다

---

45) 노자는 다음과 같이 말했다. "만물이 스스로 그러하도록 돕되 감히 작위하지 않는다." 『노자』, 64장, 기안이지(其安易持); "만물을 감싸 기르지만 주인 노릇을 하지 않는다." 『노자』, 34장, 대도범혜(大道汎兮); "길러주지만 부리고자 하지 않는다." 『노자』, 10장, 재영백(載營魄), 51장, 도생지(道生之); "물은 만물을 이롭게 하지만 다투지 않으며, 뭇 사람들이 싫어하는 곳에 머문다." 『노자』, 8장, 상선약수(上善若水).
46) 『장자(莊子)』, 대종사(大宗師).
47) 같은 곳.

오월은
앵두와 어린 딸기의 달이요
오월은 모란의 달이다
그러나 오월은 무엇보다도 신록의 달이다

전나무의 바늘잎도 연한 살결같이 보드랍다

신록을 바라다보면
내가 살아 있다는 사실이 참으로 즐겁다

내 나이를 세어 무엇하리
나는 오월 속에 있다

연한 녹색은 나날이 번져가고 있다
어느덧 짙어지고 말 것이다
머문 듯 가는 것이 세월인 것을

유월이 되면 원숙한 여인같이
녹음이 우거지리라

그리고 태양은 정열을 퍼붓기 시작할 것이다
밝고 맑고 순결한 오월은 지금 가고 있다

3) 현대의 인간관과 노인 소외

토머스 홉스(Thomas Hobbes, 1588-1679)는 욕망의 주체로서의 인간관을 확립하였다. 그에 따르면 인간이란 권력을 위시하여 부, 명예, 육감적인 쾌락, 안락, 지식 등 자신의 이기적인 욕망을 끝없이 추구하는 존재이기 때문에, 그대로 두면 타인을 이용하거나 때로는 희생시켜서라도 자신의 이익을 달성하려 하게 되고, 만인에 의한 만인의 투쟁 상태가 벌어지게 된다.48) 이렇듯 인간을 자신의 욕망을 추구하는 고립적인 개체로 규정했을 때, 개체를 둘러싸고 있는 세계는 단지 자신의 욕망 충족을 위한 자원을 공급하는 대상으로서 도구적 가치만을 지니게 된다. 자신을 세계로부터 분리된 존재로 인식하게 되면, 자신이 속한 집단이나 사람들과의 관계를 통해 자신의 정체성을 파악하고 삶의 의미를 발견하며, 그런 것을 위해 자신의 삶을 헌신할 수 없다.

현대 인간관은 현대 세계관의 일부이며, 서구 근대기에 출현한 것으로, 인간과 세계를 바라보는 새로운 관점을 지칭한다. 현대 인간관은 중세의 질곡에서 억압받던 인간의 감정, 욕망을 긍정하고, 중세 말의 비합리적 사회관행, 부자유, 불평등, 빈곤 등과 같은 사회문제를 해결하고 새로운 문명을 건설하는 기초가 되었다. 가장 직접적인 영향을 끼친 것이 근대 물리학에서

---

48) Thomas Hobbes, *Leviathan*, Berlin, 1984, pp.95-96.

새롭게 출현한 기계론적 자연관인데, 이에 따르면 자연은 기계적인 법칙에 따라서 움직이는 생명 없는 물질의 세계이다.

현대 세계관의 핵심적 특징은 모든 존재들이 시간적, 공간적으로 분리되어 있다는 점이다. 다시 말해 모든 존재는 근원적으로 자신을 둘러싸고 있는 세계와 단절되어 고립된 상태에 있다. 과거에는 동서양을 막론하고 자연은 영혼을 지니며 신에 의해 움직여지는 것이라는 관념이 지배했으며, 자연에 대한 경외심을 가지고 있었다. 현대에 이르면서 사람들은 자연을 무수히 분리된 물질들로 구성되고 조립된 거대한 기계와 같은 것으로 간주하기 시작했다. 자연은 기계적인 법칙에 따라 움직이는 생명이 없는 물질의 세계라는 기계론적 자연관을 갖게 된 것이다.

현대 인간관의 관점에서 볼 때, 인간이란 고립적인 개체이며, 이성의 힘을 이용해 외부 세계로부터 자신이 필요로 하는 욕망의 대상을 획득하고자 하는 존재이다. 현대인의 삶에서 일상적인 의식은 주로 외부 환경을 조작하여 부, 지위, 성공, 권력, 인기 등 외적인 성취에 집중되어 있다. 그러므로 현대인들에게는 사람들이나 자연과 교감하고 사랑할 수 있는 능력이 결여되어 있다. 의식은 메마르고 공허하다. 인간은 이기적인 탐욕을 추구하는 존재로 경쟁심만 가득하다. 그 결과 인간 소외가 널리 퍼져 있으며, 특히 노인 소외가 가장 심각하다.

현대인은 부의 축적에 몰두하며, 자신의 내면적 본질에 대한 관심은 적다. 현대인의 삶에서 인간의 진정한 자아는 드러나지 않고, 오히려 억압되고 왜곡되고 파괴된다. 현대인에게는 존재의 아름다움과 경이로움을 발견하고 즐길 수 있는 능력이 사라지고 있으며, 자기 자신을 포함해 다른 사람들이나 자연과 교감하고 사랑할 수 있는 능력이 점점 사라져간다. 공감할 수 있는 풍부한 감성은 줄어들고, 의식은 메마르고 공허감이 지배한다. 이것이 바로 인간 소외의 주된 양상이다.

예전에는 젊은이들보다 풍부한 인생 경험을 하였고 그들이 속한 집단의 과거사에 대해 많은 지식을 보유하고 있는 노년층이 권위와 존경의 대상이었다. 반면 현대사회는 일정한 기간이 지나면 그때까지 자리를 지키던 사람들을 교체하여 새로운 인물들로 구성한다. 새로움의 선호가 요즘 세상을 돌아가게 만드는 동력이다. 오랫동안 사용할 수 있다는 것은 더 이상 생산자의 자부심이나 자랑이 아니다. 제품은 적당한 기간 동안 사용되고 폐기되기 위해 만들어진다. 판매된 제품이 영구히 사용된다면 시장경제는 침체될 것이다. 새 제품을 만들어 새롭게 유통될 수 있도록 해야 한다. 현대의 경제는 그런 경향에 의존하고 있다. 그런 경향은 인간에게도 적용된다. 현대사회는 노인을 나름대로의 존엄과 품위, 정신세계를 지닌 한 인간으로 보려 하지 않는다. 늙었다는 말은 쓸모없고 무능하고 부담스러운 존재라는 이미지와 연결된다. 오늘날 사회는 노년층을 존중하지 않고 짐으로 생각한다. 원숙한 경험의 미덕을 추구하던 시기는 지나갔다. 이런 상황에서 노인들은 어떤 쓸모가 있는가? 노년층의 역할은 있는가? 노년층이 설 자리는 있는가?

피에르 보엘, 「인생무상」, 1663년
늙어감이란 육체적으로 노쇠하고, 정신적으로도 활력을 상실해가는 과정이다.
나이가 들면 머리가 빠지고, 흰머리가 늘어난다.

현대 인간관은 인간을 유한한 존재로 본다. 죽음은 자신의 존재가 무로 돌아가는 것을 뜻하며, 죽음은 최악의 것이므로 어떻게 하든 피해야 한다. 죽음에 대한 상상은 현대인을 공포의 전율에 휩싸이게 한다. '늙어간다'는 것은 죽음에 가까이 다가감을 의미하기 때문에 현대인에게 늙는다는 것은 지극히 고통스럽고 비관적인 현상으로 비추어지고 있다.

노년기는 점점 더 길어지고 있지만, 현대사회에서 노인이 되어 살아간다는 것은 고통스럽고, '늙어가는 것' 자체가 부당하고 부끄럽고 고통스러운 것으로 여겨지기 때문에, 잘 늙어가거나 행복하게 늙어가는 것은 성취하기 어려운 일로 간주된다. 현대사회에서 노년기는 삶의 쇠퇴기이다. 또한 노인은 잉여 인생을 살고 있는 골치 아픈 존재, 무능하고 쓸모없는 존재로 인식된다. 노인 스스로도 그렇게 취급받는 자신을 귀한 존재로 인식하기 힘들며, 주변 사람들 역시 노인을 천시하며 기피한다. 현대사회에서 노인은 새로운 시대와 발맞추어 함께 호흡하지 못하는 사람들로 머물며 점점 깊은 소외의 늪에 빠져들게 되었다.

물질만능주의가 팽배하는 현대의 문명과 성과 위주의 경쟁사회에서는 노인 집단이 가장 큰 소외를 겪을 수밖에 없다. 그런데 현대 노인들이 겪고 있는 이러한 소외는 불가피한 것인가? 주변을 살펴보면 더 불행한 노인과 덜 불행한 노인들이 있을 뿐, 행복한 노인은 찾아보기 힘들다. 과거에 비하면 현대 노인들은 경제적인 측면에서나 건강상의 측면에서도 향상되었으며, 취미활동을 포함한 다양한 여가활동에 대한 지원이나 사회적 관계망 형성도 활발한 편이다. 노인들의 생활 조건에는 과거보다 악화된 점이 없으며 오히려 개선되었다고 할 수 있음에도, 노인 소외가 심화되고 노인이 더 불행하다고 느끼는 원인은 어디에 있는가?

노인은 새로운 시대에 적응하지 못하는 완고한 사람들이며, 기억력도 기운도 줄어들고, 피부는 늙어 탄력을 잃고 주름살로 뒤덮여 있으며, 성적인 욕구도 매력도 상실했다. 노인은 또한 질병에 시달리며 죽음에 가까이 다가선 고통스러운 존재이다. 일자리, 건강, 정신력, 경제력, 사회적 지위, 권위 등을 상실한 노인은 존경과 위엄을 잃은 나약한 존재가 되었다. 이런 상황에서 노인은 불행을 느낄 수밖에 없으며 고통스러운 삶을 살게 된다. 늙는 것이 고통스러운 것으로 간주되는 경우 행복하게 늙어가는 것은 불가능한 일이다. 노인들은 젊음을 아쉬워하고 더욱 젊음에 매달리게 된다.

노인들은 사라져가는 젊음에 매달리며, 건강을 잃지 않고 성적인 매력을 잃지 않으려고 애를 쓰고, 일자리를 잃지 않기 위해, 그리고 자신의 경제력이나 사회적 지위, 영향력을 잃지 않기 위해 안간힘을 쓰며, 가족 내에서의 역할을 잃지 않고 권위를 지키고자 애를 쓰게 된다. 이런 집착은 노인을 혐오하게 만든다. 노인은 젊은이보다 더 욕심이 많고, 인색하고 편협하며 고집스러운 사람으로 인식된다. 이렇게 인색하고 편협하며, 마음에 따뜻한 사랑을 간직하지 못한 사람이라는 노인에 대한 평가는 노인 소외의 본질적인 원인이다. 자연히 젊은이들은 이런 노인들을 싫어하고 멀리하게 된다. 탐욕스럽고 인색하며 편협한 사람을 좋아하는 사람은 아무도 없다. 결국 노인들은 일터로부터 추방당하고, 자식이나 사회로부터도 잊힌 채 쓸쓸한 삶을 살아간다.

인간을 특정 시간과 공간 속에 갇혀 있는 유한한 개체로 인식하는 현대의 인간관은 자신의 죽음을 세계의 종말로 인식한다. 이런 시각에서는 죽음에 대한 긍정이 불가능하다. 노년기는 젊은 시절 가지고 있던 건강, 직업, 관계 등을 상실하고 죽음에 다가서는 시기이다. 따라서 노년기에 대해 긍정적 평가를 할 수는 없을 것이다. 그렇다면 노년의 불행은 불가피한가? 역사적으로 상당히 많은 사람들이 노년기를 삶의 창조적인 시기로 보냈다. 노년기에 들어 삶이 성숙하고 인간이 결코 유한한 존재에 머물지 않고 하나의 우주적 존재로서 영원한 시간과 무한한 공간을 자신 안에 품고 있는 존재라는 사실을 깨닫게 되면, 노년의 삶은 축복이 되고 주변 사람들에게 기쁨과 평화의 빛을 발하게 된다.

좋은 사회의 중요한 기준은 노인이 얼마나 행복하게 살 수 있는가이다. 평균수명이 증가하고 출산율이 감소함으로써 오늘날 범세계적으로 전체 인구 중에서 노인이 차지하는 비중이 가파르게 증가하고 있다. 유골 분석을 통해 알려진 바에 따르면 원시인들의 평균수명은 13-14.7세 정도였을 것으로 추정되나, 그 후 문명의 발달과 더불어 평균수명은 지속적으로 증가해왔다. 2010년 발표된 UN 자료에 의하면 1955년 세계 인구의 평균 기대수명은 52.4세였으며, 한국인의 평균 기대수명은 55.2세였으나, 2010년 세계 인구의 평균 기대수명은 67.6세로 증가했으며, 한국인의 평균 기대수명은 79.4세에 이르렀다.[49] 이런 수명 증가의 요인은 의료기술의 비약적인 발달과 인류의 영양 상태의 급진적인 개선 등이다. 과거에 많은 사람들을 죽음으로 몰고 갔던 전염병들이 퇴치되고, 불치병으로 알려졌던 질병들의 치료가 가능해졌으며, 위생 상태가 개선되는 등 큰 변화가 있었다. 기근이나 영양실조로 인해 조기 사망하는 경우도 줄었다. 또한 출산율 감소와 평균수명의 가파른 증가의 결과 노령화 사회가 되고 있다.

핵가족 중심의 현대사회에서는 가족이 노인을 부양하고 책임지기는 거의 불가능하다. 그럼에도 가족은 노인 부양의 일차적인 책임을 지고 있다. 사정이 그렇다 보니 일자리와 노동력을 상실한 노인은 생산 중심의 사회구조에서 무능하고 쓸모없는 존재로 여겨지며, 보호해야 하는 사회적 부담으로 간주된다. 늙어가는 과정은 젊은 시절에 갖고 있었던 건강, 직업, 가족, 친구, 경제력 등을 상실해가는 과정이다. 이런 점에서 노인은 주위의 도움을 받아야 하는 복지의 대상에 불과하다. 생존에 적합한 환경을 부여받아도 인간은 또 다른 불만에 시달리게 된다.

인간은 고독해도 괴롭지만, 집단에 속해 있어도 견디지 못하고 불만을 토로한다. 노인이 완전히 정신이 혼미해져서 중증

---

49) UN, http://esa.un.org/unpp 2010. 7.

마리안느 스톡스, 「죽음과 소녀」, 1900년
인간은 죽는 날까지 불완전한 존재다. 우리는 태어나고 싶어서 태어난 것도
아니고 왜 이 세상에 태어나서 살고 죽는지 모른다.

치매 상태에 빠진다고 해도, 주변 사람들이 힘든 것이지 그 자신은 고통스럽지 않기 때문에 그가 알 바는 아니다. 그래서 그가 어디엔가 내버려진다 해도 정신이 나간 상태이기 때문에 노인 자신은 별로 외롭지도 괴롭지도 않을 것이라고 생각하는 사람들도 있다.

노년은 만년(晚年)이라고 할 수 있으며, 원숙하고 품위 있는 노년을 표현한 것이다.

인간은 죽는 날까지 불완전한 존재이다. 우리는 태어나고 싶

어서 태어난 것도 아니고, 왜 이 세상에 태어나서 살고 죽는지
도 모른다.

누구를 위하여 종은 울리나 (존 던)

어느 누구도 하나의 독립된 섬은 아니요,
그 스스로가 온전한 것은 아니어라.
사람은 그 누구나 대륙의 한 조각, 대양의 한 부분
파도가 밀려와 그 한 조각의 땅덩어리가 씻겨 내려가면
유럽의 땅은 그만큼 작아지며,
만일 모래톱이 그리되어도 마찬가지.
그대 친구의, 그대 자신의 땅이 줄어듦이니라.
그 어느 사람의 죽음도 나 자신의 소모려니.
그건 나 또한 인류의 일부이기 때문이다.
그러니, 누구를 위하여 종이 울리는지 묻지 말지어다.
바로 그대를 위해서 종이 울리는 것이니.

영국의 시인이며 성공회 사제였던 존 던(John Donne, 1572-
1631)은 대단히 아픈 몸으로 이 글을 썼다고 한다. 교구민 중
에 누군가 사망하면 교회는 조종을 울린다. 지금 다른 어떤 사
람을 위해서 조종이 울리고 있지만 사실 그 종은 본인을 위해
서 울리고 있는 것임을 그 자신이 모르고 있을 뿐이라고 그는
토로한다.

경험이란 우리에게 일어나는 어떤 것이 아니라, 일어난 일에 대한 우리의 반응이다. 자신에 대한 지식이 없었기 때문에 우리는 질병과 노화와 죽음의 희생양이 되었다. 제1차 세계대전 중 해전에 참전했던 독일 군인들은 전함이 침몰되어 구명보트에서 며칠씩 구조를 기다려야 했다. 이때 맨 먼저 죽는 것은 어김없이 젊은 군인들이었다. 전에도 침몰당했다가 구조된 적이 있는 베테랑 선원들은 위험을 뚫고 나갈 수 있다는 신념이 있었지만 그런 경험이 없는 젊은 선원들은 절망적인 상황이라고 여겼기 때문에 죽어갔던 것이다.

마찬가지로 인간의 노화는 피할 수 없이 다가올 일에 대한 두려움과 절망 때문이며, 늙어간다는 것에 대한 두려운 상상이 노인의 높은 발병률과 노인성 치매와 합세하여 냉혹한 현실이 된다. 이런 점에서 몸과 마음이 점점 더 허약해지는 노년은 피할 수 없는 쇠약과 상실의 시기이다.

늙어가는 길 (스코틀랜드의 어느 양로원 할머니의 시)

처음 가는 길입니다.
한 번도 가본 적이 없는 길입니다.
무엇하나 처음 아닌 길은 없지만
늙어가는 이 길은
몸과 마음도 같지 않고
방향 감각도 매우 서툴기만 합니다.

가면서도 이 길이 맞는지
어리둥절할 때가 많습니다.
때론 두렵고 불안한 마음에
멍하니 창밖만 바라보곤 합니다.
시리도록 외로울 때도 있고
아리도록 그리울 때도 있습니다.

어릴 적
처음 길은 호기심과 희망이 있었고
젊어서의 처음 길은
설렘으로 무서울 게 없었는데
처음 늙어가는 이 길은 너무나 어렵습니다.

언제부터인가 지팡이가 절실하고
애틋한 친구가 그리울 줄은 정말 몰랐습니다.
그래도 가다 보면
혹시나 가슴 뛰는 일이 없을까 하여
노욕인 줄 알면서도
두리번두리번 찾아봅니다.

앞길이 뒷길보다 짧다는 걸 알기에
한발 한발 더디게 걸으면서 생각합니다.
아쉬워도 발자국 뒤에 새겨지는 뒷모습만은

노을처럼 아름답기를 소망하면서
황혼 길을 천천히 걸어갑니다.

꽃보다 곱다는 단풍처럼
해돋이 못지않은 저녁노을처럼
아름답게 걸어가고 싶습니다.

렘브란트, 「걸음마」, 1635-1637년경
어린이에게 걸음마를 가르치는 늙은 여인들

4) 노년기의 소유와 향유

소유(所有)와 향유(享有), 이는 가짐과 누림을 말한다. 사람들은 소유에 많은 관심을 가지고 살아간다. 그런데 정작 소유한 것을 향유하지는 못한다. 주어진 것을 누리고 사는 사람이 행복한 사람이며, 소유를 넘어서 향유하는 사람이다. 사람들은 정작 자기가 이미 소유하고 있는 것의 귀함은 잘 알지 못하고, 소유한 것이 없어졌을 때 비로소 그 귀함을 깨닫게 된다.

어떤 사람은 소유란 점유에서 나오며, 법률로 재가된 민법상의 권리라고 주장한다. 또 어떤 사람은 소유란 노동에 그 원천을 두는 자연권이라고 주장한다. 그러나 강한 사람이 자신의 재산을 소유하고 있을 때 그 소유물은 안전할 것이다.

피에르 조제프 프루동(Pierre-Joseph Proudhon, 1809-1865)은 소유는 평등을 부정하는 압제의 어머니라고 주장하며, 필요 이상을 소유하는 것을 심지어 도둑질로 본다. 태초에 땅은 누구의 소유도 아니었으며 사람들이 정착하여 먹고살기에 필요한 만큼 땅을 경작했으나, 인간이 탐욕에 물들어 스스로 경작할 수 있는 범위를 넘어서 더 많은 땅을 차지하게 되어 빈곤과 불평등이 생겼다는 것이다.[50] 자기의 생산물에 대해 부당한 이익을 남김으로써, 한직을 받아들임으로써, 그리고 지나친 보수를 받음으로써 사람들은 훔친다. 즉, 별 볼일 없는 일의 대가로 엄

---

50) 피에르 조제프 프루동, 이용재 옮김, 『소유란 무엇인가』, 아카넷, 2003, 443쪽.

청난 보수를 받는 한직자는 도둑질을 하는 것이라고 그는 말했다.51)

모든 인간은 자유롭고 누구나 노동에 의해 재산을 자기 것으로 가질 수 있다. 정당하게 점유하기 위해서는 자유로운 존재로서 노동하고 생산할 수 있는 것만으로는 불충분하고, 재산을 남보다 먼저 차지하는 것이 필요하다. 그런데 만일 제일 먼저 온 자가 모든 것을 선점한다면, 제일 나중에 온 자는 무엇을 차지하겠는가?

6시간 만에 자기 일을 끝마칠 수 있는 노동자는 자기보다 덜 숙달된 노동자의 일감을 빼앗고 그리하여 그의 노동과 빵을 강탈할 권리가 있는가? 다른 사람보다 먼저 일을 마친 사람은 원한다면 휴식을 취할 수 있을 것이다. 힘을 재충전하고 영혼의 양식을 얻고 삶을 쾌적하게 가꾸기 위해 운동이나 유익한 일에 몰두하는 것도 좋을 것이다. 삶은 하나의 전투다. 누구에게나 경주 트랙은 같은 것이며, 지나치게 길지도 지나치게 험난하지도 않다. 끝까지 달린 사람은 누구나 결승점에서 대가를 받는다. 그러나 반드시 일등을 할 필요는 없다.52)

그런데 해야 할 노동이 모두 한결같이 쉬운 것은 아니다. 그 중에는 뛰어난 재능과 지력을 요구하는 것도 있다. 어떤 필요들은 충족되려면 인간의 지속적인 창조를 요구하는 반면에, 어떤 다른 필요들은 단 한 명의 노력만으로도 수많은 이들을 장

---

51) 같은 책, 389쪽.
52) 같은 책, 191-192쪽.

기간 동안 충족시킬 수도 있다. 예를 들자면 의복과 식량의 필
요는 끝없는 재생산을 요구한다. 반면 우주 체계에 대한 지식
은 우수한 몇 사람에 의해 영구히 획득될 수 있다.53)

헨리 데이비드 소로(Henry David Thoreau, 1817-1862)는 문
명사회에 반대하며 월든 호숫가 숲속에 손수 오두막을 짓고 2
년 2개월 2일 동안 단순하고 소박하게 실험적인 삶을 살았다.
그는 하루에 세 끼를 먹는 대신 필요하다면 한 끼만 먹도록 하
고 백 가지 요리를 다섯 가지로 줄여 간소화하라고 했다.54)

소로는 소유하지 않고 향유함으로써 자신의 부는 무한하다고
했다. 그는 실제로 자신이 먹을 음식, 자신이 입을 의복, 자신
이 몸을 눕힐 집 등 모든 것을 손수 만들었다. 최소한의 생활비
를 벌기 위해 토지 측량기사, 연필 제조공 등 여러 직업을 전전
했지만 그는 최소한의 생계유지비 이상의 돈을 벌기 위해 시간
과 노력을 들이지 않았다. 대신 하루 네다섯 시간에 이르는 긴
산책과 성실한 육체노동을 중요시했다. 땀을 흘리며 노동하는
것, 다시 말해 자신의 부를 증식시키기 위한 헛된 노동이 아니
라 농사와 같이 자연을 벗하는 참된 노동은 방 안에 틀어박혀
환자처럼 백 권의 책을 읽는 것보다 값지다고 말했다. 그는 아
무도 가지 않았던 외진 길을 찾아 긴 산책을 하며 명상을 하곤
했다. 한밤중에 램프 불빛 하나를 의지한 채 배를 저어 호수 가
운데로 나아가 풍경을 바라보며 명상하는 것을 즐겼으며 등산

---

53) 같은 책, 199쪽.
54) 헨리 데이비드 소로, 강승영 옮김, 『월든』, 이레, 2010, 132쪽.

을 좋아했다. 산 정상에 올라 바라보는 풍경이 던지는 교훈이야말로 강의실에서 얻어듣는 죽은 지식보다 몇 백 배는 값지다고 생각했기 때문이다.

사실 그는 고독을 즐겼다. 고독 속에서 그는 풍부해졌고 그가 사랑한 인도의 많은 경전들은 아름다운 콩코드 지방의 자연과 더불어 그의 사색을 더욱 깊게 해주었다. 그는 모든 종류의 구속을 거부했다.

우리는 늘 바깥으로부터 들려오는 소리들에 귀를 기울이느라 정작 자신 안에서 울려 나오는 소리들은 놓치기 쉽다. 우리는 늘 소유하려 하기 때문에 만족하지 못한다. 소로는 소유하지 않았다. 그는 부는 향유하는 것이라고 했다. 몸을 눕힐 거친 마룻바닥, 직접 재배하고 구운 허기를 달래줄 감자와 빵, 한 잔의 물, 산책할 수 있는 두 다리와 그를 스쳐가는 풍경들을 담을 눈, 숲을 스치는 바람, 사람 발길이 닿지 않은 외진 길모퉁이, 폭풍 속의 산, 나무가 뿜어내는 향기, 이 모든 것들이 그가 기꺼이 향유한 부였다.

자연은 소유하는 자의 것이 아니라 향유하는 자의 것이다. 소유는 제한적이지만 향유는 무제한적이기 때문이다. 오솔길은 걷는 사람의 것이며 달빛이 비치는 호수는 바라보는 사람의 것이다.

사람들은 소유에 많은 관심을 가지고 살아간다. 그런데 정작 소유한 것을 향유하지는 못한다. 가진 것을 누려야 하는데 가지기만 했지 누리지는 못하는 것이다. 주어진 것을 소유하는

데 몰입할 것이 아니라, 앞에 있는 것을 향유하며 사는 데에 몰입해야 한다.

『자유로부터의 도피』, 『건전한 사회』, 『사랑의 기술』 등의 저서에서 인간성 상실과 그 회복에 대한 글들을 썼던 사회심리학자 에리히 프롬(Erich Fromm, 1900-1980)은 그의 저서 『소유냐 존재냐』에서 소유와 존재라는 삶의 두 가지 양식의 차이에 대해 분석하고, 새로운 향유와 참된 인간성 회복을 위한 근원적인 해결책을 모색하고자 했다.

종교에서는 사랑이 최고의 가치로 자리매김하고 있으나, 사람들은 대부분 사랑 결핍 속에서 외롭게 살고 있다. 그 원인을 에리히 프롬은 소유욕으로 보고 있다. 그에 따르면 인간의 소유욕은 끝이 없어 대상을 가리지 않고 무엇이든 소유하려고만 한다. 더욱 주목해야 할 것은, 소유욕이 사람들의 보편적인 속성이 되어버렸으며, 소유하려는 욕망을 갖지 않은 사람은 오히려 예외에 속한다는 점이다.

서로 일치하여 조화롭지 못하고 고립감에 빠지게 된 사람들은 여기에서 벗어나기 위해 소비생활에 몰두하게 된다. 프롬은 이런 삶의 방식을 소유양식이라고 부른다. 이런 소유양식을 가진 사람들은 다른 사람들을 진정으로 사랑하지 못한다. 소유하지 않고 다른 사람들과 경험을 함께하고 나누어 갖는 데서 기쁨을 얻는 사람들은 드물다. 이런 사람들의 삶을 그는 존재양식이라고 부른다. 물론 생존에 필요한 만큼은 소유해야겠지만 존재양식으로 사는 사람들은 소유하려는 집착이 없기 때문에 순수한 삶의 기쁨을 알고, 나누는 행위를 통해 타인과 일치된다. 프롬은 이런 존재양식이 주로 불교와 그리스도교 같은 위대한 종교에서 사랑의 중심을 이루고 있다고 보며, 마르크스의 사상도 소유가 아닌 존재를 지향한다는 점에서 서로 공통점이 있다고 보고 있다.[55]

오늘날 사유재산제도가 자연스럽고 보편적인 범주에 속하는 제도처럼 여겨지고 있지만, 사실은 인류의 역사 전반을 통해 볼 때 통상적인 법칙이라기보다는 오히려 예외에 속한다. 그리고 자본과 자본재라는 의미로서의 재산을 소유하고 있는 사람들은 사회에서 극히 소수에 지나지 않는다. 그렇다면 왜 대다수가 자신이 마치 재산 소유자라도 되는 것처럼 느끼게 되는가?[56]

선진 산업사회의 중하층 시민들은 소유의 영역을 확장시켜 그 속에 처자식, 친구, 연인, 건강, 여행, 예술품, 하느님, 자아 등을 포함시킴으로써 소유욕을 충족시킨다. 소유적 인간은 자기가 가진 것에 의존하는 반면, 존재적 인간은 자신이 존재한다는 것, 자기가 살아 있다는 것, 기탄없이 응답할 용기만 지니면 새로운 무엇이 탄생하리라는 사실에 자신을 맡긴다.

마이스터 에크하르트(1260-1327, 도미니크 수도회)에 의하면 "행복하여라, 마음이 가난한 자들! 하늘나라가 그들의 것이다."

---

55) Erich Fromm, *To Have or to Be*, New York, 1976, p.15. 차경아 옮김, 『소유냐 존재냐』, 까치글방, 2014 참조.

56) 같은 책, p.70.

(마태오, 5:3)에서 마음이 가난함이란 물질적 빈곤이 아니다. 내적 빈곤은 아무것도 원하지 않고, 아무것도 아는 것이 없으며, 아무것도 가진 것이 없는 가난을 의미한다. 에크하르트는 욕구의 부재를 참회나 신앙의 수련으로 이해하는 사람들을 나무란다. 그는 하느님의 뜻을 따르는 것조차 원하지 않도록 요구한다. 아무것도 원하지 않는 사람이란 그 어떤 것에 대해서도 집착하거나 욕구를 가지지 않는 사람이다.

에크하르트에 의하면 아무것도 아는 것이 없는 사람은 가난한 사람이다. 우리로 하여금 아직 존재하지 않았을 때 그렇게 했던 것처럼 자신의 지식을 비워버리라는 것이다. 그리고 하느님이 뜻하는 대로 이루어지도록 하며, 마음을 비우라고 한다. 여기서 지식을 비워버리라는 말은 알고 있는 것을 잊으라는 의미가 아니라 알고 있다는 사실을 잊으라는 의미이다. 지식을 자기를 확인시키고 자신감을 심어주는 기능적인 소유물로 간주해서는 안 된다는 의미이다. 우리는 지식에 매달리거나 그것을 탐해서도 안 되고, 지식이 도그마의 특성을 취해서는 안 된다. 도그마는 우리를 구속하고 노예로 만든다. 이 모든 것은 소유적 실존양식에 속해 있다.[57]

소유하고 행하는 것, 심지어는 하느님에게조차 묶이고 속박당해서는 안 된다는 의미이다. 소유와 일, 자신의 자아에 집착하는 만큼 인간의 자유는 제한된다. 사물과 자아에의 집착에서

---

57) 같은 책, p.62.

벗어났다는 의미에서의 자유는 사랑과 생산적 존재를 위한 전제조건이다. 우리가 깊이 생각해야 할 것은 내가 무엇을 행할 것인가에 대한 것보다는 나는 과연 어떤 존재인가이다. 무엇을 얼마나 많이 행하느냐보다는 선하게 존재하는 것에 비중을 두어야 한다.

그런데 거의 아무것도 가지지 않은 사람이라 해도, 그 무엇이든 소유하고 있다. 소유하고 있다는 느낌에서 가장 중요한 대상은 나의 자아이다. 자아는 소유 감정의 가장 중요한 대상이다. 왜냐하면 자신의 몸, 이름, 사회적 지위, 지식을 포함한 소유물, 자신에 대해 지니고 있는 이미지, 타인들이 자신에 대해 가져주기를 바라는 이미지 등 다양한 것들이 모여 자아를 이루고 있기 때문이다.

오늘날 우리는 다양한 분야의 인물들을 대하면서도 소유주의 느낌을 가진다. 나의 주치의, 나의 치과의사 등 나 아닌 타인을 소유물로 간주하며, 무수한 사물, 심지어는 감정, 건강이나 질병까지도 소유물로 체험한다.[58] "나는 무엇을 가지고 있다"는 구절은 주체인 나와 객체인 무엇과의 관계를 드러낸다. 객체를 소유하고 있음을 통해 나의 자아를 정의하고 있다. 나 자신이 아니라 내가 가지고 있는 그것이 나를 존재하게 하는 주체이다.

소유와 점유에 전적으로 몰입하는 사람은 정신적으로 건강하

---

58) 같은 책, pp.73-74 참조.

지 못한 사람이다. 끊임없이 포기와 단념에 몰입하는 금욕 행위도 어쩌면 소유와 소비에 대한 강렬한 욕구의 이면일 수 있다. 금욕주의자는 표면상 그런 욕구들을 몰아냈을 수도 있다. 그러나 사실상 그는 소유와 소비를 억제하려는 노력을 통해 여전히 소유와 소비에 몰두하고 있다는 역설이 성립된다.[59) 무릇 모든 지나친 광적 태도는 다른 충동, 흔히 그것과는 정반대의 충동을 감추려는 태도일 수도 있다. 중요한 것은 지나친 사치와 빈곤을 근절시키는 일이다.

삶을 영위하기 위해 우리는 특정한 사물을 소유하고 보존하며 육성하고 사용해야 한다. 우리의 육체와 의식주, 그리고 기본적 욕구를 채우기에 필요한 도구들이 이것에 해당된다. 이런 종류의 기능적 소유는 인간의 실존에 뿌리박고 있으므로 실존적 소유라고 칭할 수도 있다. 누구든 인간인 이상 기능적 의미에서의 소유를 물리칠 수 없다.[60)

인간은 이 세상에 탄생한 이후, 가정과 사회적 관계 속에서 자아의식을 겹겹이 형성해간다. 일정한 사회공동체 안의 대인관계에서 자기 역할과 책임이 있다. 아버지, 어머니, 사회적 신분도 자기의식의 중요한 구성요인이 된다. 그러나 그러한 모든 자아 인식은 공동체가 자기에게 맡겨준 역할을 내면화한 자기상(自己像), 즉 페르소나인 것이다. 라틴어에서 '페르소나 (persona)'란 본래는 연극배우가 무대에서 자기가 맡은 연기를

---

59) 같은 책, p.84.

60) 같은 책, p.85.

잘하기 위해서 얼굴에 쓰는 가면(假面) 곧 탈바가지를 말한다. 연극무대에서 자기가 맡은 배역을 하는 동안 가면이 필요하고 중요한 기능을 한다. 그런데 사회적, 공동체적 역할 속에서 자기가 맡은 역할과 직분이 참 자기인 줄로 착각하다가 어느 날 그 모든 것들은 단지 가면에 불과한 것임을 깨달을 때, 아무것도 남지 않는 영혼의 공허를 절감하게 된다.

특히 노년에 들어 자신의 사회적 역할을 내려놓은 다음 겪는 공허감은 더욱 클 수밖에 없다. 마이스터 에크하르트는 이러한 영혼의 공허에 빠져들기 전에 자기성찰을 통하여 자신의 본래 모습으로 돌아가야 한다고 역설한다. 영혼이 삶의 과정 속에서 뒤집어쓰게 된 탈을 벗어버리고 진정한 인간, 참 자아, 아무것도 걸치지 않은 순수한 인간의 본래 자리로 돌아가는 것, 그것이 영성의 제일 첫 번째 필요조건이다.

그러나 현실적 삶 속에서 그러한 상태에 이르기는 쉽지 않다. 부모는 평생 모든 것을 희생하면서 자식 뒷바라지를 한다. 그러나 말년에 자식들이 결혼하여 부모 곁을 떠날 뿐 아니라 부모의 은혜를 잘 기억하지도 않을 경우, 부모들이 느끼는 공허감과 마음속의 분노는 종종 울화병이 되기도 한다. 요즘 은퇴 이후의 노인들은 갑자기 사회적 역할을 잃고 난 충격으로 "나는 누구인가?" "나는 왜 사는가?" "나의 위치는 무엇인가?" 등등 자기정체성의 위기에 직면한다. 이런 위기에 빠지지 않기 위해 나이 들면 밖을 향해 질주하던 삶의 태도를 멈추고 서서히 안으로 시선을 돌려 자기성찰에 몰입해야 한다.

마이스터 에크하르트가 바라는 하느님은 결코 인간 밖에서 존재하는 타자로서의 신, 대상으로서의 신, 나의 필요에 따라 소유하고 버릴 수 있는 신이 아니라, 나 자신의 존재로서의 신, 내 안의 신, 나 자신보다도 나에게 더 가까운 신, 더 나아가 나의 참 자아로서의 신이다.61)

로다 엔스트롬 나이버그, 「은혜(The Grace)」, 1940년경
삶에 지친 노인이 빵 한 조각과 스프를 가지고도 감사기도를 드리고 있는 이 그림은 로다 엔스트롬 나이버그(Rhoda Enstrom Nyberg, 1917-2012)가 자신의 아버지 에릭 엔스트롬(Eric Enstrom)의 사진을 보고 그린 유화작품이다.

---

61) 길희성, 『마이스터 엑하르트의 영성 사상』, 분도출판사, 2003, 16쪽.

니콜라스 마스, 「감사 기도」, 1656년
늙어가는 것은 욕심과 자만심을 억제하고 벗어나야만 하는 훈련과 절제의 여
정이다.

2. 노년의 삶과 의미 찾기

　나이가 든다는 것은 무엇을 의미하는가? 그것은 어떻게 진행되는가? 나는 이 순간 어디에 서 있는가? 나에게 다가오는 것은 무엇인가? 나는 그것에 대해 어떤 대비를 할 수 있는가? 나에게 가능한 것은 무엇이며, 무엇이 그렇지 않은가? 노년기의 의미를 찾고 삶에 의미를 부여하기 위해서는 어떠해야 하는가? 늘어가는 나이와 더불어 어떻게 평정심을 유지하며 살아갈 수 있을까? 삶의 방향성에 대해 끊임없이 의식하고 고민하는 것은 편안하게 살아가기에 큰 도움이 되지 않는다. 그것은 필요한 일도 가능한 일도 아니다. 어떤 특별한 계기가 될 삶의 전환기에 생각해보는 것으로 충분하다. 나이가 든다는 사실을 받아들이고 그것에 맞서지 않으며, 아름답게 채색하여 미화하거나 폄하해서는 안 된다.

　사물에 대한 분별과 유연성은 나이가 주는 특권이다. 물론 더 이상 누릴 수 없는 젊음과의 작별은 크나큰 비애로 엄습할 것이다. 아무런 준비기간도 없이 슬그머니 다가와 불현듯 현실을 깨닫게 한다. 다가오는 시간은 알 수 없는 불안이며, 죽음은 더욱 가까이 다가선다. 저물어가는 자신의 삶에 직면해 비애에 젖거나 분노하여 젊음을 시기하고 분풀이하는 그런 노인이 되어서는 안 된다. 실수투성이의 젊은이들을 향해 자신이 옳다는 것을 증명하려는 결연한 자세로 나서는 것도 삼가야 한다. 나이 듦이 허무하고 덧없기는 하지만 영원한 청춘이 행복을 보장하는 것은 아니다. 나이가 들어가는 것을 받아들이고 나이 듦의 불편과 함께 살아가는 방법을 터득해야 한다.

나이 듦의 의미는 각자 자기 삶이 종착점에 다가가고 있음을 알고 순응하는 것이다. 생명의 성장을 돕고 경험을 전달하며, 새로운 경험을 체화하기 위해 남은 시간을 보내며, 시간적 한계를 침착하게 받아들여야 한다. 젊음에 집착하거나 노화에 저항하는 것보다는 노화를 통해 참된 자아를 찾는 것이 현명한 선택이다.

생각하기에 따라 인생에서 가장 좋은 시기를 노년기라고 볼 수도 있다. 삶 전체를 걸 만한 중대한 일도 없고, 사회적 책임에서 어느 정도 벗어나 그럭저럭 삶의 균형을 이루며, 경험도 늘어 시야가 넓어지고 인간과 사물에 대한 이해의 폭도 커지고 유연해진다. 뛰어 놀고 공부만 하면 되던 유소년기도, 드높은 이상과 꿈에 도전해보는 열정의 청춘 시절도, 가정을 이루고 사회적 활동이 활발하여 중견이 되는 중장년 시절도 아닌 노년이 자유롭고 행복한 시절일 수 있다. 도전하고 성취하고 인정받는 인생의 황금기에 대부분의 사람들은 결코 행복하지 못하다. 하나를 이루면 둘을 이루지 못해 불행하고, 치열한 경쟁의 대열에서 낙오될 것 같아 불안하다. 자신이 가지고 있고 자신에게 허락된 것의 귀중함은 모른 채 자신에게 없는 것을 찾아 헤매며 시간을 허비한다. 그러면서 밀리고 밀려 어쩔 수 없이 나락에 빠져든 패잔병처럼 노년이라는 불모지에 당도한다.

노년기에 직면해야 하는 많은 문제들이 있음에도 분명 노년만이 가질 수 있는 긍정적인 면이 있다. 개인적으로 직업적 일이나 부양의 의무로부터 벗어나서 세상에 얽매이지 않고 자신을 위한 시간을 가질 수 있다는 점이 가장 큰 장점일 것이다. 이를 위한 전제조건은 최소한 생활비 걱정 없이 살 수 있는 재정적 준비와 건강의 유지일 것이다.

젊었을 때 사람들은 막연하게 자신도 언젠가 늙겠지 하고 생각하며 노년이 된다는 것을 아주 먼 이야기로 느낀다. 그러다 실제로 나이가 들어 스스로 늙었다는 것을 인식할 때는 그때까지의 삶이 눈 깜짝할 사이 여기까지 흘러왔음을 깨닫고 놀라게 된다. 나이 듦에 따라 삶의 경험은 더욱 풍부해진다. 기억을 간직할 수 있다면 삶은 더욱 풍요로워지고 그 형태는 다양해진다. 그러면서 삶의 완결 단계로 향해 나아간다. 이 세상을 떠나는 순간은 어찌 보면 살아왔던 삶을 마무리하는 정점이다. 우리 스스로 선택하지 못하는 것이 태어남이지만 삶의 마무리는 스스로 할 수 있다.

노년은 삶의 내리막길이 아니다. 하루하루 의미를 두고 살다 보면 마지막 날이 결국 삶의 완성, 완결점이 될 것이다. 그렇게 살아가면 삶에 대한 미련이나 아쉬움 없이 떠날 수 있을 것이다. 이제까지 나름대로 열심히 살려고 노력했다. 그동안 수고했으니 이제 쉬어야 할 때라는 생각이 들 때 편안한 마음으로 이 세상과 작별할 수 있을 것이다.

무분별한 자본주의에 저항하고 반전주의자로 활동했던 스코트 니어링은 사회학 교수였지만 대학에서 물러나야만 했다. 그는 사회의 어떤 구속도 받지 않겠다고 결심하고 도시를 떠나 농촌으로 가서 채식주의자가 되었으며, 자급자족하면서 오전에만 일하고 잉여 생산물은 물물교환을 했다고 한다. 그럼에도 불구하고 100세 생일까지 건강하게 자급자족 생활을 유지했다. 그리고 100세 생일이 되자 이제는 생을 끝내는 것이 좋겠다는 결론을 내려서 그날부터 곡기를 끊고 조용히 생애를 마쳤다.

노년기에는 건강과 지력이 쇠락하지만, 지혜와 이해력 측면에서는 젊은 시절보다 좋아진다. 또한 다른 이들과 경쟁할 필요가 없다. 남의 자리를 뺏기 위해 싸우거나 빼앗길까 봐 전전긍긍할 필요도 없다. 기억력이 예전 같지 않다고 걱정할 필요도 없다. 우리는 얼마나 많은 쓸데없는 기억들을 간직하고 사는가. 쓸데없는 기억들이 사라지면 홀가분해져서 좀 더 넓은 안목으로 삶을 바라보고 주체적으로 살아갈 수 있다. 시력과 청력이 쇠하면 그때부터는 책이나 매체를 통한 지식 쌓기와 외부 영향으로부터 벗어나 스스로 생각하고 지혜를 구할 수 있는 자유로움이 더해진다. 젊어서는 홀로 공부할 수 있는 기회가 주어지지 않고 온갖 정보들이 주입된다. 그런데 노년을 맞이하면 비로소 스스로 세상의 이치를 깨닫고 진리에 다가갈 수 있다.

노년은 기나긴 패배인 동시에 승리이다. 살아가며 위급한 상황에 처했을 때 침착하게 대처할 수 있는 능력이 중요하다. 과거를 간직하고 미래에 대한 기대를 품은 삶을 살아야 한다. 침착하게 자기 감정을 다스리며 감사하는 마음으로 살아가야 한다. 늙어감에 따라 더 이상 다른 사람을 도울 수 없으며 자기 몸조차 가눌 수 없게 되어 도움을 받는 처지에 놓이더라도 감사함을 느낄 수 있어야 한다. 죽음을 기다리면서 다른 사람의 도움에 의지하는 것은 너무나 당연한 일이다.

늙고 쇠약해져 죽음에 가까워지면 짐도 가벼워지고 권위 있던 목소리는 부드러워진다. 늘 무슨 일인가 해야만 한다는 부담감에 시달리지 않아도 되는 것은 노년의 장점이다. 다른 사람의 의견을 경청하고 협조를 구하는 태도를 가질 수 있다. 부담 없는 소일거리를 찾아 시간을 보내거나 취미생활을 할 수도 있는 여유로운 나날이지만, 한편 책임감 없이 방관자로 머무를 위험도 있다. 자기에게 주어진 삶을 있는 그대로 받아들이고 책임을 다하며, 겸허한 마음으로 삶에 감사할 줄 알아야 한다.

지혜는 말만이 아니라 행동으로 보여주고, 함께 공감함으로써 그 힘을 발휘한다. 그래야 품위 있는 노년이 가능하다. 그러나 자신의 능력이 닿는 범위 내에서만 활동해야 한다. 잘 사는 것은 잘 늙는 것이다. 자신이 겪는 고통이 아무리 심해도, 세상에는 더 큰 고통을 이겨내는 사람들이 많다는 사실을 잊지 않아야 한다. 고통을 이겨낼 수 있는 힘은 자기 안에 있다. 이것 또한 지나가리라는 생각으로 모름지기 참고 견뎌야 한다. 이 세상에 태어날 때도 그러하지만 이 세상을 떠날 때도 그때가 되어 무르익어야 한다.

1) 새로운 삶의 단계

노년기에 들어서면 앞으로 자신에게 남아 있는 삶을 어떻게 살아갈 것인지에 대한 물음이 가장 커다랗게 다가온다. 아침에 일어나면 이제 무엇을 어떻게 해야 하나 하는 불안감과 무기력이 고개를 들기도 한다. 더 이상 살아갈 이유가 있는가? 왜 살아야 하는가?

이제 몸은 노쇠해지고 활동 반경은 좁아질 것이다. 그런 앞날이 두렵기만 하다. 매일 아침 깨어나면 오늘의 몸 상태에 대해 스스로에게 묻고 해야 할 일은 있는지 생각한다. 이렇게 살아 있는 것이 단지 삶의 종착지로 가기 위한 것이 아닌가. 내 인생은 이렇게 끝나야 하는 것일까? 이제 남아 있는 삶은 사는 것이 아니라 견뎌내야 하는 시간인가? 그러나 이런 상념은 새로운 시작을 알리는 신호이다. 신체 능력의 쇠퇴는 자연스러운 현상이지만 그것만이 노년기의 전부가 아니다. 노년기는 스스로에게 새로운 의미를 부여하는 시기이며 태어남과 동시에 시작된 변화와 성숙 과정의 하나이며, 삶을 완성하는 정점에 다가가는 시기이다.

노년기는 자신의 내면을, 자아를 돌아볼 시기이다. 육체적인 변화를 피하거나 막을 수는 없다. 그럼에도 남은 삶을 어떻게 살아갈지는 스스로 선택하고 결정할 수 있다. 대부분의 책임과 의무에서 벗어난 노년은 새롭고 자유로운 삶의 시작이기도 하다. 노인들에게는 자신을 되돌아볼 시간의 여유가 있다. 남은 삶은 자신의 선택에 달려 있다.

노인은 젊은이들에게 지금 그들이 겪고 있는 어려움이 결코 세상의 끝이나 인생의 파국이 아니라는 것을 알려주고 희망을 일깨워주어야 한다. 끈기가 모든 문제를 해결해주지는 않지만, 다시 꿈을 안고 씨를 뿌리고 수확을 기다리는 것이 두 손 놓고 아무것도 하지 않는 것보다 바람직하며 삶의 본질에 더 가깝다는 사실을 알려주어야 한다. 모든 삶에는 굴곡이 있다. 누구든 이제까지 살아온 시간보다 앞으로 다가올 시간이 더 값진 것이 되도록 노력해야 한다.

자신을 바라보는 시각은 삶의 각 시기에 따라 변한다. 중년에는 아이들의 양육과 교육을 책임지거나 직장에서 일을 책임지며 권위를 지니게 된다. 그런데 어느 날 그 자리에서 조용히 물러나야 한다. 이때 중요한 것은 이런 자신을 바라보는 자세이다. 나는 더 이상 그동안 맡고 있던 역할을 통해 각인되어서는 안 된다. 나는 이제 한 개인으로서의 인간, 나 자신인 것이다. 이제 나의 삶은 온전히 나 자신에게 달려 있다. 삶에서 중요하다고 믿고 집착했던 것들이 하나둘 사라진 후 삶 그 자체가 의미와 가치가 되었다.

삶은 끊이지 않는 변화 가운데 있다. 우리가 원하건 원하지 않건, 변화는 삶의 본질이다. 그리고 우리에게 항상 새롭게 도전해볼 일들을 제시한다. 우리를 좌절시키고 무너뜨리는 것은 삶의 변화가 아니라 변화에 임하는 우리의 마음가짐이다. 노년기에 접어들면 다른 시기보다 어떤 면에서는 자유롭다. 불필요

264

하게 능력을 증명하지 않아도 되고, 무엇을 하면서 시간을 보낼지 다른 사람의 눈치를 볼 필요도 없다. 남보다 월등할 필요도 없다. 그럼에도 불구하고 원하기만 하면 하지 못할 일이 없다. 이제 우리는 스스로 되고 싶은 사람이 될 수 있으며, 허례허식을 벗어버릴 수도 있다. 그 어떤 겉치레도, 형식도, 체면도 신경 쓸 필요가 없다. 하고 싶은 여가생활도 할 수 있다. 자신을 구속하던 모든 책임과 제약에서 벗어나 과거를 뒤로하고 새로운 도약, 새로운 삶을 모색할 수 있다. 노년은 성장을 멈추는 시기가 아니라 새로운 방식으로 성숙할 수 있는 시기이다. 이때까지 오랜 세월을 두고 사람들의 기대에 부응하기 위해 애써왔지만, 이제는 스스로 원하는 일을 하고 자신을 위해 살아야 할 때다. 지금까지 살아오면서 경험하고 깨달은 것을 실현해야 하는 시기이다.

젊은 사람만큼 계산이나 몸의 움직임이 빠르지는 못해도 노인은 삶에 대한 이해의 폭이 넓고 보다 사려 깊고 올바른 판단을 할 수 있다. 늙는 것은 질병이 아니다. 나이 들어도 하려고만 하면 보다 현명해지고 보다 침착할 수 있으며, 사회에 도움이 될 수 있다. 삶은 날마다 새로운 것이며, 경험을 더해 나날이 새로워진다.

노인은 과거에 대한 향수와 긍지 속에 살기를 그만두고, 노년에도 삶은 존재하고 더구나 의미 있는 삶이 존재함을 알아야 한다. 그리고 마주치는 사람들에게 따뜻한 미소를 보내야 한다. 우리가 겪은 위기는 대부분 실제로는 위기가 아니고 삶의 기회였으며, 삶의 균형을 잡아가는 연습 과정이었을 뿐이다. 침착하고 담담한 마음으로 편히 자신의 모습을 있는 그대로 받아들이고, 지금까지 해왔던 일들을 이제는 더 이상 하지 않아도 된다는 사실을 받아들여야 한다. 높은 지위에 오르고 성공해도 사적인 삶은 삭막하고 황량해질 수 있다. 성공한 것처럼 보이는 삶이 종종 바로 그 성공 때문에 파멸에 이르기도 한다. 노년기에는 열정과 분노, 질투, 시기, 오만과 같은 인간적 결함이 줄어들고 전혀 새로운 삶에 눈을 뜨게 된다. 돈으로 할 수 있는 것은 제한되어 있다. 과거 자신이 살아온 삶이 비록 허상을 쫓은 것이었더라도 이제는 더 이상 그렇지 않음을 확인할 수 있어야 한다.

시간은 살아 있는 모든 것을 나이 들게 한다. 그 누구도 세월을 피해 갈 수 없다. 인간은 결국 시간의 흐름에 굴복할 수밖에 없다. 나이가 들어감에 따라 시간보다 더 의미 있고 귀중한 것도 없다. 시간은 노인이 가진 전부일 수도 있다. 시간은 결코 낭비할 수 없는 것, 삶에서 가장 소중한 것 중 하나이다. 마치 감정의 파도처럼 시간이 엄습해온다. 시간은 속절없이 지나가 버리는 것 이상의 그 무엇이다. 어릴 때는 시간이 천천히 흐른다. 젊어서는 매 순간을 살기보다 항시 어디론가 향해 가는 도중에 있었다. 그러나 미래의 가능성을 위해 현실을 넘어선 무언가를 추구하는 그런 삶에는 지금이라는 현재가 없다. 젊은이들은 자립하고 싶어 하고 인정받는 중요한 사람이 되고 싶어 한다. 그러나 자리를 잡고 안정을 찾는 것에 초점이 맞춰진 삶에서 벗어나는 순간 새로운 세계가 펼쳐진다. 노인은 살아오는 동안 많은 것을 보았고 경험했다. 수없는 삶의 굴곡을 겪어왔지만 아직 살아 있고 건재하다.

오늘밤처럼 밤의 고요함을 음미한 적이 있는가? 풀벌레 우는 소리에 귀 기울여본 적 있는가? 아침에 향긋한 풀냄새를 몰고 오는 신선한 바람을 느껴본 적이 있는가? 새들의 지저귐에 미소 지은 적 있는가? 이 모든 것이 분명 이전에도 있었던 것인데 그동안 나는 어디에 있었던 것인가? 이제 삶의 완성을 향해 나아갈 시간이다. 이제 나에게는 조용한 시간, 고독한 시간, 다시 시작해볼 시간이 있다. 나는 이제 마음의 파문 없이 내가 행했던 온갖 실수, 성공과 실패를 바라볼 수 있다.

나이가 들어가면서 배우자의 죽음, 사랑하는 사람과 친구들의 죽음으로 우리는 자신의 일부를 잃어버리게 된다. 그리고 추억, 자의식, 소속감을 잃는다. 우리를 그리워하거나 만나기 원하는 사람도 없다. 그렇게 끝나는 것만 같고, 빠르게 돌아가는 세상에서 더욱 소외감을 느낀다. 그러나 개인의 역사, 가족의 역사, 국가의 역사, 세계의 역사를 모두 담고 있는 노년기는 역사 기록물 그 자체로 볼 수 있으며 그 나름 가치를 지닌다.

노년기에 접어들면 모든 겉치레를 벗어던지고 비로소 한 인간의 본 모습을 드러낼 수 있다. 젊은 시절에는 끊임없이 모으고 쌓아올리는 반면 나이가 들면 훌훌 털어버릴 수 있다. 유년기의 삶은 처음 한 말, 첫 걸음마, 처음 읽은 책 등 사건의 연속이다. 또한 교육을 받고 직장을 구하고 생활을 꾸려나간다.

그 시기에 겪는 모든 일은 우리를 성숙시킨다. 그런데 우리의 여정은 아직 끝나지 않았다. 어떤 기준으로 인생의 성공 여부를 판가름해야 하는가? 노년은 이제까지 우리가 삶에 대해 알게 된 모든 것을 돌아보는 시간이며, 현세를 넘어선 세계로 다가가는 시간이며, 앞으로 다가올 떠날 때를 준비하는 시간이다. 그동안 우리가 쌓아온 것을 뒤로하고 거듭 태어나는 시간이다. 이제 한결 가벼워진 몸으로 떠날 채비를 한다. 이제 내면을 가꾸는 일이 우리의 가장 큰 관심사가 된다. 우리는 진정 누구이며, 무엇을 알고 무엇을 좋아하는지 깨달아간다. 그리하여 점차 외적인 모습보다 내적 자아에 치중한다. 이제 남은 것은 시간과 자유이다. 가식을 던져버리고 오롯이 한 사람의 인간이 되어야 한다. 우리는 너무나 오랫동안 현재를 즐기지 못하고 미래를 위해 허비하며 살아왔다.

노년기에 접어들어 이제 아무것도 아닌 우리가 다른 사람에게 어떤 의미가 있는가? 그러나 책임과 구속에서 벗어난 노년기야말로 그동안 살아오면서 깨달은 진리를 전하고 실천할 수 있는 시기이다. 노년에는 전혀 다른 삶의 방식을 취할 수 있다. 속도를 늦추어 느리게 살아가면서 다시 책을 읽기 시작하고, 음악을 듣고, 호기심을 발동시키며 삶의 진실에 대해 생각해볼 여유를 가질 수 있다. 이제는 무엇을 할 수 있는가가 아니라 무엇을 해야 하는가라는 질문을 던질 때다. 그리고 진실을 말할 수 있어야 한다. 노년에게는 잃을 것이 많지 않다. 별다른 지위도 없고, 야심도 없고, 돈도 권력도 없다. 그들은 이제 사회의 이정표가 되고 진실을 말하는 사람들이 되어야 한다. 스스로 쓸모없는 존재가 되기로 마음먹지 않는 한 그 누구도 쓸모없는 존재가 아니다.

지나간 삶은 현재의 우리를 만들어주었다. 산다는 것은 한 인간으로서 점점 더 성숙해지고 더 강인해지고 더 온화해지고 더 지혜로워지는 것이다. 살다 보니 현재의 삶에 몰입하게 되었고 삶이 우리를 압도했으며 산다는 것이 생각보다 훨씬 복잡했다. 아직 우리의 삶은 끝나지 않았다. 우리에게는 아직 끝내지 못한 일이 있고, 말하지 못한 사연들이 있다. 고단한 삶에 찾아드는 슬픔과 회한은 자연스러운 일이다. 우리에게는 아직 할 일이 많다. 우리에게 아직도 남은 시간이 있다는 것은 기쁨이고 선물이다.

2) 노년의 신앙생활

세상에는 다양한 종교가 있다. 당연히 각 종교를 믿는 사람들의 모습도 다양하다. 종교의 사전적 의미는 "초자연적인 절대자의 힘에 의존하여 인간생활의 고뇌를 극복하고 삶의 궁극적 의미를 추구하는 문화 체계"이다. 그러나 종교란 한마디로 정의할 수 없는 것이며, 어둠 속 삶의 여정에서 마주하는 여명 같은 것이다.

신앙생활은 자신의 한계를 알고 더 근원적인 존재에 귀의하고 의지하는 것이다. 인간이 자기의 한계와 부족함을 깨닫는다는 것 자체가 심오하며 신비스러운 일이기도 하다. 건강하고 젊게 사는 노인들의 상당수는 신앙인들이다. 그들은 오만하지 않고 겸손하며 남을 편하게 하는 마음가짐을 가지고 있다. 그것은 자기 자신도 편하게 하는 길이며 알 길 없는 내세에 대한 기대와 소망의 근거가 되기도 한다. 신앙생활은 끊임없이 인간을 정화하기 때문이다.

종교는 규범이나 단순한 믿음 체계가 아니다. 종교는 인간이 무엇인가로 되어가는 과정을 돕는다. 어떤 종교의 길을 가든 가장 높은 고지에 오를 수 있도록 우리를 이끌어준다. 이를테면 궁극적 삶의 목적으로 한 걸음씩 다가가게 도우며, 마침내 그곳에 도달하게 만든다. 시작에서 끝에 이르기까지 삶의 여정에서 방향을 알려주는 이정표가 되어준다. 종교는 사회적 지침이 되기도 하고 개인으로 하여금 삶에 임하는 태도를 결정하게 한다. 노년에 접어들면 종교가 우리 행동이나 잘못을 지적하기 위한 것이 아님을 이해하게 된다. 삶을 긍정하고 생명의 신비를 받아들이게 하는 것이 종교의 역할인 것이다. 우리가 살아가면서 포기하거나 잃었거나 버렸던 것들이 서서히 되살아난다. 한 인간으로서 다시 시작하는 것이다. 어떻게 살아가야 할지, 어떻게 죽어야 할지, 삶과 죽음을 어떻게 조화롭게 만들고 받아들여야 하는지, 죽음에 대한 두려움을 극복하고 남은 삶을 어떻게 살아야 하는지 결단하게 된다.

우리는 이 세상에 홀로 있는 존재인가? 우리는 누구에 의해 어떤 목적으로 이 세상에 온 것인가? 이 세상에서 나는 어떤 존재인가? 우리는 어떤 사람이 되어야 하는가? 우리는 그저 아무런 목적이 없이 이 세상에 던져진 존재인가? 이런 문제들에 대한 해답을 찾는 곳이 바로 종교이며 믿음일 것이다. 우리 모두가 그곳으로부터 왔으며, 이 세상을 떠나면 그곳으로 돌아갈 것이라고 믿는 존재의 근원이 있음을 알려주며, 그곳으로 가는 길을 인도하는 것이 종교이다.

나이가 들면 어떤 종교를 가지고 있는지, 얼마나 자주 교회나 절을 찾는지가 중요한 것이 아니라는 사실을 알게 된다. 중요한 것은 우리 모두가 삶의 여정에 있으며, 어떤 여로를 택하든 그 여행을 통해 스스로 어떤 사람이 되었는가 하는 사실이다. 그렇게 되면 종파주의는 사라지고 이제 생명의 신비, 삶의 신비가 승리한다. 노년이 되면 누가 옳고 그른지에 대한 논쟁에 집착하지 않고, 무엇이 진실이고 무엇이 진실이 아닌지, 무엇이 중요하고 무엇이 중요하지 않은지 숙고하고 판단할 수 있게 된다.

우리의 근원인 신이 우리가 가야 할 곳, 마침내 도달해야 할 곳으로 이끌고 있다는 믿음을 갖게 되는 것은 노년의 선물이다. 종교는 나의 시선으로 세상을 보는 것이 아니라 자신과 거리를 두고 신의 시선으로 세상을 관조한다. 나의 시선으로는 보이지 않던 세계를 신의 시선을 통해 보게 된다. 이제야 비로소 남은 삶을 어떻게 살아갈 것인지, 세상과 어떤 관계 속에서 살 것인지 결정할 수 있다. 어떤 마음가짐으로 삶을 영위해갈 것인지, 삶에서 어떤 의미를 찾아낼 것이지, 삶에 어떤 의미를 부여할 것인지 스스로 선택할 수 있다.

종교는 보이는 것이 전부가 아니며 그 너머를 보아야 한다고 가르친다. 현세 속에서 내세를 보게 하고 존재 안에서 존재의 너머를 보게 하는 것이 종교이다. 그러기 위해 경우에 따라서는 자신의 모든 욕망을 부정하고 도려내고 잘라낼 수도 있다. 그리하여 인간이면서도 인간이 아닌 존재가 되려고 한다.

어떤 종교는 살아 있으되 미리 죽어버리기 방법을 추구하기도 한다. 예컨대 요가 수행자는 모든 운동을 멈추고 몸을 한 장소에 뿌리내리게 한다. 풀어진 의식의 실타래를 되감는 것이다. 신체의 정지, 호흡의 정지, 의식의 정지를 통해서 인간이 식물처럼 되는 길을 추구한다. 샤먼은 삶과 죽음의 경계선을 넘나들면서 우리에게 죽은 자들의 소식을 전해준다. 샤먼은 삶과 죽음이 분리된 사건들이 만나는 경계선에 위치하는 인간이다. 샤먼은 자유롭게 몸과 정신을 분리시키는 능력을 가지고 있으며, 몸은 삶의 세계에 둔 채 정신은 죽음의 세계로 내보낼 수 있는 사람이다. 그는 삶과 죽음의 경계선을 넘나들 수 있는 자이다.

종교는 맥없고 느슨한 일상세계가 아니라 팽팽히 긴장된 정신 속에서 발생한다. 예술은 낯익은 사물을 낯설게 만들어서 인간의 무뎌진 지각을 다시 활성화시킨다. 인간은 인간으로 태어나는데 왜 인간이 지닌 욕망과 욕구를 성실하게 충족시켜나가는 것이 부정되는지, 왜 그렇게 살아야 하는지 이해하지 못하고 종교를 거부하는 사람들도 많다. 세상사에 초연한 도인처럼 사는 사람들, 세상의 고통에 시달리다 산속에서 은둔하며 전혀 다른 삶을 살아가는 사람들도 있다.

우리나라의 각 종단이 밝힌 종교인의 수가 총인구보다 많다고 한다. 그럴 만도 하다. 개신교, 불교, 천주교를 두루 찾아다니는 것은 정치인들뿐만이 아니다. 어떤 사람들은 하나의 종교로는 미덥지 않아 가능한 한 많은 종교를 믿음으로써 구원을 보장받고자 한다. 어찌 보면 그들은 세상의 종교를 모두 받아들인 사람들일지도 모른다. 그러나 현실을 보면 종교에 대한 불신에 가깝다. 대도시의 지하철이나 터미널은 경쟁적 선교의 장소가 되었고, 어느 지역을 막론하고 각 종교들이 겹겹이 진을 치고 있다. 그뿐 아니라 같은 종교 안에서도 자신만의 방식으로 믿는 것이 옳다거나 타 종교를 인정하지 않는 독선적인 모습이 있는 것도 현실이다.

산다는 것은 부끄러움과 실수로 점철되어 있다. 스승의 가르침에 따라 살아가지 못하고, 스승을 향한 길에서 벗어나 점점 더 멀어지기만 하는 자신에 대한 자책이 마음을 무겁게 만든다. 종교인은 많고 넘치지만, 참된 신앙인이 없는 세상이라고 한다. 열성적으로 교회와 성당에 나가는 사람들, 사찰을 찾는 사람들만이 종교인은 아니다. 스스로 바로 신앙의 길로 들어서면 될 일이다.

사랑하라는 말, 자비를 베풀라는 말은 지체하지 말고 바로 지금 여기에서 서로 사랑하고, 지금 여기에서 자비를 베풀어야 한다는 결단의 촉구이다.

우리는 삶에서 무엇이 중요하다고 생각하는가? 그동안 삶에서 잃은 것이 있다면 그것은 무엇인가? 친구, 연인, 재물, 소중한 물건 등등 사는 동안 어떤 것을 잃었다는 생각이 들었을 때 단순히 잃기만 했는가? 그것을 잃음으로 인해 얻은 것은 없는가? 나는 얼마나 많은 날들을 허송세월했으며, 부질없는 것들에 마음을 빼앗겼는가? 내가 바라던 것, 나의 의도는 얼마나 자주 빗나가고 말았는가? 얻은 것과 잃은 것, 놓친 것과 잡은 것을 그대로 비교할 수는 없지만 실패는 성공을 위한 전초전이었을 수도 있다.

인생은 하나의 여정이다. 즉, 우리가 살아 있는 한 우리는 길을 떠나 있는 것이다. 더구나 시련과 역경이 거듭되는 여정인 것이다. 우리 인간은 회의하고 절망하는 나약한 존재이며 결국에는 죽어 먼지로 사라질 한낱 허상에 불과하지 않은가. 인간은 홀로는 존재할 수 없는 나약한 존재임에 틀림없다.

신앙인으로서 도대체 왜 이러시는가 하느님께 고통과 억울함을 호소하고 원망도 하지만, 결국은 상처를 받아들이고 그 상처를 안고 살아갈 수밖에 없는 것이 인간이다. 우리가 체험하는 역경과 아픔으로 인해 더할 나위 없이 어렵다 하더라도 우리는 그 길을 받아들이고 묵묵히 걸어가야 할 수밖에 없는 존재이다. 삶의 온갖 고난 중에도 침묵하는 하느님을 향해 대체 어디에 계시기에 도와주지 않는지 원망하고 한탄하기도 한다. 하느님은 왜 그리도 조용히 침묵하고 계시며, 이 세상일에 대응하지 않으시는가? 하느님께서는 참으로 존재하시며, 나 자신

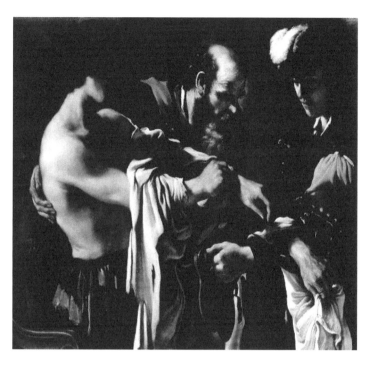

구에르치노, 「탕아의 귀환」, 1619년

우리는 모두 죽음 앞에서 평등하다고 하지만 실은 죽어가는 과정에서조차 평등하지 않다. 부가 허락하는 한에서 죽음도 훨씬 편안하게 맞는다. 그러나 아무리 억만금을 쌓아둔 부자도 죽음을 피할 길은 없다.

렘브란트, 「돌아온 탕자」, 1668-1669년

인생은 하나의 여정이다. 즉, 우리가 살아 있는 한 우리는 길을 떠나 있는 것이다. 더구나 시련과 역경이 거듭되는 여정인 것이다.

을 그분의 손에 맡길 수 있는 신뢰할 수 있는 존재인가? 우리는 하느님을 사랑하기도 하지만 의심하는 존재이기도 하다.

하느님과 우리의 관계는 하느님께서 들려주시는 말씀을 듣는 관계, 하느님께서 인도하시는 대로 따라가는 관계이다. 우리는 그분에게 마음을 열고 귀를 기울여야 한다. 그런데 하느님은 사랑이시며 우리 한 사람 안에도 머무실 정도로 자신을 낮추실 수 있는 겸손한 분이시다. 스스로 가장 낮은 곳까지 내려오신 하느님이시다. 사람은 누구나 유일한 존재이며, 독특한 방식으로 하느님을 닮아 있다. 아담 즉 사람은 자신의 아내를 하와라 불렀다. 하와는 삶을 의미하고 그리하여 살아 있는 모든 것의 어머니가 되었다. 사람은 혼자서 살아갈 수 없는 존재이며, 서로를 필요로 하도록 만들어졌다.

자신 안에 다른 사람을 잉태하고, 자신을, 자신의 살과 피를 다른 사람에게 줄 수 있다는 것이 여성 특유의 특징이자 여성만의 위대성을 나타낸다. 남편과 아내는 서로에게 속하는 존재이다. 그러나 사랑을 지나치게 낭만적으로만 생각해서는 안 되며, 그보다는 일종의 수난이나 도를 닦는 수행으로 생각해야 한다. 사랑을 수난으로서 짊어지고 나아가면서 계속해서 서로를 새롭게 받아들일 자세를 유지할 때, 평생의 동반자 관계로 비로소 무르익는 법이다.

교만이야말로 모든 일탈의 근원이다. 아담은 인식의 열쇠를 자신의 손아귀에 넣음으로써 스스로 하느님의 위치에 올라 하느님을 필요로 하지 않는 존재가 되려고 했다. 과연 우리는 어디서 왔으며, 지금 어떠한 모습을 하고 있는가?

신앙을 가진 사람도 비종교인이나 다름없이 생활하기도 한다. 불평과 신세한탄을 하며 하느님을 원망하거나 자신의 과제를 하느님에게 떠넘기려고까지 한다. 하늘은 스스로 돕는 자를 돕는다고 하는데, 제대로 노력을 하지 않으면서 일이 풀리지 않음을 오로지 하느님의 탓으로 돌리기도 한다.

일은 곧 삶이고, 삶은 곧 일이다. 어느 경건한 그리스도인은 일터를 성화해야 한다고 했다. 여기서 일터는 단순한 일자리라기보다는 삶의 장, 삶의 터전을 의미할 것이다. 어떤 삶의 시기를 지나고 있든 자신의 일상, 자신의 삶 자체가 마치 성경을 펼쳐놓은 것처럼 그렇게 사는 것이 진정한 그리스도인의 삶일 것이다.

* 내 안에 계신 주님

돌아가신 나의 이모님은 90세를 넘어서까지 건강하고 정신이 맑으셨으나, 사고로 막내아들을 여읜 뒤 돌아가시기 전 약간의 치매기가 생겼다. 이모님보다 9세나 더 젊었던 우리 어머니는 먼저 돌아가시고 난 후였다. 한번은 이모님께 인사를 드리러 언니와 함께 갔다. 이모님께서는 우리를 알아보고 반기셨다. 그러면서 하시는 말씀이 "글쎄, 내가 예수님을 만나 우리 아우가 그렇게 열심히 예수님을 믿다 세상을 떠났는데 천당에 가서 잘 지내는지 궁금하다고 물어보았지 뭐냐. 그랬더니 예수님이 아우가 세상을 떠났다는 사실을 아직도 모르고 있더라. 돌봐야 할 사람들이 너무 많고 바빠서 누가 세상을 떴는지 일일이 다 알 수가 없다고 하더라." 예수님께서는 모든 것을 알고 계시며, 무슨 일이든 다 하실 수 있으리라고 믿고 있지만, 한편 바빠서 일일이 모든 이를 돌볼 수 없을지도 모른다는 인간적 걱정이 아마도 그런 대화를 한 것으로 착각하신 모양이다.

우리는 하느님 아버지께서는 전지전능하시고 어디에나 계시는 분이라고 배웠다. 복음에 나오는 "아버지께서 내 안에 계시고 내가 아버지 안에 있다."(요한, 10:38)는 말씀과도 연관 지을 수 있을 것이다. 주님께서 내 안에 자리하고 계시다면, 나의 존재는 성스러운 존재여야 한다. 그것은 우리가 존엄한 존재이어야 하는 이유가 되기도 한다. 한없이 크신 주님께서 한없이 작고 보잘것없는 내 안에까지 임하시고 계심을 생각하면, 우리 자신 겸손해지지 않을 수 없다. 주님을 사랑하듯이 나를 사랑해야 하며, 주님을 그 안에 모시고 있는 다른 사람들도 사랑해야 하는 것이다. 더 나아가 이 세상 모든 것을 귀하게 대하고 그렇게 다루어야 하는 것이다. 그것은 어디에든 계신 주님 때문이다.

* 기적이 냉담을 부르는 아이러니

레크리에이션 강사로 봉사하는 수사님이 가톨릭대학교 생명대학원 워크숍에서 웃음치료 강의를 해준 일이 있었다. 키가

흰칠하고 건강한 분이었다. 강의가 끝난 후 알게 된 사실이다. 그분은 예전에 방송국 촬영팀에 속한 PD였는데 높은 곳에서 촬영할 수 있도록 된 사다리 장비 위에서 추락해 수개월 동안 전신마비가 되어 아무런 희망을 가질 수 없는 상황이었다고 한다.

그런데 그 수사님은 자신이 나을 것을 알고 있었기 때문에 전혀 걱정하지 않았다고 한다. 하느님께서 낫게 해주신다고 했다는 것이다. 그 말씀대로 기적이 일어났고 퇴원 후 전에 하던 PD 일을 그만두고 하느님께 봉헌된 삶을 살기 위해 수사가 된 것이다.

그날 워크숍에 대학원생으로 참석했던 한 신부님은 서울대 병원 원목실에서 병원사목에 종사하던 분으로 자신의 경험담을 들려주었다. 병원에서는 회복 가능성이 없어 죽음을 기다리는 환자들이 치유되는 기적 같은 일들이 심심치 않게 일어나고 있다고 한다. 그런데 간병을 하며 환자의 치유를 위해 함께 모여 열심히 기도하던 신자 가족들은 병동에서 기적 같은 일이 일어나면 오히려 냉담을 하곤 한다는 것이다. 하느님이 다른 환자는 구해주시고 같은 중환자인 자신의 가족은 구해주지 않았으니 부당하다고 분노하며, 하느님을 비난하고 교회를 떠나버린다는 것이다.

그런 기적을 확인하면 모든 이들이 더 열심히 믿을 것 같은데, 실은 정반대의 일이 일어나는 것이다. 기적이라도 일어나기를 간절히 기도했건만 그 기적이 자신에게 일어나지 않고 다른

이에게 일어났다는 사실이 오히려 신앙을 저버리게 되는 원인
이 된다니 참으로 믿기 어려운 일이다. 이것이 바로 평범한 우
리 신앙인의 모습이다.

기도 하나

지극히 너그러우시고 착하신 주님!
오늘 하루 지나는 가운데
저를 찾기보다 주님을 찾고,
육신의 근심과 욕구에서 벗어나
근심 걱정 없는 어린 아이처럼
해맑은 영혼을 가질 수 있도록
당신 진리의 빛 비추소서.

재물과 재능을 적게 받았다고
섭섭해 하거나
원망하는 마음을 거두고
더 많이 받은 자들을
시샘하지 않게 하옵소서.

남들보다 제게 혹여 더 많은 어떤 것이 있다 해도
그것으로 인해 우쭐하거나 교만하지 않고
나보다 못한 이와 나눌 수 있는

겸손과 넉넉함을 허락해주소서.

주께서는 적게 받고 많이 받은 자들이
왜 있어야 하는지 알고 계시나이다.

오늘 제가 하는 몸짓 하나와
제가 하는 말 한마디가 모두 기도가 되어
주님 영광 증거할 수 있도록 이끌어주소서.

* 나는 어떤 사람이고 싶은가?

"네 이웃을 네 몸같이 사랑하라." 하신 성경 말씀을 묵상하
며 타인을 사랑하기 위한 전제조건이 자신에 대한 사랑이라는
점을 다시금 되새긴다. 현재의 나는 어떤 사람이고, 어떤 사람
이 되고자 하는가? 나는 최선을 다하며 열심히 살아왔는가? 부
끄럽지 않은 삶을 살아왔는가? 과연 나는 진정으로 나를 사랑
했는가? 또한 남을 사랑하고자 노력했는가? 개선의 여지는 있
는 것일까? 희망을 가져도 되는 것일까? 이러한 끊임없는 자기
성찰의 질문들에 대해 긍정적인 답변을 할 수 있는 항목이 적
은 것 같아 불안감에 휩싸인다. 게으름에 젖어 있는 타성은 심
각할 정도이고, 관대하지도 못할 뿐 아니라 때론 이기적이기까
지 하다.

  기왕에 하느님 앞에 나서기에 완전한 사람은 드물 터인데,

눈에 띄지 않게 적당한 수준을 유지하고 조용히 살아가면 그만 아닌가. 아니, 그럴 순 없다. 너무 과한 욕심인지 모르나, 나는 누가 무어라 해도 나의 마음에 들고 무엇보다도 하느님 보시기에 좋은 그런 사람이 되고 싶다.

하느님 마음에 드는 사람에 대해서는 나의 이해의 폭에 한계가 있어 잘 알지 못하니, 우선 내 마음에 드는 사람은 어떤 사람인가 생각해보자.

무엇보다 나는 가장 가까이에 있는 사람들, 되도록이면 가족으로부터 존경받는 그런 사람이 되고 싶다. 가족으로부터 인정받는 것이야말로 진정한 기쁨일 수 있을 것이다. 멀리 있는 사람, 가끔 보는 사람으로부터 칭찬받는 일은 쉽지만, 가족으로부터 진정으로 존경받기란 어려울 것이기 때문이다. 가까이에 있는 사람들은 그 누구보다 나의 단점이나 좋지 못한 습관을 잘 알기 때문에 그들로부터 후한 점수를 받기는 좀처럼 어려울 것이다.

만인의 인기를 독차지하고 있는 명망 있는 사람들이 가정에서는 비인간적인 면모를 드러내는 경우도 심심치 않게 발견된다. 보통 누구나 그렇듯이 가족으로부터 본능적인 사랑을 받을 수는 있을 것이다. 그러나 존경받기란 쉽지 않을 것이다. 가족에게 비춰진 내 모습이 존경받을 만한 모습이기 위해서는 커다란 단련과 수련이 필요할 것이다. 작은 목표이지만 도달하기 어려운 목표인 것은 분명하다.

몽골의 돌산에서 발견한 이름 모를 이 꽃의 생명력을 닮고
싶다.

자갈밭에 피어난 이름 모를 꽃
몹시도 척박한 땅 몽골의 돌산에서 힘겹게 돌들 틈을 뚫고 나와 바닥에 의지
한 듯 나지막이 피어난 이름 모를 야생화가 얼마나 아름답던지, 황홀할 정도
로 눈길을 끄는 꽃에 매료되어 서투른 솜씨로 카메라에 담았다.

* **하느님은 생명이며 사랑이시다**

내게 가장 감동적인 교회의 가르침은, 우리가 믿는 하느님은
생명이며 사랑이라는 사실이다. 하느님께서는 우리에게 생명을
주시고 사랑으로 보살피신다. 그렇다고 우리에게 전혀 어려움

이 없는 것은 아니다. 오히려 생각보다 자주 우리에게 시련과 고통이 닥쳐오곤 한다. 때로 그것은 하느님 사랑의 은혜에 힘입어 거듭나는 계기가 되기도 한다. 겉으로는 행복의 조건을 모두 갖추고 있는 것 같은 사람들도 알고 보면 나름대로 말 못할 어려움을 겪고 자신의 십자가를 지고 있음을 확인하게 된다. 누구든 삶의 역사가 있고, 정도의 차이는 있겠지만 행복한 시기도 어려운 시기도 거쳐 갈 것이다.

우리는 하느님의 목소리에 귀 기울이며 말씀을 따르기만 하는 모범적 신앙인으로 머무는 대신, 때로는 유혹에 눈이 멀어서, 때로는 스스로 유혹의 주체가 되어 하느님과 멀어지기도 한다. 그런데 우리의 주님이신 야훼 하느님은 우리가 심은 것 그대로만 거둘 수 있게 하는 분이 아니다. 야훼께서는 인과응보를 초월한 '사랑과 용서와 자비'의 하느님이시다.

내가 비록 잘못의 원인 제공자일지라도 진심으로 뉘우치고 회개할 때 좋은 방향으로 마무리해주시는 분, 내가 빗나갈수록 더욱더 사랑으로 마지막까지 보살펴주시는 분, 나의 잘못에 대해 응징하지 않으시고, 오히려 불쌍히 여기시고 용서하시는 분. 우리는 그런 분을 신앙으로 택할 수 있는 은총을 입은 것이다. 살면서 우리에게 닥치는 어려움들은 우리 아버지 하느님께서 우리에게 주시는 사랑이라고 생각해야 할 것이다.

"너의 곁에는 항상 내가 있음을 잊지 말아라. 참고 견뎌내라. 네가 겪고 있는 고통의 의미를 깨닫고 내게로 돌아오라. 지금 네가 가고자 원하는 길은 내게서 점점 멀어지는 길이다." 이러한 하느님의 말씀은 얼마나 감사하고 기뻐해야 할 일인가. 우리를 내치지 않고 언제나 올바로 인도해주시는 주님을 모실 수 있음은 얼마나 큰 행운인가.

많은 유산을 탕진하고 걸인이 되어 돌아온 아들을 반갑게 맞아 잔치를 베풀어준 아버지처럼, 자비의 하느님께서는 우리의 내세를 우리가 할 수 있는 것보다 훨씬 풍성하고 아름답게 만들어주실 것을 믿기 때문이다. 오류로 물들어 있지만 기쁨이 충만한 신앙생활을 할 수 있는 것은 야훼 하느님을 믿는 그리스도인의 축복이다.

우리나라는 자살률이 세계 최상위권에 달하고 있다. 아동학대와 노인학대, 부녀자학대도 도를 지나치고 있는 것으로 집계되고 있다. 이러한 생명경시 풍조의 확산은 주께서 우리에게 내려주신 계명들에 우리가 얼마나 무심한지 실태를 보여주는 것이다. 책임을 회피하기 위해 생명을 살리기보다 포기하고 죽이는 데 동참하는 행위를 멈추고, 이제 생명 살리기 운동에 동참해야 할 것이다. 하느님께서 우리에게 선물하신 생명을 사랑으로 보살피며, 잘 관리하여 주님께 되돌려드리는 것이 바로 우리의 사명일 것이다. 보이지 않는 주님을 믿고 의지하는 우리는 겸손한 마음으로 아무리 연약한 생명일지라도 존중하고 보호해야 할 것이다.

생명이시며 사랑이신 주님, 우리를 불쌍히 여기시어 우리로 하여금 올곧은 길을 가도록 자비를 베푸소서! 주님 은혜 감사드리나이다.

＊ 나는 세상의 빛이다

예수님께서는 "나는 세상의 빛이다. 나를 따르는 이는 어둠 속을 걷지 않고 생명의 빛을 얻을 것이다."(요한, 8:12)라고 말씀하신다. 제아무리 성공한 삶을 영위하고 있어도 바로 내일 일어날 일조차 알지 못하고 살아가는 우리, 어둠과 불안 속에서 하루하루 이어가는 불쌍한 신세의 우리에게 세상의 빛이신 주님께서 말씀하신다. "내 사랑하는 아들아, 내 사랑하는 딸아, 나를 따르라. 너희는 어둠에서 벗어나 생명의 빛을 얻으리라." 이 얼마나 큰 은혜인가. 스스로 길을 찾아야 하는 것이 아니라, 우리의 스승이시며 주님이신 예수님이 가시는 대로 그 길을 따라가기만 하면 생명의 빛에 이를 수 있다니, 이 아니 기쁠 수가 있는가.

우리는 좌절을 거듭하면서도 한 번 일이 잘 풀리면, 주님께 감사하기보다는 스스로를 과신하고, 마치 제 공로인 듯 오만해지며, 굽힐 줄 모르고 완고해진다. 그러나 도가 넘칠 때면 결국 허를 찔려 상처를 입고 꺾이고 마는, 그리하여 자신의 어리석음과 한계를 확인하게 되는 경험이 어디 한두 번이던가. 그러다 보면 자신감을 잃게 되고, 사람들과의 관계도 삐걱거리기 쉬워진다. 또 한편 아예 사람들 틈에 끼는 것조차 꺼리게 되기도 하여, 무인도에 홀로 사는 이처럼 고립되기도 하지 않는가.

그러나 우리가 믿는 하느님은 우리를 생명의 빛으로 이끌어 주시는 분이시다. 한눈팔다 이정표가 되어주시는 주님을 시야에서 잃고 어둠에 갇혀 길을 잃었을 때는 동요하지 말라. 우왕좌왕하며 무조건 더듬어 움직이면, 균형을 잃고 더 큰 혼란 속으로 빠져들어갈 수 있기 때문이다. 잠시 멈추어 서서 인내를 가지고 어둠과 침묵의 의미를 묵상하며, 주님께서 마침내 불러주시고 길을 열어주실 때를 기다려보라. 주님께서는 결코 우리를 버리실 분이 아니기 때문이다.

* 예수님이 이루신 기적

죽은 라자로를 살려내셨다는 내용의 복음에서는 예수님을 보기 위해 많은 유대인들의 무리가 몰려온다. 그런데 그들은 "예수님 때문만이 아니라, 그분께서 죽은 이들 가운데에서 다시 일으키신 라자로도 보려는 것"(요한, 12:9)이었다. 그들은 어쩌면 예수님이 이루신 기적을 확인하고자 하는 데 더 관심이 있었을지도 모른다. 둘러보면 기적이 아닌 것이 없건만, 우리 인간은 좀 더 확실한 무엇인가를 보고 싶어 한다.

보라. 계절에 따라 아름다운 옷으로 치장하는 대자연의 신비를! 눈꽃이 장식해주던 앙상한 가지에 어느덧 새순이 돋아 푸른색으로 뒤덮이고, 여름철 무성하던 숲이 때를 맞추어 형형색색의 단풍으로 물들고, 어느덧 낙엽이 뒹구는 겨울이 다시 돌아오듯이, 생명의 신비는 아름답기 그지없는 경이 자체가 아닌가.

우리는 끊임없이 죽음에 대해 관심을 가지고 묻는다. 죽음이 무엇이며, 우리가 왜 죽어야만 하는지 묻는 것이다. 그러나 하느님을 진심으로 영접한 이들에게 있어 죽는다는 것, 죽음은 이제 인식의 대상에만 머무르지 않고, 희망의 개념이 된다. 죽음에서 새로운 생명의 탄생이 없다면, 죽는다는 것은 일방통행이며, 한 번 사라진 생명은 다시 영영 되돌릴 수 없으며, 더 이상 아무런 생명이 존재하지 않을 것이다.

그러나 부활의 희망이 주는 의미는 우리 신앙인에게는 크지 않을 수 없다. 사랑하는 사람들의 죽음을 통해 겪는 이별의 고통과 슬픔은 살아 있는 남은 이들에게 있어 새로운 희망으로 승화되어 꿋꿋하게 오늘을 살아갈 수 있는 용기와 힘을 제공해 준다. 세월이 유수와 같이 흐른다고 하지만, 나이를 더할수록 흐름의 속도가 더욱 빨라짐을 실감하게 된다. 그만큼 죽음의 관문이 가까워짐을 의미하는 것인지도 모른다. 어느 한순간 우리는 이 세상을 떠나 영원한 세계에로 옮겨갈 것이다. 그때를 위해 준비하는 마음으로 늘 깨어 있어야 한다.

＊ 주님, 어디로 가십니까?

시몬 베드로가 예수님께 "주님, 어디로 가십니까?" 하고 묻는다. 그러나 주님께서는 "내가 너희와 함께 있는 것도 잠시뿐이며, 내가 가는 곳에 너희는 올 수 없다. 그러나 나중에는 따라올 수 있다."(요한, 13:36)고만 하신다. 이 복음 말씀을 읽으면, 확고한 신앙 안에서 살고 있다고 믿는 우리가 혹시 일상의 생활에서 자주 예수님을 잊고, 스스로 베드로처럼 예수님을 모른다고 하며, 유다처럼 되어 예수님을 배신하고 있지는 않은가 돌아보아야 할 것만 같다.

주께서는 어디로 가신 것일까? 지금 어디에 계신 것일까? 교회의 가르침에 따르면 주께서는 죽으시고 묻히셨으며 사흘날에 부활하시어 하늘에 오르시어 천주 성부 오른편에 앉으셨다고 한다.

우리가 예수님을 따르려면, 어쨌든 죽음을 거쳐야만 하는 것이다. 즉, 우리 인간에게 가장 큰 문젯거리 중의 하나인 죽음을 통해서만 주님이 계신 곳에 도달할 수 있는 것이다. 그럼에도 불구하고 동서고금을 막론하고 인간은 죽음을 조금이라도 뒤로 미루고 극복하기 위해 온갖 노력을 한다. 생명을 조작하여 복제를 하고자 하는 것도 바로 그런 이유 때문이다. 그러나 생명의 주인은 주님이시며, 생명을 주시는 분도, 거두시는 분도 주님이심을 안다면, 그러한 시도가 얼마나 큰 불경죄가 되는 것인지 알게 될 것이다.

주어진 삶에서 나에게 오늘을 허락하신 주님의 뜻을 헤아리며, 그분께로 향하여 다가가는 하루하루를 기쁜 마음으로 살아가는 것이 도리이다. 씨 뿌리며 가꾸어야 하는 힘겨운 때는 자비를 청하는 기도를, 열매를 거둘 때는 찬미와 감사의 기도를 올려야 하며, 혹여 오늘 이루지 못한 성과는 다음 기회가 허락될 것이라는 희망을 두고 기다림의 덕을 쌓아감이 마땅하다.

3) 황혼기 삶 속의 단상들

나이가 들면 아는 것뿐 아니라 모르는 것도 많아진다. 그렇기 때문에 이해하기 위해 애써야 할 것도 많아진다. 나이가 들면 들수록 빠른 세태 변화에 적응하기 위해 더 많이 노력해야 하고, 더 많이 이해해야 하고, 더 많은 인내심을 가져야 한다. 지난날을 돌아보며 지금 마주하고 있는 현실과 앞으로 남은 날을 가늠해보면서 삶 전체를 조망하게 된다. 나이가 들면 젊어서보다 더 진지하게 삶을 성찰하게 된다. 그렇게 함으로써 삶 전체를 해석하고 평가하게 된다.

삶의 경험들 사이의 연관성은 무엇이고, 그렇게 흘러갔어야만 했던 지나온 삶이 앞으로 남은 삶을 어떻게 어디로 이끌 것인가? 친숙한 사람들이 하나둘 세상을 떠나고 세상은 낯선 곳으로 변했다. 세상 밖으로 밀려난 것이 아니라 세상은 머물러 있는데 그 속에 어설프게 서 있는 나라는 존재 자체가 이방인이 되는 느낌이다.

마음의 평정으로 가는 길 중의 하나는 사색이다. 사색은 의미의 탐색이다. 삶의 의미, 개별적 사건들과 경험들의 의미에 대한 탐색이다. 다시금 기억을 되살려 사건들을 연관시키고 무엇이 어떤 의미를 부여했고 어떤 결과를 불러왔는지 탐색해내기 위해서이다. 자신이 걸어온 길을 되돌아보며, 무엇을 얻고 무엇을 잃었는지, 지금 발 딛고 서 있는 자리가 어디쯤인지 확인하며, 자신에게 중요한 관계와 의미들, 이상과 현실, 두려움과 상처들을 직시하고, 무엇을 받아들이고 무엇을 버리고 무엇을 간직할 것인지 선택해야 한다. 이제 비로소 삶 전체를 해석하고 개관할 수 있고 평가할 수 있을 만큼 성숙해진 것이다. 비록 자신의 근원을 알지 못하더라도 그것은 미지의 신비로 놓아 둔 채 자신이 걸어온 길을 확인하고, 성취한 것, 실패한 것, 자신에게 중대한 영향을 미쳤던 사건들, 경험들, 습관들은 어떤 것이었는지, 가장 소중하고 의미 있던 일은 무엇이었는지 되돌아보는 것이다.

그 의미를 깨닫지 못하고 고통스러워하던 순간들의 연관성을 희미하게나마 깨닫기도 한다. 인간이 가진 한계성 때문에 자신의 삶을 완벽하게 규정하거나 조망하는 것을 바랄 수는 없다. 문제는 삶의 단편적인 사실이 아니라, 삶 전체의 진실이다. 자신의 삶을 이해하고 받아들일 수 있는 해석이 필요하다. 지나온 삶에 대한 성찰 없이는 어떻게 자신이 지금까지의 삶을 살아왔으며 지금도 그렇게 살고 있는지 이해할 수 없을 것이다. 나의 삶은 다른 그 누구도 해석할 수 없다. 자신만이 해석하고 자신만이 판단할 수 있을 뿐이다. 모든 것이 그렇게 진행될 수밖에 없었던 것은 자신의 선택에 있었다. 갈림길에서 이 길로 들어섰던 선택은 나 아닌 그 누구의 결정이나 개입이 아니었다. 그런 선택은 우연일 수도 있고 필연일 수도 있다. 우연이든 필연이든 달리 선택할 수 없었던 것은 바로 나 자신인 것이다.

그런 나의 삶은 긍정할 만한 삶이었으며, 부끄럽지 않은 삶이었던가. 무엇이 그런대로 긍정할 수 있는 측면이고, 무엇이 그렇지 못했는가? 바라던 일들 중 어떤 일들이 충족되었고, 어떤 일들에서 좌절의 고배를 마셔야 했는가? 내 의지와 달리 전개되고 다른 결과를 가져왔던 일들은 어떤 일들이었는가? 그 일에 대해 어떤 평가를 내려야 하는가? 다른 방법으로 처리했으면 좋았을 일들도 있고, 다른 결과를 가져왔으면 좋았을 일들도 있다. 그러나 이미 어쩔 수 없는 지난 일들이다. 그렇게 되어버린 데는 이유가 있었고, 그 당시에는 지금처럼 경험이 없었고 미숙했다. 나 자신은 그러한 실패를 통해 조금이나마 단단해질 수 있었는지도 모른다. 결국 실패로 끝난 일에도 나름대로 의미를 부여할 수 있다. 지난날의 삶에 대한 회고와 성찰을 통해 지금의 삶을 넘어서는 미래를 향한 시야가 열린다. 지금 이 순간 내게 중요한 것 중에서 미래까지 간직하고 가야 할 것은 무엇인가? 그러기 위해 어떻게 해야 하는가? 못다 한 일들을 보완하여 지금이라도 완성하기 위해 아직 할 수 있는 일은 무엇인가?

비록 고단했던 삶의 여정이었더라도 삶과 화해하고 삶과 조화를 이룸으로써 노년의 곤궁을 이겨낼 수 있다. 그것은 마음의 평정과 더불어 이루어진다. 마음의 평정은 직면한 현실을 수용하고 미련과 원망을 버림으로써 가능해진다. 더 이상 어쩔 수 없는 일들은 그대로 놓아두고 더 이상 붙잡고 있을 수 없는 것들은 단념하기, 닥쳐오는 것에 자신을 맡겨두기 같은 수용하는 자세가 마음의 평정을 가져다준다. 아직도 어떤 것에 대해 분노의 감정을 해소하지 못하였는가. 자신이 생각하고 있는 것에 대해 아직도 솔직하게 털어놓지 못하는 것이 있는가. 나이 들어가면 보다 더 솔직하게 자신을 드러낼 수 있는 용기와 자유로움이 있어야 한다. 노년에는 더 이상 어리석음을 견뎌낼 여력이 없다. 이제 시간이 허락하는 한도 안에서 능력껏 삶을 살아낼 줄 아는 지혜가 필요하다. 아직 남아 있는 여력이나 한계를 알고 연륜에서 오는 지혜를 잘 활용해야 한다.

비록 흠결투성이인 지난 삶의 흔적이라도 자신의 것이었음을 인정하고 이제라도 남은 삶을 조화롭게 살아낼 수 있도록 심혈을 기울여야 한다. 오늘 하루 무사히 일과를 마치고 잠자리에 들 수 있다면 감사해야 할 것이다. 하루가 또 지나간 것에 서글픔이 밀려오기도 하지만, 이 밤은 자신의 한계를 절실히 느끼고 겸허해지는 성찰의 시간이다. 오늘이 저물어가는 것은 언젠가 기울어져갈 내 삶의 끝을 상기시키는 깨달음과 연결된다. 나에게 내일이 있을지 나는 아직 모른다. 매일 잠자리에 드는 것은 삶과 작별하는 연습이다. 이 생애 이후 어떤 세상이 펼쳐질지 아니면 그것으로 끝날 것인지, 그날이 지나면 알 수 있을 것인지 아직은 모른다. 삶과 이별하는 시간은 슬프지만 수수께끼가 풀리는 전환점이 될지 모른다.

나이가 들어 죽음이 다가옴을 의식하면, 온갖 욕심이나 고집도 사라지고, 이런저런 미련이나 원망, 미움, 원한이 다 사라질 것으로 기대한다. 두려움도 후회도 안타까움도 사라질 것이며, 경솔하게 사물을 판단하지도 않을 것이라고 생각한다. 사회적 지위가 높다거나, 경제력이 있다거나, 잘난 사람이니 못난 사람이니 하는 구분도 부질없다고 여기며 초연해질 것이라 기대하고, 어떤 것에도 얽매이지 않는 자유를 즐길 수 있게 되리라고 여긴다. 나이가 든다는 것은 오랜 세월을 살았다는 것이니, 젊어서는 알지 못했던 것들을 나이 들면 알게 되고 젊어서는 보이지 않던 것을 보게 되고, 보다 지혜로워지고 삶에 달관하여 더 이상 경거망동하지 않으리라고 기대한다. 그러나 그러한 성숙은 누구에게든 허락되고 저절로 이루어지는 것이 아니다.

이웃을 자기 자신처럼 사랑하라고 한 예수의 말은 자신을 사랑하듯이 이웃을 사랑하고, 그러기 위해서는 이기심을 버리고 이웃을 위해 희생해야 한다는 가르침이다. 더 나아가 원수를 사랑하라는 말은 원수에 대한 용서를 전제한다. 그것은 초인적 힘을 요구하는 하나의 이상이다. 그것은 바로 흔히 말하는 권위를 버리고 겸손해야 하며 타자의 아픔을 자신의 아픔으로 여기는 타자 윤리가 우리 능력이나 현실과 멀어 보이는 이유이다. 그렇기 때문에 오히려 나 자신을 불쌍히 여길 수밖에 없는 존재로 인식할 때 내 안에 있던 오만과 권위의 자리는 사라진다. 나 자신이 불쌍한 존재이듯 제아무리 그럴듯하게 보일지라도 타자 역시 불쌍한 존재인 것이다. 고만고만한 존재들 사이에서 서로 경쟁을 하며 잘난 모습이나 못난 모습에 더 이상 우쭐대거나 마음 상해할 필요는 없다.

삶은 모든 순간이 연결되어 완성되는 작품이다. 때로는 삶의 질서를 뒤흔드는 사건이 일어나기도 하여, 그 사건 이전과 이후가 완연히 달라지는 전환점이 되기도 한다. 삶은 자신을 만들어가고 자신의 모습을 형성하는 순간의 연속이자 사건의 연속이며 하나의 역사이다. 그 누구의 삶과도 일치하지 않는 유일무이한 것이 개인의 역사이다. 그렇기 때문에 자신을 다른 사람들과 비교하거나 다른 삶을 모방하는 우를 범하지 말아야 한다. 오로지 자신의 길을 걸어가면 된다. 다른 사람과 비교하기 시작하면 우리 모두가 열등한 존재가 되기 마련이다. 그 누구도 모든 면에서 완벽할 수도, 뛰어날 수도 없기 때문이다. 팔방미인으로 보이는 사람도 어떤 측면에서 혹은 생각보다 여러 면에서 결함을 지니고 있을 수 있다.

사람들은 보통 현재에 충실하기보다 지금 여기에 없는 다른 것을 찾아 헤맬 때가 많다. 사람들은 미래를 희망하며 현재를 살아간다. 어제와 내일에 한 발을 걸쳐놓고 현재를 건너뛰려고 한다. 아직 내가 획득하지 못한 것, 보이지 않는 것, 이루어지지 않은 것에 눈길을 주고 그런 것들을 추구하며 현재의 가치와 의미를 잃고 있다. 삶에 충실하려면 지금 이 순간에 몰두하고 지금 여기에 있어야 한다.

＊또 다른 삶으로의 초대

젊음은 지식과 경험을 쌓는 시기이다. 장년은 그렇게 획득한 지식과 분별에 의거하여 삶을 경작하여 열매를 맺는 시기이다. 노년은 맺은 열매를 즐기는 계절이다. 노인이 되면 몸이 노쇠해지고 건강에 이상이 와도 자연의 섭리이니 받아들이고 죽음 앞에서도 초연해질 수 있으리라고 상상한다. 그런데 노년이 되어도 반드시 그런 기대에 부합하는 것은 아니다. 살아온 세월만큼이나 살아갈 세월도 고독과 슬픔과 소외를 겪게 될 것이다. 그런데 세상을 향해 소리 높이 외쳐도 그 누구도 주의를 기울이지 않고 오히려 빈축을 사기 일쑤다. 그럴수록 노년의 삶은 더욱 외로워진다.

　노인을 소외시키고 공동체 삶의 자리에 설 수 없게 만드는 사회에서는 온갖 증상의 질환이 노년의 삶에 침투한다. 노년기의 삶은 신체적 노쇠에 더하여 정신적인 상실감, 영혼의 메마름, 사라진 열정, 잃어버린 희망, 절망, 절대고독, 고통과 함께하는 시간일 가능성이 크다. 그렇기 때문에 다시 한 번 인생을 새롭게 살아볼 수 있는 방법을 찾아봐야 한다. 사람에게는 저마다 태어날 때가 있고 죽을 때가 있다. 사는 동안은 그 삶을 살아가는 사람이 주체이고 그 삶을 살아가는 사람의 선택이다. 삶은 기회의 문제가 아니라 보다 적극적인 선택의 문제이며, 기다림이 아니라 성취하는 것이다. 이런 점에서 운명은 자기 자신이 결정하는 것이라는 주인의식에 어느 정도 타당성을 인정할 수 있다. 우리는 주변 세상을 바꾸려 하기 전에 먼저 우리 자신을 직시하고 스스로 변화해야 한다. 이제 나에게 허락된 지금 이 시간은 무엇보다도 나를 위한 시간이다.

　누구도 가보지 않은 길을 혼자 걷는 사람에게는 큰 용기가 필요하다. 어떤 사람들은 죽음이 두려워서 삶을 시작하지도 못한다. 살 만한 이유를 제공할 만큼 가치 있는 것이 있는가. 시런 없는 인생은 없다. 죽음은 삶보다 더 보편적이고 정의롭다. 죽음 앞에서는 모두가 평등해지지만, 삶의 형식과 내용은 모두 다르기 때문이다. 죽음에 대한 생각은 우리를 겸손한 인간으로 만든다. 또한 인간에게 높고 낮음, 귀하고 천함이 없음을 일깨 위준다. 스스로의 불완전함을 받아들이지 못하고 완벽주의에 빠지면 괴로움만 더한다. 영원히 끝나지 않는 비바람은 없다. 폭풍우가 지나면 고요와 평화가 깃들 것이다. 삶의 고난도 영원히 지속되는 것은 아닐 것이다.

* 인생은 하나의 창작품

인생이란 우리가 스스로 창작하고 만들어야 하는 하나의 예술작품과 같다. 하나의 소설이라고도 할 수 있고, 연극이라고 해도 좋으며 무대라고 해도 좋으며 조각이라고 할 수도 있다. 시간은 인생이라는 작품을 펼치는 장소이다. 매일 매 순간이 인생이라는 작품을 만드는 장소인 것이다. 기왕이면 보기 좋고 아름다운 작품으로 만들어서 하느님 앞에 나아가야 하지 않겠는가.

그동안 잘못되고 창피스러운 삶을 살아온 사람이든, 남은 삶이 얼마 안 되어 이제는 영영 돌이킬 수 없다고 느끼는 사람이든, 절망스러운 상황이어서 포기할 길밖에 없다는 사람이든, 늙은 노인네나 임종을 하루, 아니 30분 앞둔 사람일지라도, 누구에게든 회심하고 만회할 시간은 충분하다. 예수님과 함께 십자가에 못 박혀 죽은 강도 중의 한 사람도 마지막 죽는 순간에 예수님께 구원의 약속을 받지 않았는가.

몹시 일그러지고 지저분하고 실패한 잘못된 삶이 만들어낸 작품이라도 그것을 잘 색칠해 마무리하면 오히려 그 흠집이 아름다운 무늬가 되어 더 아름다울 수도 있다. 과연 나는 무엇을 가지고 하느님 앞에 설 것인가? 내 삶을 어떤 작품으로 만들어 갈 것인가?

하느님 앞에 가면 그분께서는 다 알고 계시니 침묵을 지키는 것, 즉 묵비권을 행사하는 것이 아마도 더 나을 것이다. 청중 앞에서 강연하는 경우도, 성공적인 삶을 드러내거나 삶의 지혜로 무언가 전달하거나 가르치려 하면 이해받기 어려울 때가 많다. 그런데 자신의 어리석음이나 부끄러운 지난날의 과오에 대해 이야기하면 보다 더 공감을 얻는 것이 사실인 것 같다. 왠지 똑똑하고 완벽한 사람은 접근하기 어렵고 비인간적인 것 같고, 호감이 가지 않기 때문이다. 좀 어리숙하고 실수하고 바보 같은 사람이 더 친근감이 가기도 한다.

그런데 인생 전체를 자신이 홀로 만들어가는 것은 아니다. 자신이 원인이 아닌 외적 요인이나 타인이 내 삶의 방향과 내용에 결정적 영향을 미치기도 한다. 전혀 자신의 잘못이 아닌데 타인에 의해 삶이 엉망진창이 되기도 하며, 천재지변에 의해 큰 피해를 입기도 한다. 억울하지만 어쩔 수 없는 운명으로 돌려야 한다니 분노에 치를 떨 때도 생기는 것이다.

외부에서 오는 충격에 특히 취약한 사람이 있다. 그러나 같은 사람이라도 처한 상황에 따라 혹은 어떤 시기에 있는가에 따라 충격에서 받는 영향이나 반응이 다를 수 있다. 보편적 정의나 상식이 통하지 않고 악의에 찬 부당한 사람들이 미소 짓는 현실을 접할 때, 하느님이 정말 정의로우신 분인가 의구심을 품게 되는 것도 사실이다.

살다 보면 사람들 사이에 갈등이 불거지고 잘잘못을 가려야 할 때가 생긴다. 인간은 누구나 과오를 저지르거나 잘못을 저지를 수 있다. 그것이 의도적이었다면 자신의 잘못에 대해 책임을 져야 한다. 의도하지 않았으나 결과적으로 자신의 잘못으로 인해 무고한 타인이 피해를 입은 경우에도 책임을 져야 할 것이다. 잘못을 한 후 어떻게 수습하고 처리하는가가 그 이후 삶을 결정하는 핵심이다. 노년은 인생이라는 작품을 마무리하고 완성하는 시기이다.

* 관계 속의 나

인간관계는 살아가는 데 중요한 부분을 차지한다. 행복하게 늙기 위해서는 인간관계가 중요하다. 인생에 실패하는 이유는 기술이나 지식이 부족하기 때문이 아니라, 대부분 잘못된 대인관계에 있다. 타인의 언행 불일치를 경험한 후 남의 말을 믿지 않는 사람들이 있다. 물질 중심의 인간관계를 갖는 사람은 나이 들수록 궁색해지고, 일 중심이나 자기중심의 인간관계를 갖는 사람 역시 외로움에 빠지게 된다.

다른 이들과의 관계는 많은 문제를 야기한다. 대인관계에서 상대방을 변화시키는 것은 용이한 일이 아니다. 차라리 자신을 바꾸는 것이 더 쉬울 것이다. 더구나 세상을 바꾸는 것은 불가능해 보이므로 자신을 세상에 맞추려 할 것이다. 그러나 이러한 태도는 발전을 포기하고 단지 현상을 긍정하는 결과가 될 수 있다. 우리는 때로 다른 이들이 자신을 대신해서 인생의 과제를 해결해주기 바라지만 그런 일은 결코 일어나지 않는다.

모든 사람이 동일한 세상에 살고 있지는 않다. 같은 사건이 발생해도 그것을 해석하고 의미를 부여하는 방법에 따라 대처 방법도 달라진다. 그러므로 대화를 통해 상대방을 이해해야 한다.

대화를 나누기 전에 사람은 관념에 지나지 않는다. 거리를 두고 바라보던 사람들 중 어떤 사람이 나에게 말을 걸어 대화를 주고받았을 때, 관념에 지나지 않던 그 사람은 비로소 하나의 인격이 된다. 사람들은 논리 정연한 이야기보다 감정에 호소하는 이야기를 좋아한다. 사람들은 이성보다 감성에 좌우되는 경향이 있다. 선동 정치인들은 감정에 호소하는 연설을 하며, 사람들의 마음을 현혹하고 민중을 지배하려 한다. 대화가 성립되려면 누가 이야기하는가보다 무엇을 이야기하느냐에 중점을 두어야 한다.

사회적 인간으로서의 나는 인간관계를 중요시한다. 인간관계의 최종 목적은 공동체감, 즉 사회적 공감 능력과 연대감에 있다. 인간에게는 다른 사람의 입장에서 느끼고 행동할 수 있는 감정이입 능력이 있다. 다른 사람과 감정을 함께 나누는 것은 대화로 시작된다.

* **나는 주변 환경으로부터 얼마나 자유로운가?**

인간은 주변 환경의 영향을 받는다. 더 나아가 인간이 주변 환경에 의해 만들어진 결과물이라고 보는 사람들도 있다. 사실 개인과 환경은 서로 밀접히 상호작용을 한다는 것이 더 정확한 표현일 것이다. 그런데 개인이 환경에 어느 정도 영향을 미치는 것은 사실이지만, 실제로 영향을 미칠 수 있는 범위는 극히 제한되어 있다. 하여튼 환경은 대체로 자신이 선택한 것이 아니므로 자신의 의지와 상관없이 외부의 조건에 의해 개인에게 불행이 닥치는 경우 부당하게 생각될 수 있다.

더구나 자신의 잘못이 전혀 없이 피해를 당하는 경우는 어떻겠는가? 열심히 일하는 평범한 시민으로서 정책에 영향력을 행사할 수 없는 위치에 있기 때문에, 전쟁을 막을 수 없었으며, 그 결과 사랑하는 사람들을 잃는 끔찍한 경험을 하였으며, 장애를 갖게 되었거나 자신이 평생 쌓아올린 모든 것을 한순간 잃어야만 했던 사람들이 역사 속에 얼마나 많았을 것인가? 또한 천재지변에 의한 불행을 겪는 사람들도 적지 않다. 현시점에서도 조금만 눈을 돌리면 비슷한 상황에 처한 사람들을 얼마든지 발견할 수 있을 것이다. 그럼에도 불구하고 자동기계가 아닌 이상 우리에게는 항시 어느 정도의 선택의 여지가 있다.

고난 속에서도 의미 있는 삶을 찾아 나서기도 하며, 의미 있는 삶을 영위하거나 그렇지 못한 것은 많은 경우 우리의 선택과 노력에 달려 있다. 그렇다면 우리는 자유의지를 지니고 있는 것일까? 있다면 어느 정도까지 자유의지가 작용할 수 있는 것일까? 자유의지를 입증하기 위한 연구는 그동안 수없이 시도되었지만, 우리의 실제 체험은 자유와는 거리가 먼 것처럼 보인다.

한편 일상적 직접 경험의 세계에서는 주어진 상황에서 우리가 원하는 바를 자유롭게 결정할 수 있음을 발견하기도 한다. 하여튼 많은 경우에 우리가 마음만 먹었다면 실제로 행동했던 것과는 달리 행동할 수도 있었을 것이라고 확신하게 된다. 이를테면 우리는 일정한 목적지에 이르는 여러 길들 중에 한 번은 이 길을, 또 한 번은 다른 길을 선택해 같은 목적지에 가기도 한다. 하지만 이러한 선택이 우리가 결정하는 순간에 무언가 다른 것에 의해 영향 받은 것이라고 생각하지는 않는다.

그러나 우리가 하는 모든 행위가 자유로운 결정의 결과는 아니라는 점 또한 명백하다. 우리는 때로 과로하여 기계적으로 행동하거나, 강한 감정의 억눌림 아래서 혹은 감정에 지배되어 행동하기도 한다. 그러나 언제나 선택의 여지는 있다. 하루, 매 시간, 매 순간 선택의 여지는 있다. 내적 자유를 빼앗으려 위협하는 외부 환경에 굴복할 것인지 아닌지에 대한 선택의 자유는 우리에게 달려 있다.

우리는 때로 알 수 없는 운명에 대한 불안감에 시달리기도 하지만, 나름대로 가능한 한도 내에서 할 일을 선택할 수도 있다. 이러한 불안의 원인을 내 잘못이 아닌 타인이나 더 나아가 잘못된 정책을 시행하는 국가나 행정기관의 탓으로만 돌리는 것도 결코 현명하거나 옳은 태도가 아니다. 비록 활기에 차고 만족스러운 삶의 조건이 갖추어지지 않을 때에도 우리는 삶의 의미를 찾을 수 있다.

창조적인 삶과 즐거움을 누리는 삶만이 의미 있는 삶은 아니다. 화려하고 멋지고 타인들의 감탄의 대상이 되는 삶만이 가치 있는 삶도 아니다. 참으로 외소하고 보잘것없는 우리네 평범한 삶에서도 나름대로 의미를 찾으며 기쁨을 얻을 수도 있다. 어떤 마음가짐을 갖는가에 따라, 어쩌면 우리가 싫어하고 피하려는 생의 모든 것에서 의미를 찾을 수도 있다. 고통스러운 삶도 그렇다. 고통은 피할 수 없는 우리 삶의 한 부분이다. 고통과 죽음 없는 인간의 삶은 없다. 어쩌면 그런 것을 통해 우리의 삶은 성숙하고 완성되는 것일지도 모른다. 때로는 마치 고통의 희생물이라도 된 것처럼 절망하기도 하나, 고통은 우리의 성장과 변화를 위한 디딤돌이 되어주기도 한다. 그런 의미에서 현재 더할 수 없는 고난과 절망에 처해 있는 이들에게도 희망이 있는 것이다. 그의 삶은 더 이상 나빠질 수 없을 정도로 악화되어 있기 때문에, 이제 도약하는 길만이 남아 있는 것이다. 이러한 도약을 위해 인내를 가지고 스스로 노력해야 함은 물론이고, 외부의 온정 또한 필요할 것이다. 따뜻한 말 한마디와 배려가 어려운 시기에 커다란 힘이 될 수 있으므로, 어려운 처지에 있는 이웃에게 눈을 돌려보고 우리 모두 좋은 환경을 만드는 데 힘써야 할 때다. 특히 노년은 어느 정도 이기심을 벗어나 베풀 수 있고, 하려고만 하면 아낌없이 내어줄 수 있는 때이기도 하다.

＊ 기다림

원인을 아는 문제들은 해결의 길이 있든 없든 혼란스러움이 덜할 것이다. 그러나 요즘 들어 부쩍 알 수 없는 중압감이 나를 힘들게 한다. 무엇이 원인일까? 이유 없는 울적함은 있을 수 없지 않은가. 곰곰이 원인을 분석해본다. 내가 가지고 있는 문제들이 있다면, 그것들은 결코 어제오늘의 새로운 것들이 아닐 텐데, 왜 새삼스레 나를 묶어두고 괴롭히겠는가? 이런 상황에서 줄곧 내면으로 침잠할 것인가? 혹시 사람들이 이야기하던 갱년기를 지나 노년기에 접어드는 증세인 것일까?

인간의 갈등은 거의 관계에서 비롯되는 문제일 것이다. 자신과 가족, 자신과 이웃, 자신과 직장동료 등등. 물론 사람들과의 관계에서 나를 불편하게 만들고 신경을 곤두세워야 할 일은 종종 발생한다. 특히 가정이나 일터에서 늘 마주 대해야 하는 사람과의 부딪힘이라면 더욱 심적 부담이 되는 것이 사실이다. 건강한 삶을 위한 조건은 역시 조화로운 관계인가 보다.

부활절을 보내고 다시 한 번 가족과의 관계, 지인들과의 관계, 동료들과의 관계를 돌아본다. 그러나 지금의 중압감은 적어도 나 자신과의 충돌에서 오는 것이 아니라는 데서 위안을 찾는다. 인간을 병들게 만드는 가장 큰 요인, 인간에게 있어 가장 심각한 문제는 어쩌면 자기 자신과의 갈등, 자신과의 관계일지 모른다는 판단 때문이다.

자신과 외부세계의 관계에 대립이 생기거나 이해갈등이 불거지면 대화나 협의를 통해 문제 해결에 나서고, 정 해결이 안 되면 결별로서 끝내기도 한다. 그러나 자신이 부끄럽고 자신을 용서할 수 없을 때, 자신을 미워하거나 증오할 때는 타인과의 관계에서처럼 자신과의 결별은 불가능하다. 자신과 화해할 수 없을 때는 해결의 실마리를 찾을 길이 없을 것이다. 그렇기 때문에 대부분의 사람들은 자신에 대해 관대하며, 갈등의 원인을 자신에게서 찾기보다 타인이나 외부의 상황으로 돌리기도 한다. 그것은 아마 자기 보호본능에서일 것이다. 자신과의 갈등이 해소되지 않고 극한으로 치달을 때 정신질환으로 이어지기도 하고 파멸에 이르기도 하고 자살로 끝내기도 하지 않는가.

자신과의 조화로운 관계를 유지하는 일은 평화로운 삶을 위해 그 무엇보다도 필요한 것이다. 일이 꼬일 때는 무리한 시도를 하기보다는 하던 일을 멈추고 잠깐 숨을 고르는 기간을 갖는 것도 좋다.

자신도 친구도 그 누구 하나 시원한 해결안을 내놓지 못할 때, 또한 이러한 일을 통해 나에게 가르치시고자 하는 주님의 뜻을 헤아릴 수 없을 때에는 주님께서 이끄시는 대로 온전히 자신을 맡기고 기다리는 인내를 배우는 길밖에 없을 것이다.

그렇다. 또다시 그냥 기다려보자. 기다림은 그동안 내가 신앙에서 터득한 문제 해결의 방법이 아닌가.

* 불안

오늘은 어떻게 하면 더 늦지 않게 삶의 지혜를 터득할 수 있을까 생각해본다. 삶에서는 무엇이든지 과하게 도를 넘지 않고 중심을 잡고 설 수 있는 것이 참으로 중요한 것 같다.

불안은 정도의 차이는 있겠으나, 인간이라면 누구에게나 있는 떨쳐버릴 수 없는 실존적 문제이다. 아무도 같이 할 수 없고 대신 할 수도 없는 죽음에 대한 불안, 인간은 결국 막막한 대지에 홀로 던져진 존재라는 데 대한 불안 등등.

불안감이 지나치면 병이 되고 소심하게 되겠지만, 일상생활의 문제에 대해 도를 넘지 않은 적당한 불안을 갖는 것은 바람직하다. 매사에 신중하고 조심할 수 있어 실수가 적을 것이며, 어쩌면 미덕이 될 수도 있기 때문이다. 적당한 불안과 불만은 개선을 위한 노력을 동반하게 될 것이므로, 포기나 안주하는 상태보다 희망을 던져줄 것이다. 외적인 데서 불행의 원인을 찾기보다 자신의 불안과 한계를 극복하고 다스리는 일은 현명할 뿐 아니라, 행복의 열쇠가 된다.

자신에 대한 지나친 과신이나 자신감, 만족도 그리 긍정적인 평가만을 내릴 수 있는 것은 아니다. 현 상황에 만족하고 안주하는 것은 결국 퇴보를 의미할 것이기 때문이다. 도를 넘지 않은 적당한 욕망이나 의욕을 갖는 것은 개인적 발전을 위해 필수적이다. 그런데 범사에서 도에 지나치지 않은 중용을 유지하는 것이 쉽지 않은 데 문제가 있다. 그것은 각자의 몫이요, 수양의 정도에 달려 있다고 보아야 한다.

* 더 늦기 전에

청년기를 지난 후 어느 때부터인가 나에게 연말연시는 더 이상 즐겁고 희망에 찬 시기만은 아니었다. 확실히 꼬집을 수는 없지만 어딘가 허전하고 무엇인가 빠져나간 듯 자리가 메워지지 않는 답답함이 나를 가라앉게 만드는 느낌을 떨쳐버릴 수 없었다.

신앙을 갖기 전 나는 성서에 묘사된 신은 결코 사랑일 리 없으며, 자비의 신이라면 인간에게 그렇게 가혹한 멍에를 씌웠을리 없다고 생각했다. 그 당시 구약성서를 읽으며 줄긋고 메모해둔 곳을 보면 기막히다. 잔인한 신, 응징하는 신, 저주하는 신, 질투하는 신 등등.

그렇다면 가톨릭 신앙에 귀의한 현재의 나의 모습은 어떠한가? 나에게 내려주신 주님의 은총이 얼마나 큰지 모르는 바도 아닌데, 신앙인으로서 당연해야 하는 감사와 기쁨과 충만감보다는 왠지 뭔가 부족한 것만 같은, 내가 가진 것보다 나에게 없는 것이 더 커 보이고, 내게 없는 것들로 인해 지금 내게 허락된 것을 즐기지 못하며, 그 가치를 제대로 인정하지 못하니, 이 무슨 망령된 허욕인가. 가당치도 않게 점점 더 큰 것을 원한단 말인가. 나 자신을 조금만 더 낮추자. 주님의 겸손하심과 사랑과 인내를 가슴에 새겨보자.

과거와 미래를 점검해보는 시기, 지난해의 일들을 돌이켜보고 감사와 반성을 해보는 시기, 새롭게 맞은 새해를 계획하고 희망에 부푸는 이 시기에 나는 나에게 허락된 현재, 이 시간에 매달려본다. 과거는 돌이킬 수 없이 지나가버렸고 내일은 불확실하기 때문이 아닌가. 나에게 허락된 이 귀중한 시간을 지금 나는 어떻게 보내고 있는가? 현재에 몰입하여 할 수 있는 최선의 것을 행하는 것, 그것이 분명 현명한 선택이리라.

그러기 위해서 나에게는 언제 어디서나 나와 함께 현존하는 주님이 계시다는 믿음이 절실하다.

일체의 것이 근접할 수 없도록 외부로 향한 문을 모두 잠가버린 채 스스로 완벽에 이르고자 하는 그 어리석음, 오만함과 도도함을 모두 벗어버리자. 모든 것을 주님께 맡기고 도움을 청하자. 공허한 지적 언어를 매개로 하는 것이 아니라 가슴으로 하는 믿음, 모든 인간적인 불안과 걱정을 잠재워주시고 생명의 길로 나를 인도해주실 분은 오직 한 분, 내 주님뿐임을 더 늦기 전에 겸손된 마음으로 고백해보자. 아직은 음력 섣달, 정월이 오지 않았으니 뒤늦은 새해맞이 준비로 해묵은 악습들을 털어버리자.

* 고통에도 의미가 있다

인간의 고통은 육체는 물론 인격 전체에 영향을 준다. 고통에 대한 고뇌와 두려움은 인간을 괴롭히고 파괴한다. 인간은 고통이 오기도 전에 미리 두려워하고 어떻게든 고통을 피하려 한다. 늙어간다는 것은 곧 상실과 아픔을 더 자주 대면해야 하는 것이고, 아프다는 것은 곧 늙어간다는 신호이다. 어느 날 느닷없이 찾아오는 질병, 노화, 죽음 때문에 고통스러운 우리 몸은 엄청난 노력을 기울이며 이를 극복하려고 한다. 나이에 상관없이 젊은이들에게도 질병과 죽음은 지금 여기에서 느닷없이 닥칠 수 있다.

사는 것은 고통을 동반한다. 평온할 때는 안락함을 즐기기보다는 오히려 일상의 지루함과 권태로 인해 답답해하는 것이 인간이다. 사는 것이 힘들지 않은 사람은 드물 것이다. 아주 특별한 일이 일어나지 않아도 산다는 것 자체가 고통스러울 때가 많다. 마치 고통을 예감한 듯 아기는 이 세상에 태어나면 맨 처음 울음을 터트린다.

인간 존재라면 누구든 언젠가는 죽을 것이라는 불안에 시달리기 마련이다. 그렇다고 사는 것을 되돌리거나 멈출 수는 없다. 대부분의 사람들에게 죽음은 홀연히 찾아온다. 그리하여 사람들은 하고 싶은 일을 다 하지 못했다는 미련을 간직한 채 죽어간다.

오래 살다 보면 보고 싶지 않은 것도 봐야 하고, 겪고 싶지 않은 일도 겪어야 한다. 그것이 인생이다. 오래 살면 살수록 슬픔과 괴로움도 늘어난다. 그렇다고 해서 삶을 포기할 수도 없다. 삶에서 피할 수 없는 노화, 질병, 죽음은 인간에게 고통을 안겨준다. 그런데 고통이 나쁜 것만은 아니다. 우리는 고통으로 인해 우리가 가진 병을 발견하고 치유할 수 있기 때문이다.

특히 노년에는 그동안 살아왔던 자신의 삶의 무게를 돌이켜보는 것이 필요하다. 그러나 과거에 벌어졌던 자신의 잘못이나 다른 사람에게 입힌 피해는 이미 자신의 통제 범위를 벗어난 일이라 생각하여 책임을 회피하고 돌이켜보지 않으려 하며, 자신을 더 작은 세계에 가둘 수 있다. 이를 경계해야 한다.

* 삶의 굴곡

오래전 일이다. 어느 날 갑자기 한 친구가 찾아왔다. 가끔 만나 이야기를 나눈 친구였지만 그날은 뜻밖에 찾아와 그간의 속내를 털어놓았다. 알고 보니 그 친구는 내가 전혀 짐작하지 못한, 아니 상상하기 어려운 고난의 시기를 겪었던 것이다. 담담하게 듣고 있었지만 나의 내부에서 만감이 교차했다. 현재 겪고 있는 고통이 아니라 이미 먼먼 지나간 과거였기에 다행이라는 생각에 한숨 놓였다.

전혀 의논할 사람이 없어 그 시기에 나를 무척 찾았다는 그 친구, 그 당시 친구가 문제를 풀어나가는 데 내가 도와야 했다면 얼마나 난감했을까? 유학 중 잠시 귀국했을 때 어떤 친구가 나를 찾더라는 소리를 들은 일이 있지만, 나 자신 전혀 여유를 갖지 못한 시기여서 누구인지 알아볼 생각도 못하고 흘려듣고 말았다.

누구든 나름대로 삶의 역사가 있고 정도의 차이는 있겠지만 행복한 시기도 어려운 시기도 거쳐 갈 것이다. 나에게도 삶의 어려운 시기가 있었다. 아무리 보아도 끝날 것 같지 않아 막막하던 시기, 아무런 계획이 없고 내일이 보이지 않던 시기, 더 이상 나빠질 것이 없을 것같이 삶의 벼랑 끝까지 간 것 같던 절망의 시기, 출구가 없는 것 같은 칠흑같이 어두운 터널을 더듬는 듯 어디로 향하고 있는지 모르기 때문에 두려움과 불안에 떨며, 그러한 나 자신이 가엾고 억울하다는 생각으로 분노에 휩싸이기도 했던 그러한 시기가 내게도 있었다.

그러나 그 절망은 결코 헛된 것이 아니었다. 이제는 믿고 있다. 한 인간을 성장시키고 그 정신을 강인하게 만드는 것은 바로 역경과 시련이라는 것을. 잘못된 것을 부정하는 자기 합리화나 도피가 아니라, 당장은 어려워도 정도를 가고 올바른 길을 찾으려 하는 책임 있는 태도와 노력은 헛되지 않다는 것을.

이제는 끝이겠지 생각하지만 크고 작은 시련은 예고 없이 찾아오며 살아 있는 한 지속될 것이다. 그런데 사랑이신 주님께서 왜 그런 어려움을 우리로 하여금 겪게 하시는 것일까? 그러한 시련은 반드시 숨겨진 뜻이 담겨 있어야 할 것이라며, 하느님의 뜻에 눈멀고 귀먹은 사람으로 머물지 않으려 의미를 찾아 나서곤 한다. 아무리 모진 시련일지라도 우리를 집어 삼키는 것이 아니라, 우리를 발전시키는 힘이 되어야 한다. 어려움에 처해 있는 당시에는 마치 죽을 것만 같고 원망스럽지만, 지나고 보면 역시 하느님께서는 우리가 감당할 수 있는 정도의 시련을 주셨고, 그 시련은 우리의 성숙을 위해 필요한 것이었음을 확인하게 된다.

시련을 통해 우리는 자만의 껍질을 벗고 겸손해지고, 사물의 본질을 보는 눈이 뜨이며, 다른 이의 기쁨을 함께하고 다른 이의 슬픔을 아파할 줄 알게 되며, 작은 기쁨과 행복에도 감사할 줄 알게 될 것이다. 신앙인으로서 하느님의 자비를 믿는 사람은 부끄러워 숨기고 싶은 자신의 일그러진 상흔까지 모두 하느님께 봉헌할 수 있어야 한다. 사랑이신 주님, 우리를 불쌍히 여기시어 자비를 베푸소서!

✳ 고독 1

열 길 물속은 알 수 있어도 한 길 사람의 속은 알 수 없다고 하였던 옛말이 실감 난다. 10년이 넘도록 가까이 뵈었던 분이 몹시 편찮다는 사실, 더구나 마음의 병을 앓고 있었다는 사실을 알고, 12월을 지나 새해를 맞고 봄이 오는데도 내내 그 아픔이 내게 전해오는 듯하다. 큰 어른으로 생각할 수 있도록 늘 마음 푸근하게 해주시고 나의 든든한 후원자이던 분이 마치 어린아이처럼 허물어지는데 전혀 도움을 드릴 수 없다는 것이 나 자신을 얼마나 무기력하게 만들었는지 모른다.

왜 그 정도의 심각한 아픔을 혼자 담고 계셨던 것일까? 대체 무엇이 문제였던 것이기에 생의 끝 간 데까지라도 도피하려 하셨을까? 이러한 생각에 사로잡히면 갑자기 발 딛고 있는 땅이 흔들리듯 덩달아 내게도 두려움이 엄습해온다. 이제 절대로 완벽성을 추구하지 말아야겠다. 조금은 부족하고 흠이 보이고 모자라도 괜찮다. 그래야 필요한 경우 누군가에게 도움을 청하는 것도, 도움을 받는 것도 자연스럽지 않겠는가. 어차피 인간은 누구나 혼자인 것을, 너무 가까이 다가가지도 말고 너무 멀리 있다고 불안해하지도 말자. 새삼스레 고독이나 적막함을 떠올리지 말자. 그 무엇에도 얽매이거나 자신을 구속시키지 말고 자유로워지자.

새봄이 왔건만 황혼이 깊은 삶을 마치 어린아이가 걸음마를 배우듯이 다시 시작하실 수 있을지 걱정스럽다. 낙조를 바라보면 너무 아름답기에 서글프기도 하다. 우리네 인생은 그러한 자연의 아름다움을 간직하기에는 역부족이기에 더 서글픈 것이리라.

＊ 고독 2

어느 날 알 수 없는 외로움이 물밀듯이 밀려올 때가 있다. 왜 모든 것이 낯설기만 하고 멀어만 보이는 것일까? 그것은 전날 밤의 꿈 때문이었을지도 모른다. 초행길의 낯선 곳에서 길을 잃고 홀로 하염없이 헤매던 시간이 깨어서도 악몽처럼 불안을 몰고 온다. 지금 깨어 이곳에 내가 왜 있는지 알 수 없듯이, 꿈속에서 내가 왜 무엇을 찾아 그곳을 그리 헤매었는지 알 수가 없다.

가슴 절절한 이 외로움은 그 근원이 어디에 있는 것일까? 사람에 대한 실망이나 혐오 때문이 아니다. 자신의 목숨만큼 귀중한, 아니 그보다 더 귀한 사랑을 약속할 수 있는 대상이 없기 때문도 아니다. 내가 누군가를 사랑하든 그렇지 않든, 내가 누군가를 혐오하고 증오하든 그렇지 않든, 예정된 내 삶의 내용에 변화는 없을 것이기 때문이다.

내 삶이 정해진 대로 흘러가더라도 그것이 내가 원하는 바대로 사는 데 걸림돌이기 때문에 자유롭지 못하다고 불평을 할수도 없다. 왜냐하면 원하면 언제든 내 삶을 내 마음대로 살아갈 수 있음을 잘 알기 때문이다. 결국 나를 구속하는 것은 나자신일 뿐이다.

＊고독 3

사람은 나이가 들수록 해야 할 말을 보다 솔직하고 주저 없이 하기 때문에 점점 더 까다로워진다는 오해를 받을 수 있다. 나이가 들면 외로움도 더해간다. 늙어감에 따라 자주 잊히고 소외되기도 하므로 외로움에 빠지기 쉽다. 우리가 세상에 태어난 시간은 이미 먼 과거가 되었고, 세상을 떠나야 할 시간은 시시각각 다가오고 있으며, 어딘지 알 수 없지만 우리가 온 곳은 멀어지고 있으며, 떠나야 할 곳은 점점 더 가까워지고 있다는 서글픔 때문이다. 홀로 있을 때보다 사람들 가운데서 느끼는 소외감과 외로움 또한 크고 고통스럽다. 세월이, 시간이, 삶이 걷잡을 수 없이 나의 힘이 닿지 않은 곳으로 빠져나가는 느낌 때문에 초조해지기도 한다. 그것을 의식할수록 외로움은 더해 간다. 다른 사람들과의 거리감뿐 아니라 그들의 삶과 자신의 삶은 너무 다르다는 점도 외롭게 만든다. 그러나 이제 자신만의 삶의 역사를 가지고 있음을 의식하게 된다. 누구의 삶과도 같을 수 없는 나 자신의 삶, 그것이 어떤 모습이든 나 자신의 작품이 된 것이다. 그런 모습은 회한과 두려움과 고통을 불러오기도 한다.

노년기는 살아오면서 그동안 겪은 일들에 대해 도대체 왜 그런 일들이 일어났는지, 자신은 그 일에 어떻게 대처했는지, 그 일이 자신에게 어떤 의미가 있는지 돌이켜보고 의문을 제기하고 해답을 구할 수 있는 시기이다. 이러한 생각은 홀로 있을 때, 고독할 때 더 잘 떠오른다. 그동안 자신이 어디에 머물렀는지, 어떻게 변하고 달라졌는지 살펴보기도 한다. 삶은 고독한 것이다. 독거노인의 경우 대부분 스스로 홀로 살기를 선택했다기보다는 그렇게 살도록 내몰렸을 것이다.

그런데 스스로 택하는 고독은 외로움 또는 소외와는 다르다. 소외는 본인의 뜻과 달리 바깥세상과 차단되는 것이다. 외부와 연결을 하려고 애써도 전혀 연결 기회를 얻지 못하는 것이 소외이다.

에드바르트 뭉크, 「절규」, 1893년

홀로 있을 때보다 사람들 가운데서 느끼는 소외감과 외로움 또한 고통스럽다.

소외당하는 사람은 세상과 떨어져 살며 무기력하고 야속하지만 어쩔 수 없다. 홀로 있기를 택한 고독은 나 자신에 몰입하기 위해 스스로 선택하는 것이다. 혼자만의 시간을 가지면서 바깥세상을 차단하고 내면에 집중하는 것이다. 고독은 우리를 외부와의 갈등이나 소음 없는 고요한 세상, 인간관계의 불협화음과 소용돌이 없는 세상으로 이끈다. 바깥세상의 온갖 소란이 침묵으로 변하면 우리는 홀로 남아 자신과 대면하는 시간을 갖는다. 고요와 침묵이 우리를 내면으로 향하게 한다. 그러한 고독 속에서 우리는 자신과 화해하고 지나온 삶을 돌이켜보고 받아들인다. 과거에 어떤 일을 했건 그것은 우리를 지금의 모습으로 이끌었다. 지나온 과거의 일들 중 그 어떤 것도 우리의 힘으로 바꿀 수는 없다. 다만 우리가 그것을 바라보는 방식을 바꿀 수 있을 뿐이다. 과거의 짐으로부터 벗어나는 것은 그 길뿐이다. 지나간 일에 대한 회한으로 노년을 얼룩지게 해서는 안 된다. 고독은 과거를 돌이켜보게 하고 현재의 삶을 반성하게 한다.

* 기억

기억력은 인간의 정신활동의 중요한 기능이며, 인간 삶에 가장 큰 영향을 미치는 기능이기도 하다. 그렇기 때문에 우리 삶에서 기억을 고통스럽거나 짐이 되게 해서는 안 되며, 소중한 것으로 만들어야 한다. 우리는 기억이 지나간 일에 관련된 것이라는 이유로 커다란 의미가 없다고 치부하기 쉽다. 그러나 기억은 제어하기 힘들다. 기억은 우리를 지배하고 이곳저곳으로 끌고 다니며, 이리저리 휘두르기도 하여 우리의 기분을 결정하기도 한다. 우리를 혼란스럽게 만들기도 하고 확신을 주기도 하며, 해결되지 않은 채 남겨두기도 한다. 한순간도 우리를 조용히 놓아두지 않고, 한시도 우리를 홀로 두지 않는 기억은 참으로 끈질기고 가혹하다.

그러나 인간의 기억에는 여러 의미가 담겨 있다. 기억은 우리 마음속에 깊이 새겨져 지워지지 않는 것이 있음을 일깨워준다. 기억은 우리가 무엇을 그리워하는지, 응어리로 남아 있는 것은 무엇인지, 무엇을 후회하는지, 무엇과 화해해야 하는지 깨닫게 해주는 치유의 장소이다. 현재에 머물지 않고 삶을 전체로서 조망하게 해주는 것은 기억이다. 기억은 과거에 일어난 일들을 현재 진행 중인 삶의 일부로 만들어준다. 기억이 있기 때문에 삶은 아무 연관 없는 사건의 연속이 아니다. 기억은 앞서간 사람들과 우리를 연결해주며 때로는 잊고 있던 과거의 한 장면으로 우리를 초대한다. 그렇게 우리가 제대로 마무리 짓지 못했던 일, 그래서 아직도 회한과 아쉬움이 남는 일, 여운으로 남아 있는 감정의 주변을 서성이게 한다. 살아온 날들의 기억을 더듬다 보면 자신이 무엇을 걱정하고 무엇에 집착했는지, 무엇에 기뻐하고 무엇을 슬퍼했는지, 무엇이 자신에게 상처를 입혔고, 무엇이 수치스러운 사건으로 남아 있는지, 무엇을 사랑하고 무엇을 증오했는지, 그러한 일들이 자신을 얼마나 변화시켰는지 어렴풋이 깨닫게 된다. 그럼에도 기억은 노년을 구속하지 않는다.

추억은 회고다. 추억은 어제의 기억을 불러들여 우리를 소생시킨다. 기억은 우리에게 경고와 믿음, 고통과 위로를 간직한 창고이다. 추억은 우리를 과거로 침잠하게 만들기보다는 미래를 향해 나아갈 용기와 힘을 주기도 한다. 그런데 추억과 달리 향수는 단순한 회상이라기보다 과거를 못 잊고 그 속으로 침잠하여 스스로를 가두게 만든다. 노년기를 향수에 젖어 무기력하고 무의미하게 보내는 것은 어리석은 일이다. 노년기는 충만한 시간, 평온의 시간으로 만들어져야 한다.

* 고통과 허무는 삶의 참모습이다

우리는 각자 다양한 모습의 삶을 살아갈지라도, 결국 누구에게나 인생은 공허하며 허무한 것이라는 사실을 부정할 수 없다. 성서도 우리에게 허무와 고통이 삶의 실체이며 자연의 법칙이므로 인간의 힘으로 그것을 극복할 수 없음을 가르쳐준다.

"모든 인생은 한낱 풀포기, 그 영화는 들에 핀 꽃과 같다! 풀은 시들고 꽃은 진다.

스쳐가는 야훼의 입김에 백성이란 실로 풀과 같은 존재이다."(이사야, 40:6-7)

"헛되고 헛되다. 세상만사 헛되다.

사람이 하늘 아래서 아무리 수고한들 무슨 보람이 있으랴!"(전도서, 1:2-3)

320

"당신께서 휩쓸어 가시면 인생은 한바탕 꿈이요, 아침에 돋아나는 풀잎이옵니다.

아침에는 싱싱하게 피었다가도 저녁이면 시들어 마르는 풀잎이옵니다."(시편, 90:5-6)

우리가 고통을 겪으며 사는 것은 인생 자체가 허상이요 무상하기 때문이다. 참된 안정은 생의 무상성과 불완전함을 겸허하게 받아들이는 자세일 때 비로소 찾을 수 있는 것이라지만, 그렇게 하기는 그 누구에게도 쉽지 않다. 그러므로 이 세상에서 충만한 행복과 평화를 누리는 사람들은 극소수의 선택된 사람들일 것이다. 갑남을녀에 속하는 우리의 불안과 고통은 우리로 하여금 이 세상의 나그네요, 유한한 존재임을 깨닫게 해준다. 완전한 행복과 평화는 아마도 천국에서나 가능할 것이다. 이러한 자연법칙에 예외는 없다.

물고기는 거센 물살을 거슬러 살아가야 하며, 언제 자기를 해칠지 모르는 무리 속에서 긴장하면서 살아야 활기가 있다고 한다. 이와 마찬가지로 생명체는 항상 긴장 속에 살아야 생명을 유지할 수 있으며, 너무 편하면 죽는다고 한다. 인간에게 있어 죽지 않을 정도의 긴장과 고민과 고통은 오히려 삶의 활력소가 되는 것이다.

그러므로 고통은 생에 필연적인 것이며, 성숙으로 이르는 과정의 한 부분이다. 해결해야 할 어려운 일이 있음은 생의 과제가 있음을 의미하며, 이러한 고난은 우리에게 살아야 할 이유를 제공한다.

우리 주변을 살펴보면 유복한 환경에서 평탄하게 자라난 사람들이 사회생활을 제대로 하지 못하는 경우가 비일비재하다. 그들은 생존경쟁의 삶의 현장이 주는 긴장감과 압박을 견디지 못하고 무기력한 존재가 되어버리는 것이다. 그들은 쉽게 포기하고 쉽게 상처를 받으며, 그 상처는 쉽게 아물지 않는다.

한편 어렵게 풍파 속에서 살아온 사람들은, 보호받으며 온실 속에서 곱게 자란 사람들과 다르다. 그들은 고통스러운 문제가 생기면 도피하지 않고 용감히 맞서며, 그 고통의 실체를 파악하고자 하며, 문제를 해결하기 위해 최선을 다한다. 또한 고통을 다른 사람의 탓으로 돌려 비난하지 않고 스스로에게 잘못된 점이 없는지 살펴보며, 잘못이 있는 경우에는 책임을 진다. 그리하여 시련과 고통을 통하여 그들은 성숙하며 열매를 맺는다. 그들을 말살시키지 못한 고통과 시련들은 그들을 더욱 강건하게 만들 뿐이다.

개인뿐만 아니라, 사회도 굳건해지고 발전하려면 어느 정도의 불안과 문젯거리를 필요로 한다. 움직이고 술렁이는 사회를 안정되지 못한 불안한 사회라고 지칭하지만, 그것은 변화와 발전의 가능성을 지니기 때문에 오히려 희망이 있는 사회일 것이다. 현 상황에 만족하지 못하고 불만스럽다는 것도 긍정적인 평가를 내릴 수 있다. 한 개인이든 사회든 만일 현재의 조건에 만족하고 변화를 원하지 않는다면, 앞으로 남은 것은 스스로의 죽음과 도태일 뿐이다. 그러나 불만스러워하는 사람이나 사회는 보다 나아지기 위해 부단히 노력할 것이며, 그 결과 미래는 현재보다 나아질 가능성이 있다.

우리 사회에는 도처에 개선해야 할 문제들이 산재해 있다. 그러나 우리 모두를 죽음으로 이끌지 않을 정도의 시련과 갈등은 우리 사회를 강건하고 건전한 사회로 발전시키는 데 필요한 요소임을 인식할 때 우리에게 희망이 있는 것이다.

소위 사회지도층이라는 사람들이나 정치지도자들의 권위와 독단은 이제 더 이상 존재하지 않는다. 오랫동안 젖어왔던 권위와 독단이 무너진 후 불안과 혼란의 격동기를 지금 우리는 겪고 있다. 그러나 우리가 이러한 소요를 현명하게 잘 대처해 나갈 때 보다 나은 미래는 약속될 것이다. 역사가 반민주적으로 퇴보하지 않도록 국민들은 이제 더 이상 방관자들이 아니라 당사자로서 주인의식을 가지고 정당한 자기 권리를 주장하고 행사할 뿐 아니라, 각자에게 부여된 의무와 책임 또한 완수해야 할 것이다.

* 자살 어떻게 막을 것인가?

대형사고로 인한 죽음, 유명인사들의 잇단 자살, 어린이나 노인의 방치나 학대 등에 대한 빈번한 보도는 우리 사회가 건강하지 못한 병든 사회가 아닌가 하는 의구심을 갖게 한다. 예전에 비하면 경제적으로도 부유해졌으며, 빈곤한 제3세계에 비하면 그래도 여러모로 선진국 대열에 상당히 가까워졌음에도 불구하고 정신적 여유는 더 없는 것 같다.

이어지는 유명 연예인들의 자살, 사회적 불평등이 억울하고 분해서 투신하는 사람, 사회적 물의를 일으킨 장본인이어서 투신하는 사람, 빚에 시달리다 동반 투신하는 사람, 부당한 처우에 대한 항의로 분신하는 사람, 입시의 중압감에 자살을 택하는 청소년들, 빈곤으로 고통 받으며 버림받고 소외된 노인들의 자살 등 자살의 유형이나 원인도 다양하다. 마치 전염되는 듯 이어지는 자살 행렬을 정치적, 사회적 격동기에 일어날 수 있는 돌발사건 정도로 받아들이기에는 그 양상이 너무 심각하다.

어느 날 뜻밖에 보도되곤 하는 유명인들의 자살은 상상할 수 있는 수많은 추측과 의혹을 남긴 채 우리의 의식 속에 깊이 각인되어 있다. 그들의 홀연한 떠남은 남는 이들을 고통과 상실감, 허탈감에 빠지게 만든다. 자살하는 사람이 많은 사회는 불안이 지배하는 병든 사회이다. 저명인사들의 잇따른 자살은 그런 점에서 우리 사회의 상층부가 건강하지 못하다는 징표이기도 하다. 가뜩이나 자살 빈도가 급증하고 있는 상황에서 저명인사들의 죽음은 그 자체로 끝나지 않고 사회적 부작용마저 수반한다는 데 그 심각성이 있다. 유명인사들의 자살은 평범한 사람들에게도 자살의 충동을 불어넣기 쉽기 때문이다. 또한 사회 전반적으로 생명경시 풍조를 조장해서 무고한 목숨을 함부로 빼앗는 상상을 초월한 엽기적 범죄까지 성행하게 된다. 그 희생자들은 부당하게도 사회의 약자들인 것이다.

그동안 우리 사회에는 책임지고 문제를 해결하지 않고 자살을 통해 도피하려는 사람들을 동정하고 면죄부를 주는 분위기가 공공연히 깔려 있었고, 심지어 이들의 자살을 미화하고 정치적 공방의 소재로까지 삼았다. 이제 이런 '자살 방조' 행위는 더 이상 용납되어서는 안 된다. 비리에 연루되어 사회적 물의를 빚은 문제의 장본인 하나가 죽는다고 해서 문제가 사라지고 해결되는 것은 아니다. 스스로 책임을 지는 것이 아니라, 문제를 제삼자에게 떠맡기기가 아닌가. 잘못이 없다면 살아서 끝까지 결백을 밝혀내야 할 것이고, 죄가 있다면 죗값을 치르고 반성하여 새 출발을 하면 될 것이다. 이것이 평범한 사람들이 갖는 소박한 생각이다.

자살에 대한 보도가 일반 시민에게 많은 영향을 미치기 때문에 매스컴은 신중한 보도를 해야 한다. 그 어떤 경우이든 자살한 사람들을 순교자나 영웅처럼 미화하거나, 자살 행위를 용감하고 아름다운 행위로 비치도록 해서는 안 되며, 자살의 안타까움에서 비롯되는 애도에 덧붙여 옳지 않은 선택이었음을 강조해야 한다. 자살 방법에 대한 자세한 보도 등을 해서도 안 될 것이다. 유명인의 자살에 대한 언론의 보도 방식은 대중의 모방 자살을 부추길 수 있다는 점을 염두에 두어야 한다. 특종 경쟁의 수단으로 자살사건을 다루어 흥미를 유발하는 선정적인 보도를 해서는 안 된다. 자살은 단순히 실연이나 실직, 질병 등으로 인한 고통이 유일한 원인이 아니며, 복합적인 원인들에 의해 발생된다.

견딜 수 없는 고통과 감당할 수 없는 스트레스로부터의 도피성 자살, 풀 수 없는 문제로부터의 해방으로서의 자살, 갈등의 상황에서 상대방에게 큰 상처를 입히기 위한 수단으로 실행되는 분노와 복수심에 의한 자살, 못난 자신을 응징하기 위해 자행하는 자기처벌로서의 자살, 욕구의 좌절과 실패에 대한 반응으로 자행되는 자살, 먼저 세상을 떠난 사랑하는 사람과의 재결합을 위한 자살, 정신질환에 따른 자살 등을 일반적으로 자살의 원인으로 꼽고 있으나, 여러 가지 복합적 원인에 의한 경우도 많은 것이 사실이다.

자살에 대한 기사에는 가족들이 겪을 정신적 충격과 고통이 언급되어야 한다. 또한 자살 위기에 놓인 사람들을 위한 최신 치료법을 알려주며 자살을 극복할 수 있는 방법도 동시에 전달해야 한다. 자살을 대신하여 선택할 수 있는 대안을 제시해주는 것도 중요한다. 치료나 상담을 받아 위기를 넘긴 사람들의 사례를 보도해야 한다. 죽음에 대해 너무 가볍고 경솔하게 생각하거나 금기시하지 않고 진지하게 대화를 나눌 수 있는 사회적 분위기도 조성해야 한다.

핵가족화된 현대사회에서 개인의 소외나 고립은 심각해지고 있다. 경제적 성장으로 인해 신체건강이 좋아지고 기대수명도 늘어났으나 우울증 등 정신건강의 문제는 선진국을 넘어서 심각한 정도로 증가하고 있으며, 자살의 가장 큰 위험요인이 되고 있다. 그러므로 자살문제에 대해 매스컴이 보도할 경우에는 자살 징후에 대해 정보를 주어 시민들로 하여금 자신과 가족의 정신건강을 체크하여 위기에 대처할 수 있도록 하며, 이러한 징후를 발견하면 어떻게 대처해야 하는지 설명해야 한다.

그리스도인은 생명을 선사하고 거두어가는 분은 오로지 한 분 생명의 주인이신 주님임을 잊지 않고 전염성에 가까운 사회적 병폐가 되고 있는 자살을 막는 데 노력을 기울여야 할 때다. 자살의 위기에 처해 있는 이웃이 있는지 늘 관심을 가지고 둘러보며 도움이 필요한 이들을 사랑의 공동체 안으로 인도해야 할 것이다.

내가 너를 사랑하는 이유는…

그 누구인가를 진정으로 사랑한다는 것은
그 사람의 말을 사랑한다는 것이요
그 사람의 마음을 사랑한다는 것이요
그 사람의 모습을 사랑한다는 것이다.
그 사람이 사랑하는 것을 사랑한다는 것이요
그 사람의 삶을 사랑한다는 것이다.

그러나 내가 너를 사랑하는 것은
네가 내가 바라는 말을 해서가 아니요
네가 내가 원하는 마음의 소유자라서도 아니다.
네가 나의 이상형의 모습을 띠어서도 아니요
네가 사랑하는 것들이 내가 사랑하는 것과 같아서도 아니다.
또한 너의 삶이 나를 인도할 수 있는 훌륭한 것이어서도 아니다.

내가 네게 이러저러한 것을 바라기 시작하면,

그것은 불행의 시작이 될지 모른다.

왜냐하면 내가 네게 무언가 원하면 곧 내게 불만의 싹이 틀 것이요

나의 사랑은 실망에서 급기야 절망으로 빠져버릴 것이며

마음처럼 너를 더 이상 사랑하지 못하게 될 것이요

또한 마침내는 그런 나 자신에 대해 절망할 것이기 때문이다.

그러할 것임을 너무나 잘 알기에

나는 너를 무조건 사랑하거나

그게 아니면 아예 사랑을 포기해야 하리라.

사랑을 포기하지 않고

내가 너를 진정으로 사랑하기 원한다면

그냥 아무런 조건 없이

있는 그대로의 네가 사랑스러운 것이어야 한다.

짝사랑이어도 좋으니

너를 향한 나의 사랑 멈추지 않고

오늘도 내가 너를 사랑할 수 있다는 것

그것은 행복이어라.

※ 내리사랑

  한 번 폭풍이 휘몰고 간 외딴 섬에 홀로 남아 있는 것처럼 내 맘속에선 아직 물결이 출렁거린다. 우리 삶에서 때가 되면 단단히 묶어두었던 끈을 풀어놓아야 할 때가 있다. 자신을 지탱해주던 끈이었을 수도 있고, 서로를 지지해주는 끈이라고 믿은 것일 수도 있으며, 자신을 구속하는 끈일 수도 있다. 돌아보면 무슨 그리 많은 끈에 묶여 있었던 것인지 의아하기도 하다.

  이제까지 내어놓았던 자신을 추슬러야 할 시간이다. 무엇을 쫓아 달려온 삶이었는가? 무엇에 쫓겨 달리던 삶이었는가? 내 가슴은 하염없는 서글픔에 젖는다. 허전한 가슴속은 메울 길 없어 보인다. 집은 휑하고 텅 빈 것같이 황막해 보인다.

  정신없이 지내다 큰일들이 끝나니 적막이 엄습해온다. 나의 분신이라고 생각한, 내 삶의 큰 의미이던 자식이 혼인하여 독립해 나간 기쁨 뒤에 오는 허탈함이 이제 실감 나며 왠지 아픔으로 다가온다. 왜 홀로 있음을 아픔으로 느끼는가? 무엇을 두려워하는가? 힘내야한다고 다짐하지만 자꾸 맥이 빠지고 무력해지는 느낌이다.

  아이들은 희망찬 자신들의 삶을 위해 떠났으니 모두 잘되었지 않은가. 홀로 섬이 되어 불어오는 바람을 즐기는 것 또한 행복이 아닌가. 내 삶의 한 장이 끝나고 새로운 장이 도래한 것이다. 받아들여야 하는 것이 자연의 섭리가 아닌가. 이제 독립해 자신들의 삶을 개척해갈 것이니 전혀 나서지 않고 아이들의 자율적 결정에 따르자고 맘먹고 그대로 하고 있다. 창밖의 비 내리는 소리를 들으며 오고 가는 상념에 나 자신을 맡긴다. 언제나 그러했듯이 이 순간 또한 지나갈 것이다.

이 세상에서 가장 사랑하는 사람을 꼽으라면 대부분의 어머니들이 그러하듯이 나는 주저 없이 나의 아들이라고 대답할 것이다. 아마 지금도 그러하고 앞으로도 그러할 것이다. 나의 어머니가 나를 사랑했던 만큼 내가 어머니에게는 돌려드리지 못한 사랑의 빚을 생각하며 사랑은 내리사랑이란 것을 실감한다. 아마 그것은 자연의 섭리이리라.

아들을 키우면서 특별히 교육적 측면을 고민하거나 가훈이라든가 법도라든가 그런 것에 대해 신경을 써서 가문을 이루고자 한 일도 없으며 남보다 잘해준 것도 없이, 나는 내가 가장 사랑했고 지금도 사랑하고 있고 살아 있는 한 앞으로도 그렇게 사랑할 사람이 나의 아들이라고 믿는다.

세월이 지난 지금 아들은 아이 셋을 둔 아빠이다. 아이들과 함께 있을 때 그에게서 웃음이 떠나지 않는 모습을 보면 나도 행복하다. 자식은 부모에게 효도를 하지 않아도 된다고 강조하시던 대학 시절 어느 노교수님의 말씀이 참으로 옳다는 생각이 든다. 그 교수님은 어릴 때 부모에게 주는 희열이 너무나 크기 때문에 그것으로써 자식은 이미 부모에게 할 일을 다한 것이라고 덧붙여 설명해주셨다. 자식이 주는 기쁨은 그 무엇과도 바꿀 수 없는, 값지고 참으로 소중한 것임이 분명하다. 부모로서 자식과 좋은 관계를 지속하려면 지나친 기대와 욕심을 버려야

330

한다. 자식이 지금까지 선사한 기쁨으로 족하며 더 이상 바라지 않고 자식의 웃음을 그냥 바라볼 수 있는 것 자체가 큰 행복이 아닐 수 없다. 손주들은 말할 것도 없다. 노년에 들어 손주들 재롱을 보는 재미가 가장 큰 낙이라는 것을 실감한다. 아들을 키울 때와는 달리 손주들은 커다란 책임감 없이 바라볼 수 있기 때문일 것이다. 아들을 사랑하는 만큼 내 아들이 사랑하는 사람도 사랑스럽지 않을 수 없다. 아들을 맹목적으로 사랑하듯이 며느리를 사랑하고자 한다. 사랑이라는 것이 의지로 되는 것이 아닌 자연스러운 것인 한, 나는 내 아들이 사랑하는 그 아이를 사랑하지 않을 수 없다. 아이들 셋을 키우며 생활하는 것이 장하다는 생각마저 든다. 시어미로서 특별히 가르치려고 하지 않고 있는 그대로 서로를 존중하면, 어느새 편한 사이가 된다. 변함없는 애정으로 대하는 한, 그러한 관계가 지속되리라 믿는다.

가족 공동체든 신앙 공동체든 일치하여 하나가 됨은 조화와 균형을 의미하지만, 때로는 조화와 화합을 찾아가는 길을 의미하기도 하다. 우리가 서로 다르다는 것이 때로는 더 큰 기쁨을 약속하기도 한다. 만일 우리 모두가 천편일률적으로 같은 얼굴과 같은 생각을 가지고 있다면 세상이 얼마나 지루하고 재미없을까?

만일 누군가가 내가 기대한 바대로만 반응하고 움직여준다면 그에게 느끼는 매력 또한 오래가지 않을 것이다. 서로 다른 생각을 펼치지만, 그것이 누구를 제압하기 위한 것이 아니고 상처 입히기 위한 것이 아니며, 보다 나은 우리의 모습을 갖추기 위한 것이라면 서로를 사랑으로 포용해야 한다.

＊ 마음대로 안 되는 일들

요즘 일련의 사건들이 나에게 벌어졌다. 즐거운 일들은 아니지만 그러한 일들을 통해 여러 가지 새로운 것들을 배우고 터득했으니 소득이 없지는 않다. 나는 의견 충돌이 있을 때는 먼저 내가 상대방이라면 어떤 선택을 했을까, 상대방의 입장에서 생각해본다. 내가 그의 입장이라도 그렇게는 하지 않을 것이라는 확신이 있을 때는 대체로 내가 주장하는 바가 옳을 것이다.

누군가 잘못된 일을 행하는 경우, 상식적인 일반인이라면 자신이 잘못을 저지르고 있다는 사실을 내심으로는 알고 있다. 이런 경우 이성적 대화를 통해 그를 회심하도록 이끌어갈 수도 있다. 그러나 때로는 자신이 잘못하고 있으면서도 옳은 일을 한다는 신념에 빠져버린 사람들이 있으며, 그런 이들을 대하거나 설득하기란 쉽지 않다. 그런 사람들은 자신의 사사로운 이득이나 아집 같은 데서 시작하지만 스스로 그것을 인정하지도 않고, 상대방뿐 아니라 자신까지도 기만하는 우를 범하는 경우가 대부분이다.

사람의 일이 그러하다는 것은 일찍이 깨달은 바 있으나, 내가 다루던 자동차가 이제까지 보통 내가 하던 대로 움직여주지 않고 갑자기 엉뚱한 일을 저지른 것에 대해서는 지금까지도 이해가 되지 않고 정신이 없다. 나의 실수였겠지 생각해도 속이 상하는 건 사실이다. 금전적 손실은 있지만 불행 중 다행으로 생각하도록 다친 사람이 없는 것에 대해 하느님께 감사드릴 뿐이다.

* 하루살이

오늘 나는 무엇을 살고 있는가? 나는 왜 지금 이곳에 있는 것인가? 왜 다른 어느 곳이 아닌 이곳에 있으며, 왜 다른 어느 시대가 아닌 지금 여기에 있는 것일까? 그런데 과연 나는 정말 존재하는 것인가? 모든 것이 꿈은 아닐까?

저기에서 서성이는 저 사람들은 무엇을 살고 있는 것일까? 그들은 왜 지금 이곳이 아닌 저곳에 있는 것일까? 그들은 무엇을 구하며 살아가는 것일까? 그들은 무슨 생각을 하며, 무엇을 좋아하며, 어떤 믿음을 가지고 있을까? 내 눈에 비치는 그들의 모습은 진실로 환영이 아닌 실체인 것일까?

나의 삶은 그 누구도 대신할 수 없으며 나의 죽음 역시 나 스스로가 대면할 수밖에 없는 것이리라 믿었으나, 저들과 나는 정말 다른 존재인가? 그들과 나를 구분하려는 것은 혹시 이기심이 근원에 깔려 있는 것은 아닐까? 내가 낯설어하는 저들도 나를 낯설어할지 모른다.

사노라면 많은 것을 잊기도 하고, 잃기도 한다. 모든 것을 잃은 것이 아닌가 낙심할 때, 그때가 바로 도약의 가능성이 열려 있는 때가 아니었던가. 지나간 시간에 어떤 의미를 두어야 할까? 과거의 나는 어떻게 지금의 나와 이어지는 것일까?

과거는 나와 지금 이 순간처럼 밀착되어 있지 않다. 과거는 이 시점에서 돌이켜보고 객관화시켜서 마치 제삼자처럼 들여다볼 수도 있을 것 같다. 그러나 현재 이 시점의 나는 자신과 너무 밀착되어 다른 사람을 보듯이 거리를 두고 객관화시키기 힘들다. 내 의지와 달리 감정에 의해 지배되기도 쉽다. 그리하여 때로는 크고 작은 실수를 범하고 돌이켜보면 후회되는 생의 오점을 남기기도 한다. 그런데 현재의 나는 내 삶의 역사를 만들어가고 있는 것이다.

미래는 어떠한가? 미래는 나에게 때로는 두려움의 대상이 되기도 하고 현재의 괴로움을 벗어날 수 있는 희망과 구원의 약속이 되기도 한다. 그러나 미래는 온통 불확실성으로 뒤덮여 있다.

* 나는 겁쟁이인가 보다.

나는 겁쟁이인가 보다. 오랫동안 늘 했던 일인데도 새로 시작하는 때는 긴장이 되고 처음 하는 일처럼 어설프다. 무엇을 추구하며 살고 있는지 모르는 참 피곤한 삶이다. 몸이 삐걱거리기 시작한다. 머리가 띵하고 귀는 먹먹하고 눈도 침침하다.

그런데 가평 꽃동네에서 만난 수사님의 말씀에서 위안을 얻고 내 삶에 주는 교훈들을 얻은 적이 있다. 그분은 가톨릭의대

334

를 졸업하신 의사이지만 길거리에 버림받고 방치된 병든 행려자나 보살필 사람이 없이 죽어가는 독거인을 받아들여 지극정성으로 돌보는 일을 맡아 하는 분이다. 사제도 아닌 평생 수사로 머무르면서 수도생활과 의료봉사에 전념하는 분이다.

현장에서 일하시면서 생명윤리를 하신다는데 그 차원이 다르다. 그분 말씀에 의하면 꽃동네 병원을 방문하는 의사들은 시설이 열악하다고 비판을 많이 한다고 한다. 그러나 그곳에서 죽음을 맞이하는 사람들은 아주 행복하고 평화롭고 감사하는 마음으로 죽음을 받아들인다고 한다. 그런데 실은 그들에게 별로 해주는 일도 없으며 버림받은 사람들을 데려다 단지 깨끗이 닦아주고 먹여주고 이야기를 들어주고 보살펴주는 것뿐이라고 한다. 오히려 좋은 시설의 삼성병원이나 아산병원 혹은 서울대병원에서 죽음을 맞이하는 사람들의 경우, 이러한 감사와 행복한 마음을 가지고 죽음을 맞이하는 사람들을 찾아보기 힘들다고 한다.

온갖 사랑과 보살핌을 받으면서도 행복을 느끼지 못하며 좋은 시설의 병원에서 불행히 죽는 편이 나은가, 허름하고 가난한 병원이지만 감사하며 행복하게 죽는 것이 더 나은 것인가. 정작 행복해야 할 사람들은 불행히 죽음을 맞이하고, 억울하고 불행하여 눈을 감지 못할 사람들은 감사와 행복 속에서 죽는다니, 대체 무슨 일이 벌어지고 있는 것일까?

버림받음을 체험하고 절대고독과 절망의 나락을 경험한 사람에게 단지 따뜻한 밥 한술 먹여주고 깨끗이 씻어주는 정성만으로도, 살아가며 맺혔던 원한을 풀고 용서와 회개의 눈물로 모든 죽음의 두려움을 극복하고 감사하는 마음으로 저승길로 떠나는 사람들을 상상해보라.

늘 사랑받는 사람은 그것을 당연한 것으로 안다. 그러나 그 사랑을 잃고 나면 때는 이미 늦는다는 것을 깨달아야 한다. 별로 한 일도 없이 얼마나 많은 사랑을 받았던가. 나 이제라도 나날을 감사와 겸손으로 살아가리라. 적어도 그러하도록 노력하리라.

* 흔들리지 말자

나를 구속하는 타인의 시선을 지옥으로 표현한 철학자가 있듯이, 타인의 시선과 평을 소홀히 하거나 흘려들을 수 있는 자유로운 사람은 거의 없다. 그러나 아무리 가까운 친척이나 친구들로부터의 칭찬이나 나무람, 비판일지라도 너무 마음 쓰거나 상처받지 않는 것이 현명하다. 특히 칭찬이나 찬사가 그러하다. 칭찬이나 찬사는 진심에서 오기보다는 다분히 예의상의 혹은 건성의 외교적인 언사일 때가 많고, 내심으로는 시기와 질투로 인한 미움이 숨겨져 있는 경우도 있기 때문이다.

나의 일이 잘 되어가고 나에게 관심을 갖는 사람들의 기대에 부응할 때는 그들이 모두 나의 편에 서 있는 것 같지만, 한 번 나락에 빠져보라. 어떤 사람들은 "그러면 그렇지, 그럴 줄 알았어." 하고 오히려 타인의 불행을 고소해하며 즐기기도 한다. 혹은 "그거 안되었지만, 도움을 줄 형편이 못 되니 별 도리가 없구나. 내가 어떻게 해볼 수 있는 일이 아니니." 하며 일체 관여하지 않으려 한다.

더욱 놀라운 것은 타인의 불행을 통해 자신의 행복을 확인하는 사람들도 있다는 사실이다. 물론 칭찬에 후한 사람이 옆에 있을 때는 편하다. 그러나 나는 칭찬보다는 필요할 때 조언과 비판을 해줄 친구를 택하고 싶다. 비판의 목소리는 오히려 나의 성장에 도움이 될 것이기 때문이다. 자기만족은 안주와 침체를 의미한다. 자신이 부족하다고 생각하는 사람은 발전의 가능성이 있다. 부족한 점을 개선하려는 노력은 곧 자기성장으로 이어질 것이기 때문이다.

오래전부터 독일에서 정착해 살고 있어 독일인이 다 된 어떤 분의 말씀에 어느 정도 동감한 일이 있다. "한국 친구들이나 친지들은 '도움이 필요하면 언제든 말씀만 하세요. 기꺼이 도와드리겠습니다.' 하고 항상 말하지만, 진정 도움이 필요한 순간이 오면 나 몰라라 하고 얼굴도 내밀지 않더라." 돕겠다는 말을 그리 입이 마르도록 하고는 실제 도와야 할 상황에서는 아무런 도움을 주지 않았다는 것이다. 그러나 독일 친구들은 전혀 허튼소리를 하지 않고, 자신이 도움을 줄 수 있는 한도 내에서, 정확히 표현하고 군말 없이 도움을 주고는 공치사도 없더라는 것이다. 오히려 실제로 도움이 된 것은 독일 친구였다는 소리다.

물론 그분이 만났던 사람들 이야기겠지만, 자신이 할 생각도

없고 할 능력도 없는 것에 대해 빈말을 일삼는 사람들을 종종
만나게 되는 것도 사실이다. 내심을 겉으로 드러내지 않고 싫
은 소리를 하지 않는 것, 나서기보다 우선 뒤로 물러서고 먼저
취하지 않고 사양하는 것 등을 미덕으로 여기는 일반적인 우리
의 정서와는 달리, 빈말을 남발하고 과장된 찬사를 늘어놓는
것이 식상하는 것은 그것이 세속적인 처세술과 상술의 영향에
서 온 것이기 때문일 것이다. 늙어서는 더 이상 이런 가식과 가
면이 필요하지 않다. 거침없이 소박하고 진실하게 사람들에게
다가설 수 있다.

* 현재의 모습에 대한 긍정

우리의 경험은 그 자체만으로는 성공이나 실패를 결정짓는
데 절대적 영향을 미치지는 못한다. 인간은 자신의 경험에 의
해 결정되는 것이 아니라, 그 경험에 어떤 의미를 부여하고 살
아가는가에 의해 결정된다. 과거에 비슷한 경험을 하고 똑같이
힘겨운 환경에서 살아온 사람도 서로 다른 현재의 모습을 띠는
것을 보면 알 수 있다.

무고한 사람이 범죄의 피해로 죽는 일, 음주운전이나 폭주
차량에 의해 희생되는 일, 천재지변으로 인해 목숨을 잃거나
장애를 얻는 일 등 헤아리기 힘들 정도로 많은 부조리는 사람
들을 경악케 한다. 도대체 왜 이런 일이 일어나는가, 울부짖으
며 하느님을 원망하기도 하고, 하느님의 존재 자체에 대해 회

의를 품거나 하느님의 전능성이나 선하심에 대해 의심을 품기도 하지만, 납득할 수 있는 설명을 해줄 사람은 없다. 하느님도 침묵하실 뿐이다. 그러면 상상할 수 없는 고통을 겪은 사람들에게 어떻게 다가가서 위로를 줄 수 있을 것인가?

불행을 극복하려는 용기와 인내를 가지고 상흔으로 남아 있는 과거가 아닌 미결정의 미래에 눈을 돌려 미래를 향해 물음을 던져야 한다. 지나간 과거는 바꿀 수 없으며, 미래는 마음먹기에 따라 목표를 정해 밀고 갈 수 있을지 모른다. 그런데 뜻대로 일이 전개될지는 미지수이다. 현재 내가 무엇을 할 것인지는 나의 의지에 따라 이 순간에 결정하고 행할 수 있다. 따라서 한 사람의 인격을 결정하는 것은 과거를 성찰하고 미래를 바라보며 오늘을 살고자 하는 지금 이 자리에서 드러나는 현재의 모습인 것이다. 불행이 닥치면 사람들은 고통스러워하며 불행의 원인을 과거에서 찾으려 한다. 그러나 지나간 일을 계속해서 생각한다고 해서 별 다른 해결책이 나오지는 않는다. 우선 자신의 현실을 담담하게 받아들이는 용기를 발휘해야 한다. 불행이 닥친 이후 삶에 긍정적 의미를 부여할 수 있다면, 그것은 바로 불행 자체가 가져온 열매라고 할 수 있다. 환자일지라도 병이 든 이후의 삶에 나름대로 긍정적인 의미를 부여할 수도 있다. 비록 수많은 상흔들이 남겨진 황혼기에 접어든 삶에서 비로소 긍정적인 의미를 찾더라도 그 삶은 축복인 것이다.

자신의 생각과 권리를 주장하여 관철하려면 함께 따라오는 책임을 받아들일 용기, 그 결과로 일어나는 모든 일에 대해 자신의 행위로 인정할 마음의 준비가 필요하다. 신학자이자 철학자이며 오르간 연주자이기도 했던 알버트 슈바이처는 어느 날 갑자기 아프리카로 가기로 결심했다. 학자, 예술가로서 바삐 지내는 와중에도 아프리카인들을 돕기 위해 서른 살에 의학부에 들어갔다. 직업이 독일어로는 Beruf인데 하느님의 부름을 받았다는 의미가 있으며, 영어의 calling도 하느님의 소명, 즉 천직을 의미한다. 하느님의 소명에 대해 "네, 여기 있습니다. 하겠습니다."라고 응답하는 것이 진정한 의미에서 직업인 것이다. 삶이 혼란스럽고 어둠에 휩싸인 것 같을 때는 가던 길을 멈추고 내면에서 들려오는 소리에 귀 기울여야 한다. 그 소리는 내 안에 갇혀 있던 진정한 나의 목소리일 수도 있고, 내 안에 머무시는 하느님의 부르심일 수도 있다.

* 늙는 것은 자연의 섭리

나이가 듦에 따라 늙는 것은 자연의 섭리다. 나이를 속일 수 있는 사람은 없다. 아직은 자신이 젊다고 생각해도, 노안이 와서 예전에는 문제없이 읽던 화장품이나 약품 설명서의 작은 글씨를 읽는 데 어려움이 생긴다든가, 치아가 약해지고 기억력이 떨어지기 시작하면 노화를 의식하지 않을 수 없다. 나이 듦은 신체적인 노쇠뿐만 아니라 건망증이 심해져서 생활에 지장을 초래하기도 한다. 치매 환자는 기억으로 인한 고통이 없다고 하나, 치매 상태에서 자신이 처한 상황을 홀연 깨달을 때가 있으며 이럴 때 당혹감은 매우 크다고 한다.

늙음에 동반되는 문제는 신체나 지력의 쇠퇴만이 아니다. 정년을 맞아 직장을 떠난 후 실의의 나날을 보내는 사람도 많다. 사람들은 어떤 공동체에 소속됨으로써 안정감을 갖게 된다. 그러므로 소속된 공동체가 없다는 사실을 받아들이기 힘들어지는 것이다. 그러나 타인에게 뭔가 기여나 공헌을 할 수 없게 되었다고 자신의 가치가 사라지는 것은 아니다. 살아 있음 그 자체만으로도 좋은 것이다.

젊었을 때는 늙음이 현실적인 문제가 아니라 앞으로 일어날 문제이다. 자신이 늙었다고 느끼는 때는 사람에 따라 다르다. 노안이나 더해가는 주름 같은 신체적인 노화뿐만 아니라 정신적으로는 건망증이 온다. 나이가 들어감에 따라 건망증 빈도가 늘면서 중요한 것을 까마득히 잊어버리고, 더 나아가 치매에 걸리면 망각 그 자체에 대한 두려움도 의식하지 못하게 된다. 누구에게나 치매가 오는 것은 아니지만, 늙음은 누구에게나 부지불식간에 찾아오기 마련이다. 질병, 늙음, 죽음은 불가항력적이어서 사람들을 불안하게 만들기도 하지만, 자연의 섭리로 받아들이고 편한 마음으로 바라볼 용기를 가진다면 불안을 떨쳐버릴 수 있다.

분수를 알고 단정하고 곱게 나이 든 사람이라면 늙어간다는 사실을 그다지 고통스럽게 생각하지 않을 것이다. 그런데 노화에 더해 병에 걸린다면 그 병이 때로는 치명적인 것이 될 수 있다. 늙음의 문제는 질병과 죽음의 문제와 밀접하게 연결되어 있다.

어떤 사람은 죽을병으로 임종 순간을 기다리고 있지는 않더라도 어느 날부터 갑자기 할 수 있는 일이 줄어들고 결국에는 자신이 누군지도 의식할 수 없게 될지 모른다. 몸이 아프면 내일은 오늘의 연장이 되지 않는다. 예정했던 일들도 취소하거나 일정을 미루어야 한다. 그런데 환자는 건강할 때는 보지 못했던 것을 보게 되고, 노인들은 젊어서는 알지 못했던 것을 깨닫게 된다. 인간은 경험에 의해 결정되기보다 그 경험에 어떤 의미를 부여하는가에 따라 결정된다.

* 나에게 내일은 올 것인가

내일이 오지 않을지도 모르는 사태는 병자나 노인뿐 아니라 모든 이에게 일어날 수 있는 일이다. 살아 있는 한 삶은 멈출 수 없으며 지속된다. 삶의 여정은 하나의 순례 길과 같다. 여행이 집을 떠나는 순간부터 시작되듯 삶의 여정은 태어나는 순간부터 시작된다. 여행은 목적지에 도달하기 전의 모든 과정을 포함한다. 목적지에 도달하는 것만이 여행의 목적이 아니다. 길 위에서의 체험과 과정 또한 의미를 갖는다. 삶도 마찬가지로 그 결실뿐 아니라 과정과 체험 또한 의미를 갖는다.

인생의 여정에서 자신은 지금 어디쯤 가고 있는지 스스로 물어야 한다. 인생은 탄생과 함께 시작해 죽음으로 끝나는 짧은 여정이다. 인생은 변함없는 일상으로 인해 지루함과 권태를 자아내기도 한다. 한편 크고 작은 사건들이 이어지며 크고 작은 굴곡을 이루는 것이 인생이며, 마침내 어느 정점에서 죽음에 이르는 것이다. 무심코 보내는 이 순간, 지금 여기의 삶의 연속이 삶 자체인 것이다.

어떤 사람들은 내일을 위해 오늘을 살며 인내하고 희생을 한다. 그런데 그런 내일이 과연 있을 것인지 누구도 알 수 없다. 그렇기 때문에 지금 여기에서 매 순간을 삶의 정점으로 여기고 사는 것이 바람직하다. 인생길은 어디에 도달하지 않아도, 훗날을 위해 한없이 기다리지 않고 시시각각의 현재, 이 순간을 살아가고 있는 것이기 때문이다. 삶의 의미를 미래에 두면 마음에 간직한 어떤 목적이 실현되기 전에는 불완전한 것으로 여기게 된다. 그러나 삶은 목적에 이르는 과정으로서 더 의미가 있는 것이다. 내일을 기다리지 않더라도 삶은 지금 여기에서 일단락되고 완성되는 일련의 작품이다. 그렇기 때문에 불확실한 내일을 위해서보다는 지금 여기에 충실하고 온 힘을 기울여 살아가야 한다.

불치병에 걸린 사람이나 나이 든 사람이 건강했을 때나 젊었을 때에는 도저히 이룰 수 없을 것 같았던 일을 하려는 것은, 완성을 최종 목표로 삼지 않더라도 더 늦기 전에 바로 지금 온 힘을 기울여야 함을 확신하기 때문이다. 그것이 내일을 기약하지 않고 삶을 지금 여기에서 완성하는 길이다.

한밤중이 되어도 잠이 오지 않을 때가 있다. 물론 다음 날 해야 할 일거리나 오늘 벌어진 일들에 대한 상념 때문일 수도 있다. 하지만 때로는 이대로 잠에서 깨어나지 못하면 어쩌나 하는 두려움 때문일 때도 있다. 아니, 이유 없는 불면일 수도 있다.

사는 시간의 길고 짧음이 삶의 가치를 결정하는 것은 아니다. 죽음의 시기를 어느 정도 예측할 수 있는 환자는 남은 시간에 할 수 있는 일의 우선순위를 정할 수 있을 것이다. 그러나 중요한 것은 남은 삶이 얼마나 되는지 신경 쓰지 않고 현 순간에 의미를 두며 사는 것, 단순히 그냥 사는 것이 아니라, 이 순간을 잘 살아가는 것이다.

* 삶의 마지막 시련은 노화와 죽음

죽음에 직면하면 그 가치를 잃고 의미가 사라질 것들이 많다. 부와 명예는 죽은 후에도 계속 소유할 수 있는 것이 아니다. 빈손으로 왔다가 빈손으로 떠나가는 것이 인생이라는 것은 누구나 알고 있다. 또한 장수하는 것이 인생의 가치를 결정하는 것이 아님을 우리 모두가 인정할 것이다. 그럼에도 노년에 들어선 후에도 여전히 살 만한 가치가 있고 다양한 관심사가 있으며, 아직 허락된 시간이 남아 있음에 감사하고 안도와 위안을 찾을 수 있다.

바꿀 수 없는 것은 수용하고 바꿀 수 있는 것에 주목하며 살아가야 한다. 비록 해가 거듭할수록 젊었을 때처럼 일을 할 수 없다는 것이 몸으로 느껴지고, 젊은 시절보다 집중력이나 체력이 떨어진다 해도, 인생과 세상에 대해 깊이 이해할 수 있다는 것은 늙음의 장점 중 하나이다.

삶의 마지막 시련은 노화와 죽음에 대한 두려움일 것이다. 삶의 시간은 유한하고 마지막에는 결국 죽음이 온다. 죽어서도 한 사람이 남긴 삶의 유산은 남아 있는 사람들로 하여금 그를 계속 같은 사람으로 기억하게 만든다. 죽은 사람에게서는 직접적으로 무엇인가를 배울 수 없다. 그러나 그 사람이 남긴 말이나 글을 읽을 수 있고, 그가 살아서 행한 일들을 기억할 수 있다. 비록 기록으로 남아 있지 않더라도 누군가의 가슴에 새겨져 있을 수도 있다. 내가 죽은 후 누군가에게 좋은 영향을 줄 수 있다면 좋을 것이다. 비록 '나'라는 존재가 사람들의 기억에서 아주 지워지더라도 나쁘지 않다.

때로는 지루함에 시간이 더디 흐르는 것 같고, 때로는 고통의 시간이기 때문에 빨리 지나가기를 원하기도 하지만, 인생은 어느새 흘러가버린다. 나이 든다는 것, 늙어간다는 것을 의식할 수밖에 없는 시기에 이르면, 매일 새로운 것을 배우고 새로운 것을 익혀 할 수 있게 되던 젊은 시절과는 달리 몸과 정신의 한계를 느끼게 된다.

삶에서 죽음으로 가는 길목은 생각보다 멀지 않은 곳에 있다. 어제까지 함께 웃고 울던 사람이 오늘 홀연히 떠나는 무상함을 수없이 경험하지 않았는가. 그러나 여전히 삶과 죽음이 멀고 먼 거리에 있다는 착각 속에 살아가는 것이 어리석은 우리 인간이다.

삶과 죽음은 결코 멀리 있는 것이 아니라, 바로 접해 있다는 사실을 인지하지 못하고, 어리석은 욕심과 갈등 속에서 짧은 인생을 허비하고 사는 날이 얼마나 많은가. 인생도 그저 오래 사는 것만이 좋은 삶은 아니다. 늙는 것을 자연의 섭리로 받아들이고 죽음은 삶과 동행하는 것이므로 언제든 때가 되면 지체 없이 떠나야 한다는 사실을 잊지 말아야 한다.

진시황이 염원했던 불로장생은 결코 축복이 아니다. 가족과 친지가 모두 떠난 후 홀로 남아서 끝이 없이 살아야 하는 인생은 생각만 해도 두렵지 않은가. 얼마나 권태롭고 외롭고 괴롭겠는가. 욕심을 부린다고 모든 일을 혼자서 이룩할 수 있는 것이 아니다.

나이가 들수록

나이가 들수록
그리움보다는
외로움이 더하다.

덩그러니 홀로 있다는 것이
이다지 가슴에 사무쳐오는데도
나도 모르게 세상에 대한
그리움이 사라진다는 것
무슨 의미일까

왜 그런 것일까?

감정은 메말라 있어도
값싼 눈물은 흔해졌다.

내가 나를 모르겠고
세상일은 더욱 멀게 느껴진다.
기막힌 노릇이다.

호기심도, 흥미도
사랑도, 미움도
모두 사라진 텅 빈 자리에
미아처럼 홀로 서 있다.

* 삶이 무르익으려면

삶이 무르익으려면 절망의 구렁에 빠져 한 가닥 희망도 없이 허우적거려본 세월이 있어야 한다. 삶이 겸손해지려면 끔찍스러울 정도의 인간적 모멸감으로 산산이 부서진 자존감을 겪어보아야 한다. 삶이 풍요로워지려면 눈물로 끼니를 때워가는 찢어지는 가난을 경험해보아야 한다. 삶이 충만하려면 모든 인연을 놓아버리는 허무의 끝까지 가보아야 한다. 이렇듯 세상의 풍파를 잘 견디어낸 후 언제부터인가 모나고 거칠었던 모습은 사라지고, 잘 다듬어져 웬만하면 흔들리지 않는 고요함을 찾을 것이다.

자신의 내면 깊숙이 감추어져 억제되었던 회한이 밀려오는 듯 이름 모를 통증을 느낄 때 비로소 치유되지 않은 상처를 돌보아야 할 때임을 깨닫게 되기도 한다. 이제까지 걸어온 자신의 삶을 돌아보는 시간을 내보자. 의도적으로 혹은 무심코 던진 나의 말, 나의 행동이 타인의 가슴에 못을 박지는 않았는지 돌이켜보자. 화해와 용서의 때를 늦추지 말자. 언제 이 세상을 떠나야 할 시간이 올지 모른다. 먼 훗날이 아니라 바로 내일, 아니 오늘일 수도 있지 않은가.

만일 이유 없이 배척을 당하거나 조롱을 당한 일이 있다면 너그러이 잊는 것이 자신의 평화와 건강에 바람직하다. 어떤 이를 미워하거나 원망하는 마음은 자신의 모습도 일그러지고 병들게 하기 때문이다. 잊자, 잊어버리자. 나쁜 기억은 잊고 더 늦지 않게 오늘 새로운 출발을 하자. 사랑이신 그분께 자비를 구하자. 그분은 나를 이끄시는 분이시니 두려워 말자.

가을은

사람의 마음을 움직이는 가을은
봄과 여름 내내 싱그러운 초록빛 잎새로
무장했던 나무조차 움직여
형형색색 옷으로 갈아입힌다.

모두 제가 지어내어 놓을 수 있는
가장 우아하고 황홀한 색으로 치장한 나무들
뽐내듯 요염한 자태로
아쉬움 남김없이
마지막 정열을 불사르고

나뭇잎 하나, 둘, 떨어져 땅 위를 뒹굴면
모진 바람 불어와 흔적 없이
어디론가 흩어져버릴 낙엽들이건만
엄동설한 견뎌내
새순 돋아날 봄날을 기약한다.

우리 삶의 가을도 그러해야 할 것을
최상의 솜씨 자랑하듯
화려한 옷으로 갈아입고
수줍음 떨쳐버린 채
풍성한 삶의 가을을 장식하다.

* **삶의 계절**

사람들은 흔히 삶 전체를 유년기, 청소년기, 장년기, 노년기로 나누어 크게 사계절에 비유하기도 한다. 그러나 삶이란 계절의 반복적 흐름에 가깝다고 볼 수 있다. 어느 시기에는 다음

일을 위해 계획하고 씨를 뿌린다. 이 시기는 봄이라고 해야 할 것이다. 땡볕에서 풀을 뽑고 물을 주며 정성들여 가꾸듯 노력하는 계절은 여름일 것이다. 고난 중에 땀 흘리는 인고의 시기가 지나면 마침내 열매를 수확하고 거두어들일 수 있는 가을이 온다. 우리가 진정으로 수확의 기쁨을 만끽하는 시기, 따뜻한 아랫목에서 편히 쉴 수 있는 계절은 겨울이다.

겨울잠에서 깨어나면 다시 새로운 시작을 하여 가꾸고 성숙시키고 거두고 나면 다시금 쉴 수 있는 겨울이 온다. 세상에는 실제로 나이에 상관없이 늘 새롭게 씨앗을 뿌리는 사람도 있을 것이고, 여유를 즐기는 사람은 겨울을 반복할 수도 있을 것이다. 보통 20대까지의 청춘 시기를 봄이라고 보는 경향이 있으나, 나는 달리 보고 싶다. 많은 이들이 젊은 시기에는 계획하고 씨를 뿌리기보다 부모님의 그늘에서 놀고 즐기기를 좋아하기 때문이다. 놀다 보면 자립해야 할 훗날의 삶이 고단해지기 마련이고, 늦은 시기에 한꺼번에 뒤지고 밀린 일을 하려면 몇 배로 힘들기 마련이다.

나도 무엇을 우선해야 하는지 판단 못하고 청년 시기를 방황과 허송세월로 보낸 편이다. 일찍이 안정된 길을 찾아가지 못하고 헤매었기 때문에 평생을 지각생 신세를 벗어나지 못하고 있음이 사실이다. 이미 많은 것을 거두고도 끊임없이 씨를 뿌리고 가꾸며 부지런한 노년기를 보내는 사람들을 보면 그가 누구든 나는 감탄을 금할 수 없다.

세모

붉게 물든 노을 속으로 해가 저물어 간다.
유수와 같다 하던 세월의 무상함 익히 알고 있어도
묵은 해 뒤로하며 새해 새 희망을 새기는 듯
나 자신을 향해 힘내자 다짐해본다.
잃어버린 나를 찾으려 함이라기보다
더는 나 자신을 잃지 말자는 다짐이다.

어둠 속에 반짝이는 별들
내가 서면 마치 웃는 듯 따라 서고
걸으면 따라오는 달빛 아래
저 멀리 산 그림자 우뚝 서 있다.

한번 가버린 세월은 돌아오지 않는 법
보이지 않는 바람소리 귓가를 스치는데
나 내일을 위해 무얼 준비할까나.
아직 못다 한 사랑의 여운 때문에
가물거리는 저 별은 아직도 잠들지 못하는가.

그리움 담긴 피안의 세계 꿈꾸며
저기 달빛과 별빛을 길벗 삼아
매섭게 부는 바람을 맞으며 밤거리를 헤맨다.

아쉽고 서글픈 마음에 혹여 나 자신을 잃을까 조바심하며
최소한의 자존심을 지키기 위해 미망의 길 더듬으며
쓸쓸이 뒹구는 낙엽처럼 다가오는 날들을 살아간다.

모진 삭풍에 시달리고 지쳐 쉬엄쉬엄 갈지라도
희망의 불빛을 쫓아 미지의 세계를 향해
저 멀리 다가오는 구원의 빛을 향해
멈출 수 없는 구도의 길과 같은
머나먼 나그네 삶의 길 오늘도 묵묵히 걷는다.

황혼

삶과 죽음의 덧없음이여
황혼의 어느 날 문득 마중 나온 그대
나 반겨 안기려나
저승의 길에는 순서가 없는 법
갓 태어난 강보의 아기나 파파 할미나
그저 그분이 데려가는 대로
따라나설 수밖에 없을 것을

영영 돌아올 수 없는 여행길 위해
준비도 많으련만
세상사 미련도 많고 많아

오늘은 아니고
내일도 아니고
모레도 아니려니
허나 어느덧 너도 가고 나도 가고
우리 모두 가야 할 길
나 의젓이 떠나리라 장담 아니하리
두려워 떨면 어떠하리
기쁨으로 맞이한들 다를 것 무엇이리
너도 가고 나도 가야 할 것을

적막

오늘 아침 하늘은 맑고 높다.
벌써 천지에 온통 가을의 기운이 서려 있어
고독과 적막이 스며들 가을을 예고한다.

추수를 앞두고 고개 숙이는 벼이삭
황금물결 휩싸인 논두렁 길

무르익는 과일의 무게
힘겨운 과수들 사이로 난 과수원 길

모두 곧 떠날 채비를 서두르는 듯

뒤에 쓸쓸이 남겨질 빈터가
추수의 기쁨보다 더 가슴에 사무쳐온다.

보내고 남는 이의 허탈한 가슴
성큼 다가온 가을을 못내 서러워하는
한 많은 아낙마냥
삶의 뒤안길에 서서
굽이굽이 흘러간 세월을 돌아본다.

한마디 작별인사도 없이
한번 가면 다시 못 올 길
야속히도 총총 떠나가신 님

나 이제 그 님 가신 길을
눈감아도 찾을 수 있을 것만 같다.
그리운 나의 어머니

* 죽음과 이웃하는 새로운 시작

생명과 죽음은 추상적인 개념이 아니다. 본질적으로 끊임없이 죽음을 의식하며 살아갈 수밖에 없는 것이 인간의 삶이다. 죽음과 함께 모든 것이 무로 돌아간다면 두렵지 않을 수 없다. 죽음이 유일무이하고 대체 불가능한 유한한 존재의 영원한 소멸이라고 생각하는 사람들에게 개인의 죽음은 세상 전체의 무너짐과 다름없다.

이제 자신에게 남겨진 시간은 얼마나 되는지 가늠해보며, 우리는 늘 죽음과 이웃하며 살고 있음을 의식하지 않을 수 없다. 태어남과 동시에 우리는 죽음을 향해 나아가기 시작한다. 죽음은 누구도 피할 수 없는 것이지만, 이 사실로 인해 공포의 전율을 느낄 필요는 없다. 비록 죽음이 압도적인 힘으로 다가온다해도, 삶은 죽기 위한 것이 아니라 죽는 순간까지 살기 위한 것이다. 태어난 이상 죽음에 이르기까지 어떻게든 살아야만 한다. 그때까지 절대로 사는 것을 멈출 수는 없다.

삶이 소중한 것은 그것이 영원하지 않고 언젠가 반드시 끝나기 때문이다. 우리가 살아 있는 현재에만 머물러 있을 수 있다면 죽음이 우리를 불안하게 만들 수 없을 것이다. 죽음이 가장 무서운 것으로 알려져 있지만, 에피쿠로스의 말처럼, 우리가 살아 있는 한 죽음은 존재하지 않고 실제로 죽음이 닥치면 그때는 우리가 존재하지 않기 때문에 전혀 두려워할 필요가 없다는 주장은 어느 정도 타당할지 모른다.

다른 사람의 죽음은 볼 수 있지만, 우리는 자신의 죽음을 경험할 수는 없다. 자신이 죽고 난 후 비로소 죽음의 세계를 체험할 것이며 살아 있는 동안에는 결코 체험할 수 없다. 그 죽음이 어떤 실체를 갖는지 그 누구도 알 수 없다. 그런데 죽음은 삶의 일부로서 존재하고 있다고 하는 것이 더 정확할 것이다. 죽음은 삶과 분리되어 있는 것이 아니다. 태어남과 동시에 죽음이 공존하는 것이다. 태어났기 때문에 죽음이 있는 것이다. 살아 있기 때문에 죽는 것이지, 생명이 없는 존재에게는 죽음도 없지 않은가.

그 누구에게도 예외가 없는 것이 죽음이므로 죽음을 맞이할 준비를 해야 하는 것은 우리 모두에게 주어진 삶의 과제이다. 인생이 너무 짧고 모든 것이 공허하게 느껴질 때도 있다. 그러나 인생의 의미는 다른 사람이 주는 것이 아니라 각자 스스로 자기 자신에게 부여하는 것이다. 내세에 희망을 두는 사람들에게 현세의 삶은 헛된 것으로 보이며, 내세에 대한 준비 과정으로 보일 것이다.

죽음은 삶과 분리될 수 없이 밀착되어 있으며 이 삶 속에 이미 존재한다. 불안의 근원으로든 답답한 삶의 한계를 벗어날 희망으로든, 죽음은 인간에게 이미 삶의 일부가 되어 있다. 어쩌면 우리 모두 정해진 죽음을 앞두고 있지만, 그날이 언제일지 알지 못하고 매일 오늘이 그날인가 불안에 떨며 하루하루를 맞이하는 사형수와 다름없는 존재인지 모른다. 죽음을 두려워하는 까닭은 죽음에 대해 전혀 아무것도 모르면서 마치 알고 있는 것처럼 생각하기 때문이다. 한 번 가면 그 누구도 돌아오지 않는 것으로 미루어 보면, 죽음 이후의 저세상은 참으로 좋은 곳일지 모른다.

사람은 반드시 죽는 존재이며, 어차피 죽어야 할 피할 수 없는 운명이므로 묵묵히 받아들일 수밖에 없다. 죽음이 어떤 것이든 죽는 일을 그만둘 수 없다면, 허락된 그날까지 살아내면

된다. 죽음은 시간 흐름의 멈춤인가, 영원의 세계, 시간을 초월한 세계인가. 실제로 죽어보지 않으면, 죽음에서 무슨 일이 일어나는지 알 수 없다. 사후 어떤 일이 벌어질지 지금의 나는 알수 없다. 비록 죽음에 의해 모든 것이 사라진다 해도 그런대로 나쁘지 않다. 태어나기 전 무였던 존재가 무로 돌아간다면 무엇이 문제이겠는가? 내가 존재하기 전에 나에게는 아무런 문제가 없었다. 탄생과 더불어 삶이 시작됨으로써 비로소 모든 문제들이 발생되지 않았는가.

살아 있는 한 우리는 죽음을 체험할 수 없다. 죽음에 대한 자각은 삶에 대한 사랑으로 이어진다. 얼마나 살 수 있을지 모른다는 것, 어떻게 죽음을 맞이할지 모른다는 것, 이런 죽음의 불확실성과 가변성은 삶에 대한 애착을 높인다. 죽음을 직시함으로써 삶의 본질도 깨닫게 된다.

인생에서 피해 갈 수 없이 마주해야 하는 과제는 죽음이다. 살아 있는 존재는 마지막에는 반드시 죽음을 맞이한다. 그런 사실은 우리 삶에 끊임없이 영향을 미친다. 죽음이 가까이 다가와도 삶을 기약하는 것이 인간이다. 죽음의 예측 불가능성, 피할 수 없이 순간순간 다가오는 죽음, 그런 삶이라도 살아갈 용기를 잃지 않으려 애쓰는 것이 인간이다. 인간적인 존엄을 지키며 품위 있게 늙고, 인간답게 살다가 후회 없이 죽음에 임하는 것은 우리 모두의 바람일 것이다.

노년의 삶은 자신의 인생을 마무리하는 단계이기 때문에 죽음을 준비하는 기간이기도 하다. 죽음을 극도로 두려워하는 것도 문제지만, 살 만큼 살았으니 지금 당장 죽어도 여한이 없다고 생각하는 것도 문제라고 볼 수 있다. 소노 아야코는 "병에 걸리면 도를 닦듯 열심히 투병을 할 것. 투병과 동시에 죽을 준비도 다 해놓고 언제고 부름을 받으면 '네' 하고 떠날 준비를 할 것."이라고 말한다. 죽되 추하게 죽지 않고 아름다운 죽음이 되는 '완전한 죽음'을 강조한다. 그러나 굳이 아름다운 죽음, 품위를 지키는 죽음이 아니어도 상관없을 것이다.

죽음은 먹이를 덮치는 맹수처럼 언제나 그렇게 부지불식간에 닥치는 것만은 아니다. 친절하게도 미리 죽음의 순간을 준비할 수 있도록, 죽기 전에 남은 이들을 위로할 수 있도록 경고해주기도 한다. 신록의 아름다운 여름이 지나고 가을 햇살이 비치면, 하늘에서처럼 우리 마음에도 따스함이 감돌고, 정성으로 뿌린 씨앗이 여물어 풍작을 이룬다. 그리고 인생의 겨울이 찾아오면 우리는 세상을 떠난다. 죽은 뒤에는 가슴속에 고요와 평온을 찾으리니 죽음은 끝이 아니라 하나의 새로운 시작이다.

미국의 시인 윌리엄 컬렌 브라이언트(William Cullen Bryant, 1794-1878)는 죽음을 관조한 듯 다음과 같이 읊는다. "그대 한밤을 채찍 맞으며 감방으로 끌려가는 채석장의 노예처럼 가지 말고, 흔들림 없는 믿음으로 떳떳하게 위로받고 무덤 향해 가라. 침상에 담요 들어 몸에 감으며 달콤한 꿈나라로 가려고 눕는 그런 사람처럼…"

* 여생이 아닌 온전한 삶으로서의 노년

죽음이 가까운 나이에 비로소 지금까지의 삶을 전적으로 바꾸려 한다면 그동안 살아온 삶의 방식이 잘못되었다는 판단을 의미한다. 노년에 들어서 인생이 뜻대로 되지 않았다고 탓만 해서는 아무런 소용이 없다. 중요한 것은 지금까지 무엇이 이루어졌고 무엇이 주어졌는가보다는, 지금 이 자리에서 가능한 것, 허락되고 주어진 것에 어떤 자세로 임하느냐이다. 인생이란 어차피 늙어가는 과정, 죽음으로 향하는 여정이다. 그럼에도 인간의 욕심은 끝이 없다. 늙어가는 것은 욕심과 자만심을 억제하고 벗어나기 위한 훈련과 절제의 시간이다. 인생을 몇몇 규범과 도식에 끼워 맞추려고 하는 사람들은 그렇게 하지 않으면 아무것도 할 수 없고 당혹감에 빠진다. 그런 사람은 누군가 다른 사람이 자신의 신념에 어긋나는 행동을 하면 불쾌감과 모욕감을 느낀다. 이것이 바로 권력 행사이다.

우리를 살아가게 하는 근원적 힘이 어디에서 비롯되는지 놀랍기도 하다. 바로 내일이라도 이승을 하직할 수 있는 노령임에도 불구하고 오늘 무엇인가 시작할 수 있다. 젊어서는 힘들고 어렵게 여겨져 피하던 일도 나이가 들면 오히려 용기를 내어 도전해보기도 한다. 나이가 들수록 기력이 달리기 때문에 무모한 도전을 하는 것이 어리석다고 생각할 수도 있다. 그러나 눈앞의 도전 과제를 회피하기 위해 삶에는 한계가 있다고 합리화하는 것은 바람직하지 않다.

오래 살면 잃어버리는 것이 많다. 그러므로 현실을 받아들이고 비움과 내려놓기를 훈련해야 한다. 잃지 않기 위해 노력하더라도 잃으면 잃어버린 사실을 인정하고 받아들여야 한다. 주변의 사람도 재물도, 그리고 의욕도, 자신도 모르게 어느 틈엔가 사라진다. 이것이 노년이다.

인간은 조금씩 비우다 결국 아무것도 남기지 않고 세상을 떠나게 된다. 그래서 나이가 들면 들수록 인간을 의지하기보다는 하느님께 의지해야 한다. 노년의 삶은 여생이 아니라 온전한 삶이어야 한다. 인생의 주기로 보면 내리막길 같지만 지금까지 전혀 생각하지 못했던 다른 세상을 향한 새 삶이 시작되는 때다. 행복한 노년은 자신의 한계를 받아들이고, 자족할 줄 알며, 순응하며 살다가, 언제든 그분께서 부르시면 "네" 하고 나서서 떠날 수 있도록 준비하는 데 있다.

사실 사람이 사람답게 살고, 사람답게 늙고, 사람답게 죽는 것이란 그리 쉬운 일은 아닐 것이다. 그러나 어려운 일도 잘 헤쳐 나가는 사람들이 있다. 그들은 잘 준비하고 준비된 것에 최선을 다하여 열정을 쏟아 부었기 때문일 것이다. 과연 어떻게 늙고 어떻게 죽어야 할 것인가? 인생길은 앞을 보면 가늠할 수 없고 뒤돌아보면 허망하다. 예습도 복습도 없는 일회적인 것이 삶의 여정이다. 가고 싶은 길도 있고 가기 싫은 길도 있으며, 가서는 안 되는 길도 있지만, 내 뜻대로만 되지는 않는 것이 인생인 것을 황혼에 들어서야 깨닫는다.

모두가 바라는 노년의 품위는 풍부한 경험을 바탕으로 원숙해질 때 가능할 것이다. 품위 있는 노후는 무엇을 하며 지내는가에 달려 있다. 노년의 삶을 두려워하지만, 노년은 오히려 지혜를 더하여 삶을 완성하는 절정기이며 무엇에도 얽매이지 않는 홀가분하고 자유로운 시기이다. 여유롭고 자유로운 시간을 즐기며 늙는 것은 가난과 외로움과 괴로움이 없어야 가능하다.

할 일 없음은 노년의 가장 큰 골칫거리 중의 하나이다. 또한 노년의 병고만큼 힘든 일이 없다. 노년의 이러한 상황은 점차 의욕과 열정을 잃게 만든다. 그러나 생각하기 나름이다. 노년기에 창작 의욕과 열정을 가지면 오히려 위대한 업적을 남길 수도 있다. 괴테가 『파우스트』를 완성한 것은 80이 넘어서였다. 미켈란젤로는 로마의 성 베드로 대성전의 돔을 70세에 완성했다. 베르디, 하이든, 헨델 등도 고희의 나이를 넘어 불후의 명곡을 작곡하였다.

* 나이 듦의 좋은 점

나이 듦의 좋은 점 중 하나는 경험이 쌓여간다는 것이다. 경험과 지혜는 차곡차곡 쌓여 어느새 자신의 일부가 된다. 지혜는 획득하는 지식이 아니다. 지혜는 경험 이상의 것이므로 교육으로 도달할 수 있는 것이 아니며, 오로지 직접 깨달아야 하는 것이다. 지혜는 자신의 본질과 행위 속에 있다. 사람에게서 자연스럽게 풍기는 분위기로 그의 인격과 지혜를 감지할 수는 있으나, 그의 지혜를 저울질하거나 쉽사리 정의할 수는 없다.

나이가 들어가면서 포용하는 법도 배운다. 또한 사소한 것에 연연하지 않고 양보할 줄 아는 넉넉하고 넓은 마음을 갖게 된다. 가슴속에 품었던 미움과 증오의 강도가 약해지고, 자신의 생각과 판단이 옳다고 주장하는 고집도 수그러든다. 이때까지 자신을 괴롭히던 다툼과 미련, 수치스러운 기억, 자기합리화와 변명도 더 이상 삶에 큰 영향력을 발휘하지 못한다. 물론 나이가 든다고 해서 모든 이들이 그렇게 되는 것은 아니며, 또 완벽하게 그런 경지에 도달하는 것도 아니다. 후회나 안타까움, 근원이 확실하지 않은 두려움, 어쩌면 머지않아 죽음에 직면하리라는 사실 앞에서의 처연한 절망도 씻은 듯 사라질 것이라는 예상이 빗나갈 수도 있다.

자기 나름 정직하고 성실하게 살아왔으며, 허황되지 않고 겸손했으며 참고 견뎌냈지만, 여전히 아무런 자부심도 없고 삶은 텅 비어 있는 것만 같이 허망할 수도 있다. 그런데 이전에 자신을 속박하던 것들로부터 어느 정도 자유로워진 것을 발견하기도 한다. 삶에서 전개되는 것은 모두 의미가 있다. 아픔은 아픔대로 슬픔은 슬픔대로 의미가 있다. 그리하여 자만하지 않고 서둘러 경망스럽게 사물을 판단하지 말아야 한다. 지위가 높은 사람과 낮은 사람, 재력이 있는 사람과 없는 사람, 권력이 있는 사람과 없는 사람, 잘난 사람과 못난 사람으로 구별해 생각하는 것이 얼마나 자의적이고 부질없는 일인지를, 어떤 형편에 있든 각자 모두 세상에서 유일무이한 귀하기 이를 데 없는 존재라는 것을 깨달아야 한다.

젊음은 지식을 습득해 분별력을 키우는 시기이고, 장년은 그렇게 획득한 지식과 판단을 기반으로 삶의 업적을 쌓는 시기이다. 그렇다면 노년은 삶의 결실을 즐기는 시기여야 한다. 애써 분별했던 것이 사실은 크게 다르지 않은 것, 어쩌면 같은 것임을 깨닫는 시기이다.

몸이 노쇠하고 아픈 것에 대해 불평할 것이 아니라, 그렇게 될 때까지 살아 있다는 것에 감사해야 한다. 건강에 집착하고 챙기면서 몸에 좋다는 것을 탐하는 것, 지나치게 몸을 치장하거나 외모에 신경을 쓰는 것은 가련한 모습이다. 물론 죽음이나 신체적 무너짐은 두렵고 피하고 싶은 것임에 틀림없다. 그러나 죽음이나 늙음에 저항하고 피하는 데는 한계가 있으며 결국 부질없는 일이다. 늙음은 사람의 몸이 퇴행과정에 접어드는 것이다. 죽음은 생명체의 필연적 종말임에도 죽음을 생각하면 불안하고 두렵고 피하고 싶은 것은 사실이다.

인생이란 무엇일까? 얼핏 보면 언제나 똑같은 것 같지만 전혀 그렇지 않은 것, 종종 변화무쌍해 보이지만 다시 보면 그대로인 그 무엇이 인생이다. 삶은 기쁨과 행복을 가져다주기도 하지만 고통과 불행을 가져오기도 한다. 삶은 우리로 하여금 사람들과 관계를 맺게 하지만, 어느 순간 모든 것을 다 부질없는 것으로 만들기도 한다.

우리는 정신없이 삶을 살아간다. 삶의 곳곳에 모순과 불합리성이 드러난다. 인생은 기쁨과 분노, 절망과 희망, 동경과 환멸 같은 양극단 사이를 오가며 출렁거린다. 그러나 우리는 결국 인생의 회로애락을 어쩔 수 없는 운명으로 받아들일 수밖에 없다.

노쇠로 인한 피로가 우리를 무기력하게 만들며 공허함이 엄습해오지만, 아직 하고 싶은 일, 해야 할 일들이 너무 많다는 생각이 들어 초조해질 때 우리는 삶의 균형을 잃게 된다. 더 이상 내가 원하기만 하면 할 수 있을 것이라는 자신감이나 확신이 없고, 심적, 육체적, 시간적 한계가 압박해온다. 그런데 나이 듦은 태어나는 순간부터 지속적으로 일어나는 일이며, 전혀 새로운 것이 아니다.

어린이에게 하루는 아주 길었고, 젊은 시절에는 그다지 빠르다고 할 수 없는 속도로 일어났던 일들이 중년에 들어서면 너무 빠른 속도로 진행되기 때문에 마음의 평정을 위한 여지가 없다. 젊은 시절에는 매우 많은 일들이 일어나고, 많은 것이 거의 실험적으로 행해진다. 이때 획득한 경험은 앞으로 살아가는 데 도움이 된다. 중년기를 넘어서면 이제까지 살아온 날보다 앞으로 맞이할 날들이 점점 적어진다. 중년의 위기와 갱년기를 겪으면서 삶에 대한 시각은 달라진다. 미래를 향했던 삶, 미래를 기대했던 삶은 차츰 회고적인 삶으로 변한다. 전방 시야는 점점 좁아지고 시선은 지나온 발자취와 흔적, 과거로 향한다. 나의 삶이 왜 이렇게 흘러왔는지, 이제껏 무엇을 하고 살았으며 무엇을 이루었는지 스스로 묻게 된다. 그리고 점차 삶의 한계성에 대한 의식은 뚜렷해지고 초조해진다. 삶의 가능성이 줄어든다는 생각에 실망하고, 이것이 전부일 리 없다고 부정하게

364

된다.

그러나 노년에 들어서면 더 이상 자신이 할 수 있는 것을 다하지 않아도 된다. 오히려 할 수 있는 것만 선택해 그 목표를 향해 몰두하는 것이 현명하다. 사는 일은 평생을 두고 배워야한다. 노년의 현저한 징후들, 늙어가는 낯선 현상과 익숙해지고 친밀해지는 방법을 터득해야 한다. 머리카락은 회색빛을 띠고 가늘어지며, 얼굴의 주름살은 깊어지고, 관절은 통증을 유발한다. 반면 젊어서 그토록 격렬했던 감정의 동요는 어느 정도 진정된다. 자신의 바람이나 의도, 노력과는 거리가 먼 다른 모습의 현실 속에 살아가는 것이 인생이다. 나는 무엇을 지키려 하며, 무엇에 열려 있으며, 무엇을 해야 하는가? 나에게 남아 있는 의미 있는 일은 무엇인가? 더 이상 미루어서는 안 될 일은 무엇인가? 나에게 남은 기간은 얼마나 되는가? 그때까지 실현할 수 있는 일은 무엇인가? 그 일을 수행할 힘이 아직 남아 있는가? 그리고 얼마나 오래 견딜 수 있을 것인가?

여전히 아직 이루지 못한 꿈이 있다는 것은 그래도 긍정적이다. 현재가 답답하고 어둡게 느껴질 때 과거의 경험들이 힘이 되겠지만, 돌아볼 과거도 상처투성이일 경우 시선은 미래를 향하게 된다. 그러나 더 이상 예전만큼 힘을 쓸 수 없는 노년의 경험은 삶이 점진적인 상실임을 부정할 수 없게 만든다. 노쇠로 인해 민첩성은 사라지고 반응속도는 느려지고, 모든 면에서 예전과는 다르다는 것을 인정하지 않을 수 없다. 멈춤 없이 서서히 쇠약해지거나, 갑작스럽고 고통스러운 무너짐과 함께 모든 능력을 잃게 된다. 능숙함과 민첩함은 사라지고 가능성은 줄어든다. 인생의 황혼기가 비참하고 힘들어지기 쉬운 것은 사실이다.

그런데 청력과 시력, 운동능력이 더 이상 예전 같지 않다는 것, 더 이상 모든 것을 다 보고, 모든 것을 다 들을 수 없다는 사실 때문에 슬퍼할 일은 아니다. 더 이상 모든 것에 반응할 필요가 없다는 것은 일종의 삶의 짐 내려놓기이며, 삶의 질곡 벗어나기이다.

* 습관

사람들은 나이가 들면서 더 이상 생활방식에 변화를 주지 않고 그때까지 살아오던 익숙한 방식대로 살아가는 것이 편할 뿐 아니라 최선이라고 생각하기도 한다. 사람들은 시간이 지나면서 어떤 일에 익숙해진다. 심지어는 고통까지도 익숙해진다. 습관의 장점은 힘들이지 않고 그 안에 머물 수 있다는 것에 있다. 나이가 들면 사람들은 익숙해진 자신의 삶의 방식에 안주한다. 그 습관이 된 방식 때문에 다른 사람들을 화나게 하거나 자신에게 불리한 일이 생겨도, 어찌 된 일인지 자신의 습관을 쉽게 포기하거나 고치지 못한다. 삶을 영위하는 데 있어 습관은 중요하다.

그런데 습관은 모험이나 변화를 막아 삶을 지루하게 만들기도 한다. 언제나 똑같고 새로움이 없다. 끊임없이 발생하는 새로운 요구들을 낡고 익숙하고 편한 습관에 따라 무시하는 것은 이해할 만하다. 습관이 없이 지내는 것에도 어려움이 있고 한계가 있기 때문이다. 아침에 깨어난 이후 하루 내내 모든 것은 선택이라는 결단에 따라 이루어진다는 것이 어쩌면 단순해 보일 수 있지만, 그렇게 간단하지는 않다.

자동화된 습관 이외의 것은 모두 선택이고 모험이다. 끊임없이 직면하게 되는 수많은 결정의 시간에 습관은 안정을 준다. 습관의 덕택으로 일상의 한 부분이 자동적으로 별다른 어려움 없이 흘러가게 되면, 일상의 범주에서 벗어나 있는 다른 일들에 좀 더 집중적으로 여유롭게 몰두할 수 있다. 매일 접하는 것이 아닌 특별한 일의 결정에 관심을 둘 수 있게 된다. 그렇게 함으로써 인간은 습관적 범주 안에 있는 소소한 일들을 고민할 필요 없이 자신의 생활을 펼칠 수 있고, 익숙하지 않은 것의 어설픔으로 인해 길을 잃지 않을 것이다. 고민할 필요 없이 사람들은 습관 안에서 주위 환경과 친숙해진다. 안락함은 습관을 통해 가능하다. 익숙하지 못한 환경, 낯선 곳에서 사람들은 안정을 취할 수 없고 불안해지기 쉽다.

나이 든 사람들은 자신의 삶에 문제가 있어도, 문제를 극복하기 위해 모험하기보다는 익숙한 삶을 유지하는 경향이 있다. 습관은 여러 면에서 한 사람의 삶을 편하게 해주기 때문이다. 나이가 들수록 삶을 이끌어가는 데 있어 습관이 더 중요해진다.

* 건강하게 나이 들기

사람들은 탈 없이 천수를 누리며 소명을 다한 뒤 자기가 원하는 시간에 죽음을 맞이하기 바란다. 그러기 위해서는 사회적, 정서적 건강뿐만 아니라 신체적 건강을 유지하는 것도 필요하다. 1948년 세계보건기구 창립자들이 정의한 건강은 신체적, 정신적, 사회적으로 완전히 행복한 상태를 말하며, 단순히 질병에 걸리지 않은 상태만을 지칭하는 것이 아니다. 노화과정에서는 각 개인이 느끼는 주관적 건강이 객관적으로 드러나는 신체의 건강만큼이나 중요하다.62)

건강상의 위험 경고를 하는 몸의 신호에 주의를 기울이지 않거나 아주 눈감아버리면 병이 든다고 한다. 질병은 자신과 몸 사이에서 이루어지는 소통인 것이다. 몸의 신호에 응답하는 실천에는 늘 시차가 있고 때로는 치명적인 시간이 된 후에야 응답하는 경우가 많다. 몸의 경고에 귀를 기울이지 않아서 의식하지 못한 사이에 죽음의 그림자가 덮쳐오기도 한다. 어느 날 갑자기 병으로 쓰러진 것처럼 보여도 실제로는 몸의 소리에 귀를 기울이지 않은 경우가 대부분이다. 몸이 아프다는 신호를 보낼 때에는 병이 자신의 것임을 받아들일 수 있어야 한다. 치유가 된 것은 몸의 언어에 응답한 결과이다. 그러므로 몸의 소리에 귀를 기울이고 응답할 준비를 하고 살다 보면 건강을 지

---

62) 조지 베일런트, 이덕남 옮김, 『행복의 조건』, 프런티어, 2011, 263쪽.

킬 수 있을 것이다.

쾌활하고 참을성 많은 사람은 병을 앓고 있으면서도 자신의 건강이 아주 양호한 상태라고 믿는다. 어떤 사람은 심각한 건강 상태라는 진단을 받아도 그 사실을 부인하는데, 그 이유는 참을성이 많아서라기보다는 현실을 있는 그대로 받아들이지 않기 때문일 수도 있다. 삶이 자신이 원하는 대로 흘러가는 일은 드물다. 노년에 이르면 더욱 그러하다. 우울증의 경우 전문가가 심각한 무능 상태라고 분류하지 않았어도 스스로 무능 상태라고 판단한다. 뇌졸중이나 알츠하이머병의 경우 사고력과 판단력을 상실한다.

나이에 비해 생물학적으로 젊을 수도 있고 늙을 수도 있다. 자기 관리를 잘하고 언제든 마음을 터놓고 대화할 수 있는 친구를 곁에 두면 위안이 될 뿐 아니라, 정신건강을 유지하면서 살아갈 수 있을 것이다. 삶에 만족하는 동시에 의욕적으로 생활하는 것 역시 건강한 노화이다. 인간의 말년을 불행하게 하는 것은 경제적 빈곤이 아니라 관계의 빈곤이고 애정의 결핍이다. 나이가 들수록 곁에 함께 있어줄 사람이 절실하다.

또한 자신의 삶에 감사하며 살아야 한다. 찾아보면 감사할 일은 얼마든지 있다. 다른 사람이 베푼 관심과 사랑을 소중하게 받아들일 줄 아는 사람은 건강하게 현재의 삶을 즐기며 살아간다. 풍부한 사회적 유대관계를 만들면 삶이 훨씬 더 풍요로워질 것이다. 새로운 시선으로 사물을 바라볼 수 있는 한 유연성과 젊음을 유지할 수 있을 것이다.

* 삶의 즐거움

사실 아침에 눈을 뜨면서 살아 있다는 것을 확인하는 것만으로도 경이와 행복을 느낄 수 있다. 자신에게 시간이 얼마나 남아 있을지는 모르지만, 아직도 세상에서 해야 할 일들이 있다는 것, 아침 잠자리에서 일어날 때마다 할 일이 더 남아 있다는 것은 얼마나 다행스러운가. 하루하루의 삶이 자신에게 늘 새로운 경험을 선사해주기 때문에 아침마다 잠자리에서 일어나는 일이 즐겁다는 사람은 오늘 시간을 보낼 일이 걱정스러운 사람보다 아마도 행복할 것이다.

어떤 부모에게서 태어나는가 하는 것은 운명이다. 젊어서는 부모의 사회적 신분, 가정환경, 사회환경, IQ 등 여러 변수들이 큰 영향을 미치지만, 나이가 들어서는 그다지 중요하지 않다. 삶은 창조적인 모험이다. 디팩 초프라는 자기만의 고유한 삶의 이상을 세우는 데 도움이 되는 요건들을 다음과 같이 제시한다.63)

(1) 편안함과 불편함이라는 신호를 통해 자신을 표현하는 신체의 지혜에 귀를 기울이고, 만일 몸이 육체적 혹은 감정적 고통의 신호를 보낸다면 주의하라. 몸이 편안하고 열의에 찬 신호를 보낸다면 진행하라.

(2) 의식을 지금 여기에 두고, 나에게 찾아오는 것을 온전히

---

63) 디팩 초프라, 앞의 책, 346-349쪽.

인식할 수 있도록 전적으로 받아들이고, 그것으로부터 배우고 지나가도록 내버려두라. 이 순간은 있는 그대로이니 그것과 하나 된 상태에 머물라.

(3) 내면의 삶에 주의를 기울이고, 무엇이 나쁘거나 좋다는 외부로부터 가해진 해석보다 직관의 인도를 받을 수 있게 하라. 내면의 고요 시간을 가져라.

(4) 외부의 인정을 받아야 한다는 생각을 버리고 자신의 가치를 판단하는 주체는 오로지 자신뿐임을 생각하라.

(5) 무엇에 저항하는 것은 과거의 상처에 의해 생긴 방어적 반응이다. 이러한 분노를 버리면 자신을 치유하고 우주의 순리에 따르게 될 것이다.

(6) 사랑이든 증오든 자신이 강하게 반응하는 대상은 외부로부터 투사된 자신의 내면세계이다. 완전한 자기이해를 이루고 나면, 자신이 가장 원하는 것은 저절로 거기 있게 될 것이고, 가장 싫어하는 것은 저절로 사라질 것이다.

(7) 판단이라는 짐을 떨쳐버리면 훨씬 가벼워질 것이다. 판단은 그저 있는 그대로의 상황에 옳거나 그르다는 딱지를 붙인다. 다른 사람을 판단하는 가운데 자신의 부족한 포용력이 드러난다.

(8) 독한 음식이나 악한 감정으로 몸을 오염시키지 말라.

(9) 두려움은 과거 속에 사는 기억의 소산이다. 두려움에서 비롯된 행위를 사랑에 의한 행위로 바꾸라.

(10) 물질세계는 더 깊은 지능의 거울이다. 균형과 순수함 속

에서 사는 것이 자신과 지구를 위한 최선의 길이다.

프랭크 로이드 라이트(Frank L. Wright)는 90세에 구겐하임 미술관을 설계했다. 칸트는 57세에 처음으로 저서를 집필했으며, 파블로 카잘스는 91세가 되어서도 날마다 꾸준히 첼로 연습을 했는데, 그 나이에도 실력이 향상되기 때문이라고 했다. 인간의 노쇠는 사고나 질병 때문인 경우가 많다. 대체로 40세 이후에는 밤샘 작업이나 이름 외우기 등이 점점 어려워지는 것이 사실이다. 그러나 건강한 노인은 젊은이에 비해 시간은 조금 더 많이 걸릴 것이나 젊은이가 할 수 있는 일을 거의 다 해낼 수 있다.

지금 무슨 일을 하는가보다는 어떤 모습으로 존재하는가가 더 중요하다. 비록 사람들에게 내세울 만큼 거창한 일을 하고 있지는 않더라도 자신의 삶을 사랑해야 한다. 인생의 후반은 지루한 시간이 아니다. 자신이 하는 일을 사랑하면, 일을 하는 것이 즐겁다. 작가는 글을 쓰고 화가는 그림을 그린다. 자신의 천직을 가지고 평생을 보낼 수 있으면 그것은 행운이다. 창의성을 발휘할 수 있는 활동을 하는 것은 바람직하다. 창의성을 위해서는 때로 고독이 필요하며, 혼자만의 시간이 필요하다. 노쇠로 인해 일의 능률이 떨어지고 더 이상 일을 하지 못한다 해도 더 넓게 세상을 바라보게 되고, 다른 사람들의 삶을 좀 더 폭넓게 이해할 수 있다. 은퇴한 사람들에겐 새로운 사회적 만남이 필요하다. 배우고 즐기고 창조하고 새로운 친구를 사귀는 활동을 지속해야 한다. 취미활동을 통해서도 삶의 활력을 찾고 삶을 향유하며 즐길 수 있다. 노인의 복지와 권리 확대를 목적으로 하는 운동단체에서 활동해도 좋을 것이다.

　마음의 부담도 없고 걸리는 문제도 없으므로 나이 들었다는 것이 고마울 수도 있다. 시간에 쫓기며 당면한 과제와 현재에 머물던 이전과 달리, 은퇴 후에는 시간의 여유가 생긴 덕분에 자신의 미래를 내다보고 과거를 돌아볼 수 있게 된다. 사회적 지위나 나이에 관계없이 누구든 세계를 인식하고 이해할 수 있는 힘을 지닐 수 있다. 인생살이도 여행이나 마찬가지여서, 여행이 다 끝나갈 무렵 피로에 지쳐 발걸음은 점점 더 느려지겠지만, 시작점에 서 있을 때보다는 목적지에 훨씬 더 가까이 다가가 있을 것이다. 젊은 시절 뛰어난 창의력을 발휘했던 노인들은 그들의 관심사가 좀 더 폭넓은 문제로 확산되고 심화된다. 그들은 정치, 인류복지, 환경, 우주의 미래에 대해서도 깊은 관심을 보인다.

　젊어서 마음껏 창의력을 발휘한 사람들은 노년에 이르러서도 정신적인 면이나 신체의 활력 면에서 훌륭한 상태를 유지하며, 여성들은 나이가 들면서 창의력이 더 높아지는 경우가 많다고 한다. 70세 전후로 남성들의 창의력은 점차 저하되는 데 비해 여성들의 창의력은 꾸준히 상승하는 경향을 보인다고 한다. 어떤 여성들에게는 은퇴의 순간이 곧 삶의 즐거운 전환점으로 작용한다. 그들은 유머 감각이 풍부하고 감정 표현이 풍부하고 솔직해서 사람들과 쉽게 친해진다. 너무 들뜨지도 않고 너무

가라앉지도 않는, 늘 잔잔한 물 위에 떠 있는 배처럼 평온한 마음의 상태를 유지하기도 한다. 사람들로부터 존중받으면 자신 있게 사람들 앞에 나설 수 있게 된다.

나이 들면 광적인 열정은 사라지고 소박한 즐거움이 다가와 존재의 가벼움을 깨닫게 된다. 영원한 것은 없으니, 허락되는 한 계속 지금 이 순간의 즐거움을 누릴 줄 알게 된다. 바람결에 실려 오는 풀 향기를 맡는 일, 낙엽을 밟으며 천천히 걷는 일, 따뜻한 집 안에 머무르며 창밖에 고요히 내리는 함박눈을 바라보는 일, 창밖에 쏟아지는 장대비 소리를 듣는 일 같은 소박한 즐거움은 얼마든지 있다. 기울어가는 황혼의 인생길은 슬프기도 하지만 마지막 장을 장식하는 즐거움을 놓쳐서는 안 된다.

* 노년과 지혜

지혜는 풍부한 경험을 통해 축적되는 것으로 사물의 이치나 상황을 제대로 깨닫고 그것에 현명하게 대처할 방도를 생각해 내는 정신의 능력이다. 지혜는 판단을 내려야 하거나 다른 사람과 의견 충돌이 생길 경우, 균형 있는 시각을 찾게 될 때까지 기꺼이 한 발짝 뒤로 물러서서 기다리며 포용할 줄 아는 능력이다.

노년기에는 젊은 시절보다 비교적 지혜로워지며, 다른 사람에 대한 이해가 깊어지고, 모순과 아이러니를 이해할 수 있는 능력과 참을성이 생긴다. 감정과 이성의 조화를 이룰 수 있으며, 자기중심주의에서 벗어난 자아인식 능력, 다른 사람의 말에 귀 기울일 줄 아는 능력을 갖게 된다. 또한 균형 있는 시각, 삶에 대한 폭넓은 이해, 사물의 양면성에 대한 인식, 인내, 삶의 부조리에 대한 깊은 이해를 갖게 된다. 주변 사물과 사람에 대한 관심도 갖게 되며, 세상과의 연관성을 인식하게 된다.

조금 늦게 가면 어때리 (루이제 린저, 『생의 한가운데』에서)

정해져 있는 것은 하나도 없다.
아니 너무 정해진 것들이 많아
일정한 틀을 벗어나고 싶은지도 모른다.

꼭 이 길을 가야만 하는 게 아닌데
사람들은 이 길을 가야만이
인생이 성공하는 것처럼 말한다.

사랑도 인생도

모든 게 틀이 있는 것은 아닌데
마치 짜 맞추기 시합이라도 벌이는 듯
하나를 향하여

달리기 경주를 하는 것 같다.

인생은 퍼즐과도 같은데…
순간순간이
소중한 퍼즐 한 조각인데
한 조각이라도 빠지면
퍼즐은 미완성이 되고 말지만
인생이 꼭 완성되어야 할
퍼즐게임도 아니지 않는가.

시간과 경주를 벌이고 더 많은 것을
소유하기 위해 자신을 내어 던진다.
인생은 그게 아닌데…

조금 늦게 가면 어떠랴.
가다가 들꽃 향기도 맡아보고

가다가 파아란 하늘에 양떼구름도 보고
서녘바람 냄새도 맡아보는 거지.

영원성이 우리의 앞에 있고 또 우리의 뒤를 따른다. 이 두 무한 사이에서, 지금 내가 서 있는 위치는 어디쯤인가? 우리는 어제가 있었음을 기억하지만 그 어제는 다시 오지 않는다. 또한 내일이 있으리라 기대하지만 그 내일이 나에게 있으리라 장담할 수 없다. 나에게는 내일이 없을 수도 있기 때문이다.

때로는 무심코 거울에 비친 자신의 모습을 보고 처량해지기도 한다. 왜 사는지 알 수도 없다. 지나온 세월과 더불어 생긴 삶의 발자취를 돌아볼 수 있을 뿐 어찌해 여기까지 걸어왔는지 알 수가 없고, 지난 모든 일이 한바탕 꿈만 같다. 어떻게 남은 삶을 살아야 할 것인가? 어떻게 해야 노년기를 의미 있게 보낼 것인가?

역사상 오늘날처럼 그렇게 많은 사람들이 노화가 미치는 영향을 깊이 체험한 적이 없었을 것이다. 노인들이 과거보다 더 생산적인 삶을 영위하고 있기는 하지만, 노년기에는 신체기능이 감퇴하기 마련이다. 늙어감에 따라 노안이 와서 가까운 곳이 희미하게 보이고, 청력, 근력, 기동력 등 모든 기능이 약화된다. 어떤 노인들은 고독감으로 인해 우울증에 시달리기도 한다. 자신은 이미 늙어 삶의 의미를 잃어가고 있다는 느낌 때문에 괴로움에 빠지기도 있다.

나이가 들면서 변하는 것에는 여러 가지가 있다. 기억력이 감퇴하는 것은 일반적인 현상이며, 신진대사가 떨어져서 금세 피곤해지고 기력의 회복도 늦어진다. 젊었을 때의 힘차고 아름다운 모습은 전혀 남아 있지 않다. 물론 모든 사람이 그렇다는 것은 아니다. 젊었을 때는 볼품없었지만 늙어가면서 오히려 품위 있고 넉넉한 모습으로 변한 사람들도 있다.

육체적으로 노쇠해지는 것이야 어쩔 수 없지만, 정신적으로는 젊음의 어설픔과 미숙함에서 벗어나 어느 정도 원숙해질 수도 있다. 또한 살아오면서 수많은 일들을 겪은 결과, 젊어서보다 사고의 폭과 시야가 넓어져 세상사에 대한 이해도 깊어지고 너그러워지기도 한다.

　인생의 마지막 단계인 노년기의 행불행은 자신의 현실을 어떻게 받아들이는가에 달려 있다. 지금까지 살아온 자신의 생애가 과연 의미 있는 삶이었는지 돌아보게 되며, 그 과정에서 자신의 삶이 무의미한 것이었다고 느끼면 절망과 슬픔에 빠진다. 이러한 절망 속에서 그래도 자신은 그때 그럴 수밖에 없었고 달리 선택할 여지도 없었다고 생각하면 나름대로 자신의 삶을 있는 그대로 받아들이고 긍정하고 위안을 찾게 된다. 그렇게 하여 삶에 대해 새롭게 의미를 부여하고 삶의 보람을 느끼는 것은 자존감을 갖는 데 큰 도움이 된다.

* 노년의 행복

　모든 이들이 삶에서 추구하고 있는 행복이란 것은 과연 실재하며 도달할 수 있는 그 무엇인가? 옛 사람들에게 복이란 장수하고 부유하고 건강하고 덕망이 있는 등 어느 정도 객관적으로 확인할 수 있고 측정 가능한 것들이다. 즉, 인간 내면의 상태가 아니라 관찰할 수 있는 외적 상태이다. 그러나 오늘날 행복은 다분히 심리적이고 정신적인 주관적 현상이다. 사람들은 행복이 내적으로 경험되는 충만한 느낌이라고 생각한다. 과거에는 행복이 실제로 보이는 것이었지만, 이제 행복은 보이지 않는 것이 되었다. 지금 우리에게 행복은 아직 실현되지 않은 미래의 꿈이거나 과거에 지나가버려 이제는 사라진 추억 같은 것이다. 행복은 과거나 미래에 존재하는 그 무엇이다. 그러므로 행복의 추구는 실패할 수밖에 없는 것이다. 행복은 우리가 그것을 쟁취하자마자 잃을까 전전긍긍하며 불안의 덫에 걸릴 수밖에 없는 그런 것이다.

행복과 불행의 이분법으로 삶을 바라보는 것은 잘못된 일이며, 그러한 구분 속에서는 누구든 불행할 수밖에 없다. 행복해지려고 해도 무척이나 많은 것을 희생해야 한다. 많은 경우에 행복 담론은 정신을 내면으로 향하게 한다. 외적 불행 혹은 객관적 불행은 내면으로의 침잠 없이는 행복으로 전환되지 않는다. 그러나 내면의 행복 추구는 자칫하면 외면의 불행을 억제하고 중화시키기 위한 허구적 방법이 되기 쉽다.

남들이 보기에는 아무리 하찮은 것처럼 보여도 개인의 불행은 당사자에게 크나큰 충격과 여파를 가져온다. 타인의 시선으로 볼 때 개인의 불행은 수많은 인간의 불행 가운데 하나일 뿐 특별한 것이 아니다. 개인에게는 엄청난 사건일지라도 우주적 차원에서 볼 때는 아주 미미한 사건이다. 자신에게 불행이 닥치면 우리는 마치 세상이 인격체라도 되는 것처럼 세상을 향해 분노의 감정을 쏟아내기도 한다. 그러나 세상은 우리에게 아무런 감정도 없다.

고령화 사회에서 행복하게 살아갈 수 있는 방법은 있는가? 아름답고 행복하게 늙는다는 것은 가능한가? 젊음과 미모가 최상의 가치인 사회에서 나이 든다는 것은 불행의 시작이다. 현대는 노인이나 장애를 지닌 사람같이 육체적 고통과 신체적 비참함에 시달리는 이들에게도 단정하고 우아한 몸가짐을 요구한다.

젊은이든 늙은이든 사람은 누구나 행복을 원한다. 제아무리 좋은 것이라 해도 그것을 원하는 사람도 있고 원하지 않는 사람도 있다는 점에서, 행복은 다른 가치들에 비해 특별한 위상을 가진다. 그러나 행복이 무엇인가에 대한 판단은 사람마다 다르다. 각자 원하는 것이 모두 행복이지만, 그 행복이 뜻하는 의미와 내용은 사람마다 다른 것이다.

행복하다고 말하는 사람이라도 언제나 행복한 것은 아니다. 행복의 근원은 대부분 삶의 순간들과 상황에 결부되어 있다. 행복은 삶의 매 순간이 주는 것이라기보다 자신의 내면에서 샘솟는 충만감에서 오는 것이다. 그것은 순수한 마음가짐과 감사하는 마음과 풍부한 경험 때문에 가능해진 여유로움과 결부되어 있다.

행복은 자신이 처한 상황에 대한 긍정의 상태이다. 그러나 행복하지 않다고 해서 불행한 것은 아니다. 사람들은 보통 행복과 불행 사이의 어중간한 상태에서 생의 대부분을 살아간다. 우리의 삶은 행복하지도, 그렇다고 불행하지도 않다. 행복하지 않은 삶은 불행한 것이고 불행하지 않으려면 행복해야 한다는 것은 잘못된 생각이다. 보통은 행복과 불행이 별로 문제되지 않는 일상이 이어진다. 행복이나 불행은 일상을 벗어난 특별한 상황에서 나타난다. 행복과 불행은 일상의 균열이 낳는 특수한 사태의 결과이다. 불행에 빠진 사람은 지금 불행하게 만드는 현실적 문제들이 해결된 불행의 끝이 행복일 것이다. 행복한 사람은 그 행복의 시간이 끝날까 봐 초조하다. 그는 행복의 끝이 불행일 것이라 상상하기 때문에 불안하다. 행복이 끝나면 곧 불행해질 것이라는 초조함은 행복의 비일상성을 경험한 사람의 지나친 욕심일 뿐이다. 우리가 살아가는 대부분의 시간은 행복과 불행으로 이분화되지 않는다. 일상적인 삶 속에서 우리는 행복과 불행의 대립을 겪지 않는다.

우주적 차원에서 나의 존재는 다른 존재로 대체될 수 있는 존재이고 아무것도 아닐 수 있지만, 나에게는 전부라고 할 수도 있다. 그러므로 나의 행복이나 불행은 나의 존재 전체와 연관되는 일이다. 나는 어떤 면에서는 행복하다고 할 수 있지만, 또 다른 면에서는 불행하다고 할 수 있다. 행복과 불행을 나의 삶 여기저기에 적절하게 분배할 수 있다면 좋을지도 모른다. 그러나 행불행 사건은 우리 삶의 편린이 아니다. 그것은 삶 전체를 뒤흔드는 사건이다. 행복은 저장할 수도 없고, 예측할 수도 없고, 계획할 수도 없고, 가르칠 수도 학습할 수도 없는 그런 것이다. 외적 상황이 변하지 않을 것이라면 그런 상황을 마주하는 자신의 태도가 달라져야만 한다. 이런 관점에서 보면 행복은 자신에게 달려 있는 것이다.

노년에 품위를 지키며 의미 있게 살기 위해서는 건강과 정신적, 물질적 안정이 뒷받침되어야 한다. 진실하고 성실하게 살아온 사람의 노후는 축복이며 은혜이므로 이를 즐기며 행복하게 살아야 할 권리가 있다. 노년이 되면 홀로 있는 시간이 많아지므로 고독과 함께하는 지혜를 터득해야 한다. 홀로 있어야 하는 이 기나긴 시간을 어떻게 슬기롭게 살아야 할 것인가? 남과 나를 비교하는 고질병에서 벗어나면 노후의 삶이 한결 평온하고 행복해질 수 있다.

우리는 자신에게 부족한 부분 때문에 불안해한다. 우리에게 없는 것을 다른 곳에서 찾고, 그것을 가진 다른 사람을 부러워하고 시기하기도 한다. 그래서 때로 노년에는 잃어버린 젊음을 아쉬워하기도 한다. 하지만 노년은 이미 젊은 시절을 거쳐서 이 자리에 서 있는 것이고, 젊은이들은 아직 경험하지 못해 모르고 있는 노년만의 편함과 무위가 있다.

살아온 삶을 잘 마무리하는 것은 모든 이가 원하는 것이며 그 삶을 더 의미 있게 한다. 가족과 친지들의 따뜻한 보살핌 속에서 평화롭게 삶을 마감하는 것이 노인들의 주요 관심사로 부상했다. 결국 남은 날들을 어떻게 살 것인가에 초점을 맞춰야 한다.

젊은 사람들은 보통 노인들이 행복하지 못할 것이라고 생각한다. 그러나 실제로 노인이 되면 젊어서 생각했던 것보다 의외로 행복을 느끼는 경우가 많다. 많은 것이 없어도 행복할 수 있다. 건강과 물질이 생활에 크게 불편하지 않을 정도면 족하다. 더 많은 것을 얻기 위해 현재를 희생하면서 살아갈 필요가 없으며, 뜻대로 되지 않은 일에 너무 집착하지 않아도 되니 마음이 편안하다.

받아들일 것은 받아들이고 자족한다. 부양이라는 무거운 짐과 사회적 책임을 벗어난 홀가분함은 노년이 아니면 가질 수도 없고 알 수도 없는 여유로움이다. 한가한 시간을 무료하지 않게 활용하면 노년은 더욱 행복하다. 유유자적한 가운데 한가하고 풍요로운 마음으로 살아갈 수 있는 노년기는 하느님이 주시는 축복이다.

어떻게 살아야 하는가? 노년에 접어들어 이 물음에 대한 정리된 나의 생각은 다음과 같다. 나는 나 자신이 얼마나 불쌍한 존재인지 안다. 그러므로 스스로를 불쌍히 여기며 살아가자. 그렇게 자신이 불쌍한 존재임을 알게 되면, 결코 잘난 체하거나 오만할 수 없고, 자연스럽게 겸손해질 수밖에 없다. 지나간 세월 과오가 있어도 그것을 수치스럽게 생각하여 스스로를 비난하지 않게 된다. 오히려 그러한 자신에 대한 연민이 생겨 자신의 몸과 마음을 돌보게 된다. 또한 주위를 돌아보면 나 아닌 다른 사람들도 마찬가지로 나처럼 모두 불쌍한 존재임을 알게 된다. 부자든 가난한 사람이든, 행복하든 불행하든, 착한 사람이든 악한 사람이든, 드러나 있는 겉모습과 상관없이 그들 역시 나와 다름없이 불쌍한 존재이다. 그리하여 그들을 연민의 정으로 대할 수 있으며, 사람들 사이에서 일어나는 갈등의 골을 넘어설 수 있게 된다.

나에게 있어 윤리의 출발점은 "너 자신을 불쌍히 여기듯, 다른 이들을 불쌍히 여겨라."이다. 일반적으로 윤리에서 황금률로 인정되는 "너 자신을 사랑하듯, 네 이웃을 사랑하라."는 것은 먼저 자신을 사랑해야 하는 전제가 있기 때문에 이기심에 기반을 둔 것이라는 비판이 가능하며, 네 이웃의 범위가 한정적일 수 있다는 문제가 있다. 그러나 사실 자신은 하나도 내세울 것이 없는 불쌍한 존재임을 깨닫고 스스로를 불쌍히 여기는 사람은 겸손할 수밖에 없다. 다른 사람들 역시 불쌍한 존재임을 알게 되면 그들에게 가혹할 수 없다. 그렇게 하여 서로를 위하게 되면 적어도 갈등 관계에서 발생하는 다툼은 없을 것이다.

자신의 부족함과 마주할 때 오만함은 사라지고 다른 사람에 대한 이해와 관대함이 싹튼다. 그리고 아집과 자기집착을 버리고 마음의 평정을 찾게 된다. 이러한 평정을 이룰 수 있는 가장 적합한 때가 바로 노년기이다.

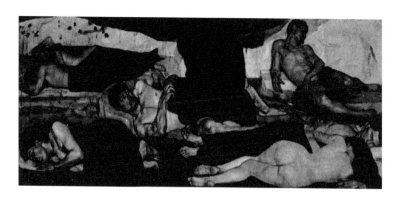

페르디난트 호들러, 「밤」, 1890년
내면의 침묵은 평화의 시작이다. 침묵은 생활의 일부가 되어야 한다.

삶과 죽음을 생각할 때, 사는 일이 무작정 싫어졌을 때, 한 해를 돌아볼 때, 인생이 무엇인지 이해하고 싶을 때 읽어볼 만한 시를 소개하며 끝내려 한다.

기차 타기 (에리히 캐스트너)

우리는 모두 한 기차를 타고
시간 속을 뚫고 먼 길을 갑니다.
우리는 모두 창밖을 내다봅니다.
이제 내다보는 데도 싫증이 납니다.

우리는 모두 한 기차를 타고 달려갑니다.
어디까지 가는지 아무도 모릅니다.

어떤 사람은 잠자고 있습니다.
어떤 사람은 한숨짓고 있습니다.
또 어떤 사람은 쉴 새 없이 중얼대고 있습니다.
역 이름이 방송으로 나옵니다.
하지만 날마다 달리고 있는 기차는
도착할 종착역이 없습니다.

우리는 짐을 풀고 짐을 쌉니다.
우리는 의미를 알지 못합니다.

내일은 과연 어디에 가 있을지…

갑자기 요란스럽게 기적이 울립니다!
기차는 천천히 가다가 멈춥니다.

죽은 사람들이 기차에서 내립니다.
어린아이도 한 명 기차에서 내립니다.
어머니가 비탄에 젖어 웁니다.
죽은 사람들은 말없이
과거라는 이름의 플랫폼에 서 있습니다.
기차는 다시 달려갑니다.
시간을 꿰뚫고,
왜 달려가는지는 아무도 알지 못합니다.

일등칸은 텅 비어 있습니다.
뚱뚱한 사내 혼자 빨간 벨벳 시트에 등을 기대고 앉아
괴롭게 숨을 쉬고 있습니다. 그는 혼자 있고
혼자라는 사실을 뼛속 깊이 느끼고 있습니다.
다른 사람들은 모두 멀찌감치
나무 의자에 앉아 있습니다.

우리는 모두 한 기차를 타고
현재에서 미래로 달려갑니다.

우리는 모두 창밖을 내다봅니다.
내다보는 일에도 이제 싫증이 납니다.

우리는 모두 한 기차를 타고 달려갑니다.
어떤 사람들은 잘못 탄 차 칸에 앉아 있습니다.

구인회

서강대학교 철학과 졸업 후 독일 괴팅겐대학교에서 철학 석사와 박사 학위를 취득했다. 한국생명윤리학회장, 가톨릭생명윤리연구소장, 천주교 서울대교구 생명윤리자문단장, 가톨릭대학교 의과대학 인문사회과학교실 교수, 생명대학원 교수 등을 역임하였다. 현재 보건복지부 장기이식윤리위원, 천주교 서울대교구 생명위원회 학술위원장, 서울대학교 생명윤리위원, 서강대학교 생명윤리위원, 서울대학병원 의사직업윤리위원회 위원으로 활동하고 있다.

주요 저서로 『생명윤리의 철학』, 『생명윤리, 무엇이 쟁점인가』, 『죽음과 관련된 생명윤리적 문제들』, 『죽음에 관한 철학적 고찰』, 『삶과 죽음의 철학』(공저), 『생명윤리』(공저), 『생명, 그 길을 묻다』(공저), 『21세기에 꽃피는 신학』(공저), 『생명윤리와 법』(공저) 등이 있으며, 번역서로 『생의 마지막에서의 의료적 보살핌』, 『인간 배아는 누구인가』 등이 있다.

기품, 노년의 삶과 생명의 윤리

1판 1쇄 인쇄	2021년 3월 10일
1판 1쇄 발행	2021년 3월 15일

지은이	구 인 회
발행인	전 춘 호
발행처	철학과현실사
출판등록	1987년 12월 15일 제300-1987-36호

서울특별시 종로구 대학로 12길 31
전화번호 579-5908
팩시밀리 572-2830

ISBN 978-89-7775-844-5   03100
값 16,000원